谨以此书

献给我挚爱的母亲！

彩礼返还规则重构

从法律视角解读彩礼

罗 师 —— 著

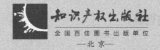
知识产权出版社
全国百佳图书出版单位
—北 京—

图书在版编目（CIP）数据

彩礼返还规则重构：从法律视角解读彩礼／罗师著 . —北京：知识产权出版社，
2025. 5. —ISBN 978 - 7 - 5130 - 9497 - 9

Ⅰ. D923. 904

中国国家版本馆 CIP 数据核字第 2024MV6103 号

责任编辑：杨　帆　　　　　　　　　　责任校对：谷　洋
封面设计：乾达文化　　　　　　　　　责任印制：孙婷婷

彩礼返还规则重构
——从法律视角解读彩礼

罗师　著

出版发行：	知识产权出版社有限责任公司	网　址：	http://www.ipph.cn
社　　址：	北京市海淀区气象路 50 号院	邮　编：	100081
责编电话：	010 - 82000860 转 8173	责编邮箱：	2632258269@qq.com
发行电话：	010 - 82000860 转 8101/8102	发行传真：	010 - 82000893/82005070/82000270
印　　刷：	北京建宏印刷有限公司	经　销：	新华书店、各大网上书店及相关专业书店
开　　本：	720mm×1000mm　1/16	印　张：	18
版　　次：	2025 年 5 月第 1 版	印　次：	2025 年 5 月第 1 次印刷
字　　数：	276 千字	定　价：	98.00 元

ISBN 978 - 7 - 5130 - 9497 - 9

前　言

彩礼是一个极具中国特色的问题，其起源可追溯至古代中国的聘娶婚制。在经历了数百年的社会变迁之后，彩礼的形式、内容、规则，以及对婚姻的功能和意义等都发生了巨大的变化，但不变的是它依然被普遍视为缔结婚姻的重要前提，并广泛存在于社会生活中。随着我国社会结构和人们思想观念的深刻变革，因彩礼引发的矛盾越发突出，尤其是婚姻未能缔结时所产生的彩礼返还问题，已是司法实践的一大难题。想要解决彩礼返还问题，需要端本正源，以《中华人民共和国民法典》（以下简称《民法典》）的制度供给为抓手，抽丝剥茧、逐步展开。

本书的努力方向是，在对彩礼的概念界定和法律性质分析的基础上，对彩礼返还的正当性和法律效果进行分析。相应地，本书主要分为四个部分。

一是在厘清相关概念的基础上，对彩礼给予的法律性质进行界定。从性质上看，彩礼给予应当为"基于婚姻之给予"，属于婚姻家庭法上的特殊赠与的范畴。

二是对彩礼返还的正当性进行论述，并在"基于婚姻之给予"的性质界定下，通过引入情事变更（又称情势变更）制度为彩礼返还提供法理支撑。

三是运用请求权思维，对彩礼返还的请求权基础、内容、行使范围以及诉讼时效加以分析和明确。

四是以动态系统论的思想为指导，在选取共同生活要素、当事人行为要素、彩礼价值要素和彩礼习俗要素的基础上，通过对要素之间的动态配置，构建一个动态而又不失确定性的法律评价体系，从而更好地满足司法实践中复杂多元的需要。

近年来，特别是《民法典》颁布实施以来，随着婚姻家庭法向民法体系的回归，民法理论对婚姻家庭法研究的渗透和介入也越来越明显。本书亦循此迹。笔者受教于清华大学法学院龙俊副教授，在他的带领和影响下，以不同的视角审视婚姻家庭法中的诸多问题，并逐步聚焦"彩礼返还"这一命题。然而，因笔者才疏学浅，若有对相关理论理解不到、对相关问题分析不周之处，在所难免，恳请各位读者多多包涵，不吝指教。同时，笔者也希望书中的一些思考和观点，能够引起读者的共鸣。

罗　师

二〇二四年三月九日

目录

CONTENTS

第一章
绪　论

一、选题的缘起

（一）选题背景

在中国，婚姻被视为一项"伟大的事业"，其意义和价值远远超出个人范畴，即所谓的"合二姓之好，上以事宗庙，而下以继后世"[1]。婚姻不仅是一切亲属的生活关系之根源，同时又是国家社会之重要问题；国家应有其婚姻家庭政策，以维持风化并培养道德。婚姻制度则被视为社会制度的基础，是一切社会关系的源头，即"有天地，然后有万物；有万物，然后有男女；有男女，然后有夫妇；有夫妇，然后有父子；有父子，然后有君臣；有君臣，然后有上下；有上下，然后礼义有所错"[2]。陈鹏先生亦尝谓，"婚姻基于天地阴阳自然之性，为人伦之本，家始于是，国始于是，社会之一切制度，莫不始于是"[3]，诚哉斯言！因此，中国人尤其重视婚姻，而婚姻的缔结则是"重中之重"，体现在各种涉及择偶、门户和仪节等

---

[1] 参见《礼记·昏义》。
[2] 参见《易·序卦》。
[3] 陈鹏：《中国婚姻史稿》，中华书局 1990 年版，第 16 页。

种类繁多的成文或不成文的规定。[1]其中,仪节,或曰"婚礼",指的是为缔结婚姻所进行的一系列程序和仪式,集中体现了政治、经济、法律、文化和风俗习惯等因素,融合汇聚了伦理、爱情、性、制度、身份、契约、禁忌等内容,与婚姻家庭的秩序与发展利害攸关。[2]"婚礼"是婚姻秩序和社会结构的体现,也是婚姻制度的民间表达,[3]更是婚姻缔结的灵魂或中心之所在,故有"婚礼,万世之始也"[4]的说法。

在中国传统文化中,"婚礼"一般由"订婚"和"成婚"两部分组成。订婚又称"定婚"或"定亲"等,指的是在确定结婚对象之后、正式结婚之前,男女双方(通常是在各自尊亲属的主持下)为确定具体婚嫁事宜而进行的一系列准备程序。成婚则是狭义上的婚姻缔结,通常表现为公开的庆祝仪式和宴会典礼,男女双方由此正式完成身份上的转变,由准配偶成为配偶,从此互享夫妻权益、互负夫妻义务。在整个"订婚"过程中,往往会涉及大量的金钱或财物的流转,而这些往往是进入"成亲"阶段的必要条件,即"成婚需要钱财"[5]。这一现象又被称为"婚姻论财"。客观地说,"婚姻论财"在世界各地区、各民族中都存在,但唯独在中国,这一现象"被推到了极致"[6]。其中,彩礼便是这一现象的典型代表。

根据传统观念,没有彩礼,婚姻便不能成立。[7]但关于何谓彩礼,至今仍尚无定论。人类学家们认为彩礼指的是"从新郎家向新娘家转移的资产,其作用在于敲定两家之间的婚姻契约,而使妇女从一家转手到另一家"[8],可能是一种雄性吸引雌性的原始方法即"自我修饰"的余存。[9]经济学家们

---

[1] 郭松义:《伦理与生活——清代的婚姻关系》,商务印书馆2000年版,第2页。

[2] 陶毅、明欣:《中国婚姻家庭制度史》,东方出版社1994年版,第213页。

[3] 刘从水:《婚礼仪式的多元向度研究》,载《北方民族大学学报(哲学社会科学版)》2015年第5期,第22—23页。

[4] 参见《礼记·郊特牲》。

[5] 郭松义:《伦理与生活——清代的婚姻关系》,商务印书馆2000年版,第101页。

[6] 王跃生:《十八世纪中国婚姻家庭研究》,法律出版社2000年版,第183页。

[7] 郑小川、于晶:《婚姻继承习惯法研究:以我国某些农村调研为基础》,知识产权出版社2009年版,第54页。

[8] [美]阎云翔:《私人生活的变革》,龚小夏译,上海人民出版社2017年版,第172页。

[9] [芬]E. A. 韦斯特马克:《人类婚姻史(第一卷)》,李彬等译,商务印书馆2002年版,第428—457页。

则从机会成本补偿、投资保护补偿和利益失衡的性别抵抗等角度对彩礼的概念作了界定。[1]但更多的人倾向于从传统习俗或生活事实的角度去理解彩礼。一般认为，当男女双方决定结婚后（一般表现为订立婚约），男方就应当向女方给予一定的金钱或财物；女方一旦接受这些金钱或财物，就相当于作出了与该男子结婚的承诺。其中的金钱或财物便是彩礼。若女方悔婚或双方均同意不再结婚，则女方须向男方退还全部或部分彩礼；若男方悔婚，则可以不退还或少退还彩礼。中华人民共和国成立之后，法律曾一度严令禁止结婚收受彩礼，并斥之为"剥削阶级的旧习俗"[2]"是封建主义制度的必然副产物和补充品"[3]，必须予以废除。但这不仅没有在事实上消灭彩礼，反而促使其演变出更多更复杂的形态，展现出一种顽强的生命力。即便是国民经济最为困难的时期，男女婚嫁依旧少不了彩礼，只不过相对简单朴素而已，比如"一些肉、茶水、几毛钱的糖果等"[4]。改革开放以后，随着经济社会持续发展和个人财富持续增加，彩礼之风重新抬头，彩礼的价值也随之水涨船高。立法者开始注意到，完全禁止彩礼不但在事实上难以实现，也与中国社会的客观现状不符，甚至可能会产生适得其反的效果。对于彩礼，不能简单地以阶级观念待之，应以更为务实的态度，认识到其存在的客观性、合理性和正当性。只要是当事人自愿达成，且不存在不法情形，法律就不应强加干涉。当前我国的法律政策对彩礼采取"不规制、不干涉、不鼓励"的态度，给予当事人较大的自由空间。

然而，随着我国人口形势和婚姻市场的深刻变革、人们观念的改变以及民间习惯道德约束力的不断减弱，因彩礼返还所引发的矛盾日趋尖锐，甚至造成耸人听闻的恶性事件。笔者在中国裁判文书网检索彩礼相关案件发现，绝大多数涉及彩礼返还问题，占比超过81.9%。但对于这一问题，法律规范却非常不足，目前仅有《最高人民法院关于审理涉彩礼纠纷案件适用法律若

---

[1] 郁光华：《从经济学视角看中国的婚姻法改革》，载《北大法律评论》2007年第2期，第412—423页。
[2] 刘素萍主编：《婚姻法学参考资料》，中国人民大学出版社1989年版，第146页。
[3] 同上，第50页。
[4] 林红：《姓与性：一部裕固族亲属制度的民族志》，中国社会科学出版社2018年版，第94页。

干问题的规定》（法释〔2024〕1号，以下简称《彩礼纠纷案件司法解释》）和《最高人民法院关于适用〈中华人民共和国民法典〉婚姻家庭编的解释（一）》（法释〔2020〕22号，以下简称《民法典婚姻家庭编司法解释（一）》）第5条有所涉及。然而，《彩礼纠纷案件司法解释》仅有7个条文，其中实质性条文仅为3个；《民法典婚姻家庭编司法解释（一）》则是对《最高人民法院关于适用〈中华人民共和国婚姻法〉若干问题的解释（二）》（法释〔2017〕6号，以下简称《婚姻法司法解释（二）》）第10条的完整继承，其内容制定距今已有20余年之久，对具体案件的适用已呈现出捉襟见肘之窘状。这直接导致司法实务对彩礼案件的处理呈现出恣意裁判的倾向。比如，不同的法院对彩礼案件的案由认定不尽相同，包括"婚约财产纠纷""婚前财产纠纷""同居财产纠纷"等。对于彩礼的性质，不同法院的认定也大不相同，包括普通赠与、附条件赠与、负义务赠与、事实行为及无效法律行为等。对彩礼返还的处理，则存在极大的不确定性，包括能否返还、返还的范围、情形和条件等。其后果便是，彩礼返还案件中的各自为政、个案决疑现象极为普遍，不仅无益于问题的实际解决，甚至反而激化了当事人之间、当事人与法院之间的矛盾。

另一方面，学界对彩礼返还问题的研究也极为欠缺。目前涉及彩礼相关的学术成果多集中于社会学、历史学领域，但在法学界，特别是民法学界，相关研究则是凤毛麟角。即便在婚姻家庭法学界，对彩礼范围问题的研究也非常单薄，不仅缺乏专论，对相关问题也多为一笔带过。大多数学者或是把彩礼归入纯粹的习惯范畴，或是认为彩礼属于"封建残余"，应为法律所否定，故对于彩礼返还问题既认为无研究的价值，也认为无研究的必要。而时不时见诸报端的"天价彩礼"问题，则是把彩礼推向了社会舆论的风口浪尖。2019年的"中央一号文件"首次把"天价彩礼"归入"社会不良风气"范畴，并提出治理要求。[1]对此，不少地方出台了相应的实施细则，比如江西省丰城市丽村镇出台的红头文件明确规定"结婚彩礼不得超过99000元"，

---

[1]　参见《中共中央 国务院关于坚持农业农村优先发展做好"三农"工作的若干意见》，载中国政府网，http://www.gov.cn/zhengce/2019-02/19/content_5366917.htm，2022年3月17日最后访问。

引起社会的广泛讨论。2021 年的"中央一号文件"则要求进一步加大对"高价彩礼"等社会不良风气的整治力度。[1]同年 4 月和 9 月,民政部分别推出两批"全国婚俗改革实验区",要求所涉地区"在三年内通过创新婚育文化载体,对婚嫁陋习、天价彩礼等不良社会风气进行治理。"[2]而承载着"树立优良家风,弘扬家庭美德,重视家庭文明建设"时代使命的《民法典》婚姻家庭编,其相关条文更是被寄予了遏制"天价彩礼"的"厚望"。[3]2023 年的"中央一号文件"则继续点名"高价彩礼"问题,指出要扎实开展对"高价彩礼"等重点领域突出问题的整治。[4]在这一风向下,社会各界对彩礼的负面评价明显多了起来,甚至有专家学者提出"要彻底废除彩礼"。但也有观点指出,所谓"天价"(或"高价"),且不论其判断标准为何,但显然是对某种不正常状态的描述,仅由此对彩礼予以全盘否定,有违事实逻辑。[5]

然而,无休止的争论并无益于问题的实际解决,反而还会陷入剪不断理还乱的理论抬杠之中。彩礼在中国的社会生活中依然普遍存在,因彩礼返还引发的矛盾纠纷也越发尖锐,亟须法律的规制和调整。实际上,在因彩礼返还问题产生纠纷后,当事人多倾向于寻求司法救济。这可从近年来全国法院受理婚约彩礼案件的相关统计数据中窥见一斑。比如,中国裁判文书网所收录的涉及彩礼返还问题的案件数量自 2014 年以来呈逐年增加之势,甚至在 COVID - 19 疫情最为肆虐的 2020 年至 2022 年的三年间,在全国法院受理案

〔1〕 参见《中共中央 国务院关于全面推进乡村振兴加快农业农村现代化的意见》,载中国政府网,http://www.gov.cn/zhengce/2021 - 02/21/content_5588098.htm,2022 年 3 月 17 日最后访问。

〔2〕 参见《民政部关于同意将河北省河间市等单位确认为全国婚俗改革实验区的批复》(民函〔2021〕33 号),载中华人民共和国民政部,http://www.mca.gov.cn/article/gk/wj/202104/20210400033126.shtml。《民政部关于同意将河北省邯郸市肥乡区等单位确认为第二批全国婚俗改革实验区的批复》(民函〔2021〕74 号),载中华人民共和国民政部,http://www.mca.gov.cn/article/xw/tzgg/202109/20210900036776.shtml。

〔3〕 这里指的主要是《民法典》第 1042 条第 1 款第 2 句"禁止借婚姻索取财物"。一些学者和专家认为其所针对的就是"彩礼",是《民法典》婚姻家庭编积极对接中央政策的表现。

〔4〕 参见《中共中央 国务院关于做好 2023 年全面推进乡村振兴重点工作的意见》,载中国政府网 2023 年 1 月 2 日,http://www.gov.cn/zhengce/2023 - 02/13/content_5741370.htm,2023 年 2 月 28 日最后访问。

〔5〕 王向阳:《当前我国农村"天价彩礼"的产生机制及其治理》,载《西南大学学报(社会科学版)》2021 年第 5 期,第 38—39 页。

件数普遍有所下降的背景下还出现了"逆势上扬",这反映出人们对司法介入彩礼返还问题处理的迫切需要。

(二)选题意义

彩礼,作为中华传统文化中极具代表性的存在,包含了极为深刻的政治、经济、社会、文化、伦理内涵,是人们普遍关心、却也欠缺足够关注和研究的问题。这无疑构成了我们深入了解、全面认识中国社会的极大障碍。更为重要的是,彩礼问题与我们所处的现实社会虽不能说是息息相关,但也有着千丝万缕的联系。尽管人们越来越崇尚自由恋爱、自由婚姻,越来越不愿意提及彩礼的话题,但大多数人一旦进入婚姻准备阶段,却仍然自觉或不自觉地遵循着彩礼的要求。如前所述,女方若接受彩礼,即表示她对与男方在将来结婚作出了承诺,就不得再与他人恋爱和结婚,否则不仅会失去彩礼、背负债务、使自己和家族蒙羞,还有可能因此而遭受惩戒。[1]如今,婚姻自由的观念已深入人心,离婚早已不是值得大惊小怪之事,更何况对彩礼或婚约的反悔。一方面是利益的驱使,另一方面是民俗乡约缺乏强制性,这使得因彩礼返还所引发的矛盾越发尖锐,甚至达到了社会失序的边缘。以法律,尤其是以民法的视角对彩礼返还问题进行研究,具有鲜明的理论和实践意义。

就理论层面而言,由于本书针对的是学界鲜有关注的彩礼返还问题,因此可以作为填补相关理论研究空白的素材。同时,本书尝试通过对彩礼及相关概念的分析、彩礼返还正当性基础的探究、彩礼返还请求权基础的重构以及彩礼返还路径的选择,为彩礼返还问题提供更多的研究视角,并为相关法律制度的构建与完善提供必要的理论基础。晚近以来,世界上许多先进的理论学说被我国民法学界所汲取并发扬光大,其中不乏可为婚姻家庭法所借鉴者。但反观当前的民法学界和婚姻家庭法学界,二者之间的隔阂依然明显。出于各种原因,许多婚姻家庭法学者对民法理论或持拒斥态度,或根本不明就里,客观上阻碍了婚姻家庭法与民法在理论和实践上的进一步融合,与婚姻家庭法向民法回归的既定事实以及我国民法体系的发展要求不符。本书通

---

〔1〕 顾鉴塘、顾鸣塘:《中国历代婚姻与家庭》,商务印书馆1996年版,第32—35页。

过引入法律行为基础障碍理论和动态系统论，对彩礼返还的法理基础和请求权基础进行分析，一方面为解决彩礼返还的理论基础提供思路，另一方面也为打通婚姻家庭法和民法之间的沟通渠道做一些能力范围内的努力和尝试。此外，借对彩礼问题进行分析之机，本书对当前某些颇为"流行"的错误观念和不当认识加以厘清，以此呼吁政府相关部门正确认识、看待和处理彩礼问题。鉴于当前学界关于彩礼返还问题的研究较少，本书致力于成为一枚抛砖引玉的小石子，希望能够引起对相关问题的关注和讨论。

就实践层面而言，彩礼返还请求权基础的不清晰和标准的不明确是导致矛盾纠纷的根源。一方面，淳朴的风俗不会永恒存在，习惯和道德的力量愈显局限，难以有效调和当事人之间的矛盾纠纷，这也促使他们转而寻求司法救济。而另一方面，仅有的法律规定——《民法典婚姻家庭编司法解释（一）》第 5 条已经表现出明显的滞后性、局限性，难以有效地解决司法实务中的具体问题。如何在立足国情的基础上，借鉴有益的经验，构建出一套兼具可行性和可操作性的法律制度体系，成为亟待破解的课题。对彩礼返还问题进行研究，既是使司法实务摆脱现实困境的客观需要，也是推进立法完善的前提准备，更是构建现代婚姻家庭法学体系的必然要求。本书聚焦彩礼返还问题，在界定彩礼概念和法律地位的基础上，通过引入动态系统论对彩礼返还请求权基础进行重构，建设性地对彩礼返还的情形、条件、标准和范围等提出具体的解决方案，合理确定当事人之间的权利义务关系。这不仅可以为司法实务处理彩礼返还纠纷提供一定的参考依据，从而为推进彩礼向着符合社会公平正义的方向发展提供力所能及的帮助，也有利于实现当事人之间的利益平衡，从而减少阶层分化和社会矛盾。此外，本书还针对一些颇具影响力的错误认识和错误观念进行了有力的反驳，为消除对彩礼的偏见和成见提供思想基础。笔者作为来自江西这一"彩礼大省"[1]的已婚女性，不揣才

---

[1] 江西省的彩礼风气较为盛行，而且彩礼金额普遍偏高，甚至远超周边和沿海发达省份。在一份网传的"2022 年全国彩礼排行榜"中，江西省以 38 万元（不含房车）居于榜首。参见《2022 年最新全国各地彩礼排行榜》，https://3g.163.com/dy/article/HGJ6U3JH0553E3JY.html，2023 年 1 月 11 日最后访问。这与江西省的社会经济发展状况极不相称，以致许多人发出"在江西结婚很贵"的感慨。

疏学浅，但怀着求真务实、勤奋努力的治学态度，尝试在传统和现代、理想与现实之间寻找解决彩礼返还问题的路径，为弥补现有研究的不足竭尽绵薄之力。

二、彩礼返还研究概述

（一）国外关于彩礼返还的研究

在人类文明的早期阶段，婚前男方必须向女方给予特定"礼物"，这在各民族各地域都是非常普遍的现象。[1]比如，在古埃及，即将新婚的男子应向准新娘的父亲提供"一笔钱，偶尔也可能包含少量谷物"，作为彩礼（Sp）[2]。在古巴比伦，婚姻必须以 riksatum（意为"捆绑"，可理解为婚约或婚姻契书）为前提，男方须按照 riksatum 的要求向其准岳父给予金钱或其他物品；若男方违反 riksatum，则女方家庭可以扣下这些金钱和物品。[3]在古罗马，在订婚后和结婚前，男女双方会在各自家族的主持下，互相交换结婚财产。其中，女方会为未来的小家庭准备一份嫁妆，而男方则需向未婚妻及其家庭交付订婚礼物。[4]但随着资本主义的勃发，自由平等、人格独立观念逐渐深入人心，家族、血缘、宗教、民族和地域的局限被突破，整个西方社会呈现出一种从集体主义到个人主义、从身份（或圣礼[5]）到契约演进的状态。在此种背景下，家族之间的利害和互惠被个人之间的自由合意所取代，[6]"婚姻论财"也因此走向式微。不消说，这是一幅完全不同于中国的景象。

如前所述，彩礼在中国得到了较为完整的保留，在民间也越发表现出旺

---

〔1〕［德］恩格斯：《家庭、私有制和国家的起源》，人民出版社 2019 年版，第 49—50 页。

〔2〕徐海晴：《婚约中的妇女——试析托勒密时期埃及妇女的家庭地位》，载《史林》2011 年第 3 期，第 159 页。

〔3〕国洪更：《古巴比伦婚姻习俗若干问题的再考察》，载《史学月刊》2004 年第 11 期，第 72—73 页。

〔4〕［美］约翰·维特：《从圣礼到契约：西方传统中的婚姻、宗教与法律》，钟瑞华译，中国法制出版社 2014 年版，第 32 页。

〔5〕同上，第 16—20 页。

〔6〕［英］梅因：《古代法》，沈景一译，商务印书馆 2011 年版，第 110—112 页。

盛的生命力，其背后有着深刻的国家政治、社会经济和传统文化动因。作为一个颇具"中国特色"的事物，彩礼具有强烈的民族性、地域性和传承性，但并不妨碍国外学者以不同的视角观察和分析，并作出一系列颇有深度的论述。近代以来的彩礼问题研究，在很大程度上源于清末东渡西士对我国婚姻习俗和婚姻家庭状况的调查研究。比如，美国传教士林乐知等人于1868年9月在上海创办的《万国公报》，就是一个近距离观察中国世俗文化并向国人传播西方见闻的刊物，登载了不少专门研究中国传统婚俗的文章，其中不乏涉及婚姻论财和彩礼问题的内容。林乐知还在其鸿篇巨制《全地五大洲女俗通考》一书中，对当时中国与西方的婚姻作了详尽的比较研究，并对彩礼现象与妇女地位的关系作了颇有见地的分析，指出人们对彩礼的追逐在某种程度上加剧了对女性的轻视、薄待和禁锢。[1]还有不少专家学者深入乡村和少数民族地区，对各地各民族独具特色的婚姻文化和习俗作了细致的调查研究。比如，法国传教士保禄·维亚尔和阿尔弗雷德·李埃达就前往滇西山村，对彝族的婚姻家庭习俗进行田野调查，并对彝族人的婚约彩礼状况作了介绍。[2]人类学家鸟居龙藏用数年时间，走访了湘、黔、滇、蜀以及东北等地，对当地的婚姻习俗和婚姻家庭状况作了颇有价值的调查研究。著名的中国法律史专家、日本学者滋贺秀三在其著作《中国家族法原理》一书中，亦对彩礼（书中译为"聘财"）作了较为具象的描述，并揭示出影响彩礼高低的某种规律。比如，新开辟地区的彩礼往往较高；穷户要求的彩礼往往比富户高；在某个标准年龄以下，女子越年长，男子所需付出的彩礼也越高等。[3]对于彩礼返还问题，滋贺秀三在考察各朝律令的基础上指出，在中国，彩礼与婚约紧密联系，因不履行婚约而产生的彩礼取回纠纷在中国是具有代表性的民事案件；彩礼看似是给了女方一笔不菲的财物，但实际上却对女方构成了极大的约束，中国的律令在处理彩礼返还问题时，也往往

---

〔1〕 卢明玉：《林乐知〈全地五大洲女俗通考〉对妇女解放思想的引介》，载《甘肃社会科学》2009年第6期，第99—102页。

〔2〕 茶刘英：《当代滇西彝族女性婚姻变迁研究》，陕西师范大学2018年博士学位论文，第2页。

〔3〕 〔日〕滋贺秀三：《中国家族法原理》，张建国、李力译，商务印书馆2020年版，第481页。

会偏袒男方。[1]

20世纪80年代后，中国重新向世界打开了大门，吸引了众多西方学者来到这个屹立在东方的文明古国进行探索和发现。作为中国问题观察家，费正清（John King Fairbank）教授在其著作《观察中国》《中国：传统与变迁》《剑桥中国史》等中，对中国各个历史阶段的婚姻家庭习俗和状况作了极为详尽的阐述，其中不乏深刻且颇有见地的思考。比如，他认为中国的社会规范来自家庭制度本身所蕴含的个人品格[2]，家庭才是"对中国政治生活负责的部分"，包括彩礼在内的"婚礼"是社会制度的重要组成，其收取与归还等相关事宜通常由家父决定，法律和习俗并不会直接干涉[3]。美国学者伊沛霞（Patricia Buckley Ebrey）致力于向西方世界介绍中国家庭和中国女性，有《中华帝国的儒家思想和家族礼义》《中国社会的婚姻与不平等》《家礼》《晚清中华帝国的家族组织》《内闱：宋代妇女的婚姻和生活》等著作。她尤其擅长从横向和纵向的视角，对中国的婚姻家庭作极为细致的描述。比如，在《内闱》一书中，伊沛霞对彩礼（译者译为"聘礼"）的形式、内容等作了详尽的介绍，并对其存在的意义和产生的社会效果作了分析。[4]对于彩礼能否返还、如何返还等问题，伊沛霞认为，彩礼作为男方对女方婚姻承诺的象征，是缔结婚姻的"法定步骤"之一，既可防止男方悔婚，又可使双方家庭从中获益，因此通常是不予返还的。[5]

在一些深受中国传统文化影响的亚洲国家和地区，也存在类似的习俗，其中以日本和韩国最为突出。在日本，男方提亲后须向女方给予的"結納金"（ゆいのうきん）[6]，其实就相当于彩礼。"結納金"以现金为主要形

---

[1] [日] 滋贺秀三：《中国家族法原理》，张建国、李力译，商务印书馆2020年版，第482—484页。

[2] [美] 费正清：《中国：传统与变迁》，张沛译，世界知识出版社2002年版，第16页。

[3] [美] 费正清：《美国与中国（第四版）》，张理京译，商务印书馆2003年版，第22页。

[4] [美] 伊沛霞：《内闱：宋代妇女的婚姻和生活》，胡志宏译，江苏人民出版社2010年版，第72—75页。

[5] 同上，第76—77页。

[6] 根据日本国民的一般认识，"結納金"为"結納の際に男性側から女性側へ贈られる結婚の準備金のこと"，即男方提供的"婚姻准备金"。

式,其数额一般是当地平均月收入的三至四倍。[1]对于"結納金"的性质及返还规则,日本学界存在不同观点。栗生武夫认为,日本法承袭罗马法,"結納金"属于以赠与为原因之给付;若婚约被解除,则应允许男方取回,否则女方构成不当得利。[2]二官周平认为,未结成法律婚的"内缘配偶"在"内缘关系"破裂时,由于其结婚目的不能实现,女方应返还"結納金"。[3]中尾英俊则指出,"結納金"系附停止条件的赠与。[4]在韩国,与彩礼相对应的概念为礼币。《韩国民法典》亲属编专门规定了婚约制度,对不违反法律和不违背公序良俗的婚约予以保护。而在韩国民间,订立婚约时由男方向女方给予礼币的做法尤为盛行。[5]对于礼币的返还,韩国学界通说认为应以婚约是否达致婚姻的效果为准,同时还要考察给予方的过错情形。如果婚约没有达成婚姻,礼币应予返还;但对婚约解除有过错的,不得要求对方返还。婚姻一旦成立,即便后又被撤销也不应再发生礼币返还的问题。[6]不过,若婚姻成立后双方当事人在极短的时间内离婚的,以及相关财物具有特定象征意义等情况,"可以依照公平原则参照婚约的撤销酌情处理礼币的返还问题"[7]。此外,在一些西亚国家,也存在着根深蒂固的彩礼习俗,而且表现出制度化和体系化的特征。比如,《伊朗民法典》就明确,在其规制下的彩礼(mehrieh)是一种严格的、具有强制性和保障性特征的财产制度。当然,随着伊朗社会经济环境的变化,这种强制性和保障性特征也出现了缓和迹象。[8]以上这些研究成果,可以为我们分析和解决彩礼返还问题提供借鉴。

---

〔1〕 参见"知っておきたい【結納金】の相場・基礎知識・マナー,https://zexy.net/mar/manual/kiso_yuino/chapter6.html,2023 年 1 月 30 日最后访问。

〔2〕 [日]栗生武夫、李夫纲主编:《婚姻法之近代化》,胡长清译,上海社会科学院出版社 2017 年版,第 42 页。

〔3〕 [日]二官周平:《事实婚》,一粒社 2002 年版,第 156—157 页。

〔4〕 [日]中尾英俊、裴桦:《日本的婚姻和收养制度》,载《当代法学》1993 年第 2 期,第 77—78 页。

〔5〕 姜海顺:《中韩家族法的比较研究》,法律出版社 2009 年版,第 32—33 页。

〔6〕 [韩]李庚熙:《家族法》,法元社 2002 年版,第 120—121 页。

〔7〕 同上,第 121 页。

〔8〕 冀开运、廖希玮:《伊朗彩礼制度的起源、演变及特征》,载《西亚非洲》2023 年第 1 期,第 33—38 页。

(二) 国内关于彩礼返还的研究

根据学者考证,始于周代的以"父母之命,媒妁之言"为特征的聘娶婚制是中国古代历朝婚姻成立的唯一合法形式。[1]聘娶婚制之"聘",便包含了彩礼的早期形态。聘娶婚制的出现与"六礼"[2]的形成紧密相连,研究聘娶婚制的过程,实际上就是对"六礼"形成、发展、演变过程的探求。[3]因此我国学界关于彩礼返还问题的研究,基本上是融合在对"六礼"的研究之中,并与婚约制度的研究紧密关联,而未形成专门的研究领域。在这些研究中,我国台湾地区学者的研究内容翔实、逻辑严密,对大陆学界的研究产生了深远影响。我国台湾地区学者大多借鉴德日债法理论,以揭示彩礼的法律性质为逻辑起点,对其法律效力进行分析。比如,史尚宽教授认为,彩礼(在其著作中为"聘礼")是随聘娶婚制中的婚约而产生,本质上属于男方对女方的赠与,若婚约因不能履行、被解除等原因消灭时,女方应向男方返还彩礼。其依据在于"订婚约而授受聘金礼物,自属一种赠与,惟此种赠与并非单纯以无价转移财产权为目的,实系预想他日婚约之履行",除了婚约的解除和违反,"婚约解除条件的成就、结婚不能、合意解除婚约"均可成为返还彩礼的理由。[4]戴炎辉教授也认为彩礼系以婚姻不成立为解除条件的赠与,但他同时指出彩礼兼具证约定金和赠与的双重性质,即"其赠与乃预定将来婚姻之成立",因此,其返还问题应一以贯之,即便婚姻解除系因彩礼给予方之过错,也应返还,只不过此时接受彩礼方可对他方请求损害赔偿。[5]陈棋炎、郭振恭等学者则认为,彩礼可能是向女子个人给予,也可能是向女方家庭给予,前者应为定金性质,后者则属于附解除条件的赠与,二

〔1〕 陈顾远:《中国古代婚姻史》,河南人民出版社 2016 年版,第 16—26 页。顾鉴塘、顾鸣塘主编:《中国历代婚姻与家庭》,商务印书馆 1996 年版,第 109 页。

〔2〕 "六礼"即纳采、问名、纳吉、纳征(纳币)、请期和亲迎,是我国古代婚姻的形式要件。前四项为"订婚"过程,后两项为"成婚"过程。其中,纳吉和纳征都包含了男方向女方送礼的内容,即彩礼。

〔3〕 王歌雅:《中国古代聘娶婚姻形式略论》,载《求是学刊》1993 年第 1 期,第 100 页。

〔4〕 史尚宽:《亲属法论》,中国政法大学出版社 2000 年版,第 158—159 页。

〔5〕 戴炎辉、戴东雄、戴瑀如:《亲属法》,台湾顺清文化事业有限公司 2009 年版,第 63—64 页。

者适用不同的返还规则。[1]林诚二教授认为，根据"民法"及最高法院的相关判例，彩礼系附负担的赠与，其返还问题应适用不当得利返还的规则。[2]不难发现，我国台湾地区学者受德国法和日本法影响，基本回避直接提及"彩礼"，而以"婚约赠与财产""婚约人赠与物""婚约礼物"等概念指代，以所有权转移、契约、要约、定金等西方理论来解释和重塑其运行规则，旨在彰显现代文明社会独立、自由、平等的婚姻新风尚。但有学者指出，如此不仅把彩礼与其历史文化和传统相阻断，而且把彩礼与仍盛行于民间的习俗相隔绝，使之失去了本来面目而变得模糊和空虚缥缈。[3]另一方面，也许是我国台湾地区的"民法"亲属编规定了婚约制度之故，我国台湾地区学者多把彩礼返还作为婚约被解除或不能履行的结果，也就是把彩礼作为从属于婚约的从契约。但这实际上偏离了我国台湾地区社会生活的客观现实。根据学者考证，近些年来台湾地区青年男女结婚前订立婚约的情况越来越不常见，但约定并给予彩礼的情况却依然很普遍。[4]如此一来，以婚约被解除或不能履行作为彩礼返还的前提条件，恐怕就不合适了。

　　相较于我国台湾地区学者，大陆学者，尤其是婚姻家庭法学者，普遍认为对彩礼问题的研究，应当维持彩礼本来面貌，而不能机械地套用民法的概念和术语。唯有如此，方可准确和公平地处理彩礼返还的问题。张学军教授认为，彩礼是男方依据当地婚姻习俗向女方及其亲属支付的财物，由于给予彩礼"绝非出于自愿"，也"并非主动"，且"数额往往较大"，因此不能把彩礼认定为一般意义上的赠与，而应作为附解除条件的赠与。因此，只要婚姻未能缔结，彩礼就应当返还于男方而不考虑当事人的错误情形，但可佐之以"婚约乃至事实婚姻解除的损害赔偿制度"以示法律对双方利益的权衡。[5]吴国喆

〔1〕　陈棋炎、黄宗乐、郭振恭：《民法亲属新论》，三民书局股份有限公司2013年版，第82—84页。
〔2〕　林诚二：《民法债编各论（上）》，中国人民大学出版社2007年版，第226页。
〔3〕　金眉：《论彩礼返还的请求权基础重建》，载《政法论坛》2019年第5期，第153页。
〔4〕　郭书琴：《身份法之法律文化分析初探——以婚约编为例》，载《台北大学法律论丛》2008年9月刊（总第67期），第1—47页。
〔5〕　张学军：《彩礼返还制度研究——兼论禁止买卖婚姻和禁止借婚姻索取财物》，载《中外法学》2006年第5期，第624—639页。

教授同样认为彩礼属于附解除条件的赠与，若婚姻未成就，则产生彩礼返还的问题，但相关司法解释仍未跳出将返还作为"惩罚措施"的思想局限，需要加以纠正；有必要参考罗马法嫁资制度中的"优先权"规则，确立防止借婚姻谋财和婚姻中恶意欺诈等情况的保护机制。[1]金眉教授认为，对于彩礼返还问题的处理，不能脱离历史传统和民众生活，更不能诉诸西方思维来解决中国问题。彩礼并不是"民法"一般意义上的财产，而是具有聘定意义的财物，给予彩礼的目的在于缔结婚姻而不是一般性的礼尚往来。人民法院在处理彩礼返还问题时除了要审查当事人是否登记结婚，还应考虑他们的同居事实、过错、过错程度，以及彩礼的用途和实际消耗情况等，否则难谓公平。[2]傅广宇教授则认为，以附解除条件的赠与来理解彩礼实为不妥，因为无论是"办理结婚登记手续"，还是"共同生活"，抑或是离婚后的"给付人生活困难"，都很难认定其能够构成某种"条件"；而因婚姻缔结之目的不能成就所引发的彩礼返还，其实更接近于传统民法所谓"给付目的不达"所致的不当得利返还。[3]黄立教授亦不赞同彩礼属于附解除条件的赠与之观点，而认为其应属于为将来缔结婚姻关系的目的赠与，故彩礼返还的理由在于赠与目的不能实现，婚姻缔约的基础不复存在，彩礼给予方应当根据不当得利要求对方返还。当然，也有部分民法学者认为彩礼与其他一般意义上的赠与并无不同，应适用赠与合同的规则，即只要没有交付即可由给予方行使撤销权而取回，与双方当事人是否结婚或离婚都没有关系，因为"任何一方都不得以限制对方的结婚自由作为条件或负担"[4]。但持此观点的学者亦承认，由于彩礼包含了"结婚的期待和动机"，与一般的赠与又存在着区别，为避免彩礼给予方陷入巨大的不利益，人民法院在处理此类案件时应以公平

〔1〕 吴国喆、温昱：《罗马"嫁资返还制度"的中国借鉴——以"彩礼返还制度"的完善为核心》，载《甘肃理论学刊》2014 年第 6 期，第 147—152 页。
〔2〕 金眉：《论彩礼返还的请求权基础重建》，载《政法论坛》2019 年第 5 期，第 149—158 页。
〔3〕 傅广宇：《"中国民法典"与不当得利：回顾与前瞻》，载《华东政法大学学报》2019 年第 1 期，第 130 页。
〔4〕 王利明、郭明瑞、方流芳：《民法新论（下）》，中国政法大学出版社 1988 年版，第 70 页。王利明：《所有权民法保护的若干问题》，载《法律学习与研究》1990 年第 4 期，第 57—62 页。

原则和保护当事人合法利益原则为出发点，视具体情况而定。[1]还有少数观点认为，彩礼是一个纯粹的习惯问题，因其系基于传统的婚俗习惯而产生，那么它的运行规则也应遵循传统婚俗的要求，即应当严格限制彩礼返还的情形和条件，以此督促人们认真对待婚姻事宜，杜绝别有用心之徒以此诈骗钱财或以金钱为诱饵玩弄异性等。[2]但这么做显然与当前的社会观念和法治进程相抵牾，也未必就能取得其所期待的公平正义效果。况且，婚俗习惯亦有善恶之分，只有体现公平和正义者才可能获得"取代权威的力量"[3]。就现代中国社会而言，为彩礼返还设置过高门槛的做法相当于回到了过去"定婚之约可得强制履行""德法不分"和"礼法并用"的老路，不仅与人民群众对婚姻和婚姻家庭制度的期待不符，甚至还会产生抑制婚姻、消减信赖的反效果。这种做法实际上背离了我国婚姻立法与婚俗改革所体现的男女平等、婚姻自由、适当保护女性的价值取向[4]，是不可取的。

此外，还有不少学者透过民族和地域的视角，对彩礼返还问题作了各具特色又不乏理论价值的研究和论述。比如，朱爱农教授在对回族婚姻缔结程序的研究中涉及"定茶"和"尼卡哈"（相当于彩礼和婚约）的内容，[5]就包含了对我国信仰伊斯兰教的地区彩礼返还规则的介绍。钱宗范等人所著的《广西各民族宗法制度研究》通过对广西各民族婚姻关系和婚姻制度的研究，为我们展示了当地诸多少数民族的彩礼返还规则。何绵山所著《台湾民族与宗教》对移居台湾地区的闽南人和当地少数民族的婚姻礼仪的研究，揭示了台湾地区与大陆在彩礼等婚姻文化与习俗上的同根同源。这些研究成果，既丰富了我们对彩礼返还问题的认知，也提供了观察国家、民族、婚姻与法律和习俗之间关系的多元视角，进而通过分析和比较来找寻解决彩礼返还问题的最佳方案。

通过上述资料可知，对于彩礼可否返还，国内外的主流观点是支持允许

---

〔1〕 王利明、郭明瑞、方流芳：《民法新论（下）》，中国政法大学出版社 1988 年版，第 70 页。
〔2〕 卓冬青、郭丽红、白云主编：《婚姻家庭法》，中山大学出版社 2012 年版，第 55—59 页。
〔3〕 ［法］卢梭：《社会契约论》，李平沤译，商务印书馆 2017 年版，第 61 页。
〔4〕 王歌雅：《中国近代的婚姻立法与婚俗改革》，法律出版社 2011 年版，第 276 页。
〔5〕 朱爱农：《当代回族伊斯兰法文化》，宁夏人民出版社 2014 年版，第 185—187 页。

返还的，只是在返还的法理、依据、条件和情形等问题上存在龃龉。总结归纳之，主要存在以下三种观点：第一，彩礼系普通赠与，适用赠与规则，故彩礼可否返还应以其是否交付完成为判断标准。第二，彩礼系附条件的赠与，其中又可进一步分为附解除条件的赠与和附停止条件的赠与，前者以男女双方将来未缔结婚姻为彩礼赠与的解除条件成就，彩礼应予以返还；后者则强调女方虽收取彩礼，但只在婚姻缔结后才可取得彩礼的所有权。二者的共同点在于，均把是否缔结婚姻作为彩礼可否返还的判断标准。第三，彩礼系附负担的赠与，若婚姻未能缔结，则女方收受彩礼便无法律上的原因，因此构成不当得利，应予以返还。而其他学说诸如证约定金、婚约的从契约、类似预付款以及道德给付等，均与现代社会生活及一般观念明显不符，本书也并不涉及，故于此不作赘述。

不难看出，最高人民法院《民法典婚姻家庭编司法解释（一）》第 5 条对彩礼的界定比较接近附条件的赠与。这一解释被民法学者所普遍接受，却为婚姻家庭法学者所诟病，认为其或与当事人之意思不符，或是纯粹对当事人意思之拟制，缺乏对彩礼事实和婚嫁传统的考虑，容易导致矛盾激化。彩礼的法律性质究竟为何，以及彩礼返还应当采取何种规则，仍值得进一步分析和探讨。

三、研究思路、研究方法和研究架构

（一）研究思路

本书的选题是彩礼返还，彩礼的返还自然是本书研究的核心内容，包括彩礼返还的正当性、请求权及彩礼返还规则的构建。但这些内容必须以对彩礼概念和彩礼范围的界定为论述起点，以彩礼的法律性质判定为问题意识，否则便是无源之水、无米之炊，研究也就失去了意义。因此，本书的主要研究内容可大致概括为两个方面的内容：一是彩礼和彩礼返还的界定；二是彩礼返还规则的构建。具体而言，本书的写作遵循如下研究思路：

第一步，对彩礼的概念和范围进行界定，解决"什么是彩礼""彩礼的范围包括哪些"的问题，这是本书的逻辑起点。通过对彩礼的概念和范围进

行界定，将彩礼给予与其他婚前或同居期间的财物给付相区分，以避免对彩礼返还问题的分析造成不当干扰。鉴于不论在历史上还是在现实生活中，彩礼给予往往与婚约或订婚密切关联，而且许多彩礼返还的矛盾和纠纷也是基于当事人对婚约的不履行或订婚的取消所产生，因此有必要对婚约和订婚做一定的分析。如此，有助于更为全面而客观地了解现今社会中彩礼的存在和运行之规律。

第二步，对彩礼返还的正当性基础进行分析。尽管彩礼很大程度上是传统文化和婚姻习俗的产物，但其已历经数千年的沧桑，不可能是一成不变的。有学者考证，如今社会的彩礼不论是对婚姻的功能和意义，还是内容、形式以及规则等，都迥然不同于过去。[1]其中，彩礼不再是单纯的"有去无回"或"有去难回"，而是被普遍地认为可以返还，甚至应当返还，这是最为显著的变化。但如同现实生活中我们需要说服一些持旧有传统观念者放弃对已收取的彩礼的执念一样，在学术研究的过程中，我们也应竭力说服那些持反对观点或游移态度者，而不是满足于自我圆说的自说自话。这便需要对彩礼返还的正当性进行论证。如前所述，学界关于彩礼返还的法理基础存在不同观点，而这些观点分别指向了不同的彩礼返还规则及相应的法律效果。然而，究竟哪一种观点最适合当今中国社会的实际状况，又或者是否还有其他解释路径，还需作进一步的比较和分析。

第三步，对彩礼返还的请求权进行分析。在论证了彩礼返还具有正当性之后，接下来便是分析彩礼返还的请求权，其中关键步骤在于找寻彩礼返还的请求权基础。由于婚姻未能缔结，作为彩礼给予方的一方当事人向另一方要求返还彩礼，这其实就是"请求"对方为某种给付。而据以支持当事人此种"请求权"的法律规范，就是彩礼返还的请求权基础。有学者指出，探寻请求权之基础，是"找法作业之根本"[2]，亦是所有学习法律之人"自始即应培养的能力"[3]，需要在请求权思维的指引下进行。请求权思维作为一种

---

[1] 李霞：《民间习俗中的彩礼及其流变》，载《民俗研究》2008 年第 3 期，第 253—260 页。

[2] 吴香香：《请求权基础思维及其对手》，载《南京大学学报（哲学·人文科学·社会科学）》2020 年第 2 期，第 91 页。

[3] 王泽鉴：《民法思维：请求权基础理论体系》，北京大学出版社 2009 年版，第 46 页。

分析路径，不同于法律关系分析法，它强调对法律逻辑和实践理性的统合，兼顾正式法源和非正式法源，其"从特殊到一般"的思维进路亦与《民法典》的体系相契合。尽管学界仍存在龃龉，但从最高人民法院制定出台的司法解释和相关指导性案例中不难发现，它已经先行学界一步而接受了请求权思维，[1]并呈现出鲜明的倾向性立场，即"请求权基础约等于法律依据"[2]。在民法领域，请求权思维已经"成为民法教义学的焦点"[3]，并逐渐为越来越多的学者和实务者所采纳，但在婚姻家庭法领域却依然难寻踪迹，不可谓不是一种遗憾。本书意欲在研习既有研究的基础上，尝试将这一思维引入对彩礼返还问题的分析中，以求对实际问题的解决有所增益。

第四步，以理论结合实际，构建确定彩礼返还法律效果的动态体系。在明确了彩礼返还的正当性和请求权基础后，便需要进一步把彩礼返还问题具象化，即解决"如何返还"和"返还多少"的问题。这是本书研究的最终目的，也是集中体现本书研究价值之处。对于彩礼的返还，学界研究非常有限，且多拘泥于对相关司法解释的"再解释"，难免给人以"照葫芦画瓢"之感。比如，分析彩礼返还的主体、构成要件以及法律效果等，其实只是对既有司法解释的条文解说，而并无多大的创新价值和实践意义。与前述研究不同，本书意欲引入动态系统论的思维，结合法律规定和司法实务的经验，通过选取影响彩礼返还的"要素"，以及对各"要素"进行动态配置，进而构建起一套明确具体而又不失弹性化的彩礼返还的动态体系，并最终服务于司法实务。

上述研究思路中，第二步、第三步和第四步均以借鉴新近的民法理论对彩礼返还问题进行研究，这不同于传统的婚姻家庭法研究的思维方式。当然，

---

〔1〕 于 2019 年 11 月 14 日正式发布的《最高人民法院关于印发〈全国法院民商事审判工作会议纪要〉的通知》和同年 8 月 12 日印发的《周强院长、刘贵祥专委在全国法院民商事审判工作会议上的讲话》中，均明确认可请求权基础思维为裁判思维。最高人民法院还以此为专题出版了《民事案件案由适用要点与请求权规范指引》以指导司法实务。载中国法院网，https://www.chinacourt.org/law/detail/2019/11/id/149992.shtml。

〔2〕 金晶：《请求权基础思维：案例研习的法教义学"引擎"》，载《政治与法律》2021 年第 3 期，第 89—90 页。

〔3〕 吴香香：《民法典编纂中请求权基础的体系化》，载《云南社会科学》2019 年第 5 期，第 96 页。

这并不是对相关理论的单纯堆砌或移植嫁接，笔者也绝无好大喜功或哗众取宠之意，只是希望把日常所学知识运用于具体问题的分析中，为增进民法理论与婚姻家庭法理论之间的沟通作些许努力。

（二）研究方法

本书聚焦于彩礼返还问题的研究，除了研读既有的法学、社会学及其他学科中关于彩礼返还问题的文献资料，还希望通过历史分析法、实证分析法、价值分析法、比较分析法和跨学科研究法，并结合社会调查的方法，力求对这看似稀松平常实际上却纷繁复杂的问题及其背后所蕴含的深奥法理进行梳理，在此基础上寻求妥善解决彩礼返还问题的方案。

1. 历史分析法

彩礼作为一个拥有数千年渊源的事物，其产生、发展和运行都是历史演进的结果。若欲把彩礼返还的问题说清楚、回答好，则必须对彩礼发展和演变的历史脉络予以回溯和梳理。[1]本书意欲通过历史分析法建立起历史和法学的对话机制，分析彩礼的历史和现状，以及与其他事物的关系，为彩礼存在的客观性、彩礼返还的正当性提供依据。当然，鉴于本书并非针对法律史的研究，故对相关内容的论述力求简要，且以晚近的历史状况为主，从而更好地揭示彩礼返还矛盾纠纷大量涌现的原因，并在此基础上，探寻其背后所隐含的规律以及未来的发展趋势和走向。

2. 实证分析法

实证分析法是一种开放的方法论，强调打破法律术语与社会事实之间的对立，把法律规定以外的客观事实纳入问题分析。[2]研究彩礼返还问题的目的是以理论指导实践，但研究本身也应立足于实践，并由此去"辩证地发现和破解问题"[3]，否则就是纸上谈兵、坐而论道，再多的论述也只是华而不实、大而无当的文字堆砌。本书对实证分析法的践行主要体现为对大量的司

〔1〕 金眉：《论彩礼返还的请求权基础重建》，载《政法论坛》2019 年第 5 期，第 149 页。
〔2〕 潘德勇：《从价值到事实：法学实证方法的变迁》，载《社会科学》2015 年第 3 期，第 100—109 页。
〔3〕 汤文平：《法学实证主义：〈民法典〉物权编丛议》，载《清华法学》2020 年第 3 期，第 76 页。

法案例进行分析和比较，并对一些典型案例进行个案分析，通过对案件事实、当事人诉求、法官的裁判思路和裁判结果的拆解，发现司法实务中的优秀经验和不足之处，从而为问题的解决、相关制度的完善提供实践参考，同时也避免相关论述落入传统的形而上学和理想国式宏大叙事之窠臼。

3. 价值分析法

婚姻自由、男女平等和婚姻家庭的和谐有序，是我国婚姻家庭立法孜孜以求的价值取向。彩礼中的自由意志与他人和社会的利益之间的关系如何？彩礼给予及彩礼返还的问题能否完全取决于当事人的意思，是否会与社会公平正义理念相抵触？法律是否应对彩礼作必要的限制？若是，法律又应该如何限制，其限制的边界又该如何确定？不论是彩礼的给予还是彩礼的返还，其本质都是特定个人对特定财产的处置，是自由意志的体现，而一切涉及自由的议题总是关乎价值探讨的，因为自由本身就是"法的终极价值"所在。[1]通过价值分析法，有助于增进对私人财产和信赖利益的平衡，维护和促进社会公平正义的实现。

4. 比较分析法

他山之石，可以攻玉。尽管彩礼是一个颇具中国特色的事物，原则上应当尽可能地从本国实际出发寻找相关问题的解决方案。但这并不妨碍我们通过借鉴域外与彩礼相近似问题的理论和实践做法，为本土问题的解决提供有益参考。特别是在目前我国法律关于彩礼返还的规定尚付阙如、现有的司法解释仍较为粗陋、理论研究也相对欠缺的背景下，通过比较分析的方法，考察域外理论和实务并结合我国的实际情况，从"差异"中找寻"共性"，可以对相关问题的研究起到事半功倍的效果。

5. 跨学科研究法

研究彩礼返还问题必然涉及法学之外的领域，比如社会学、民俗学和历史学等。此外，即便在法学领域之内，也涉及多个学科之间的交叉和联系的情况，最明显的便是在婚姻家庭法与民法、合同法和物权法之间的跨度。此外，还表现为跨财产关系法和人身关系法、跨习惯法和制定法、跨

---

[1] 林道海：《论法的自由价值》，载《政治与法律》2006 年第 5 期，第 48—49 页。

实体法和程序法等特征。笔者欲扎根于民法和婚姻家庭法的基础理论，结合对合同法、物权法、法制史、习惯法、民间法和法社会学等相关理论的考察，全面地对彩礼返还问题进行分析和阐述，以提升本书的研究质量和理论深度。

6. 社会调查

笔者在考入清华大学法学院攻读博士学位之前，已经在设区的市中级人民法院和省级人民代表大会常务委员会机关工作了十年时间，在学习期间也仍然兼顾着本职工作，具有一定的社会工作经验。笔者认为，法学研究最忌脱离实际的、只满足于从概念到概念和从理论到理论的自圆其说，必须结合社会生活的实际需要，否则难以产出具有实践价值和可操作性的研究成果。同时，江西省作为彩礼风气极为浓厚的地区之一，拥有极为丰富的、可供观察和分析彩礼返还问题的现实资料，笔者遂利用业余时间走访了省内部分法院、妇联、民政部门以及社区街道等基层单位，搜集了大量涉及彩礼返还的案例和数据，作为佐证本书观点的实践依据。

（三）研究架构

本书对彩礼返还问题的研究，除作为第一章的绪论部分外，拟按照如下内容编排展开：

第二章是彩礼的概念审视和性质界定，主要解决关于彩礼和彩礼返还的基础理论问题。该章包含了四个方面的内容：其一，彩礼的源流介绍，包括彩礼的历史渊源，它在国家意识形态中的变迁，以及彩礼对婚姻缔结的意义和价值，也就是彩礼存在的合理性和正当性；其二，相关概念的比较，包括对彩礼以及与彩礼密切相关的诸如婚约、订婚、嫁妆等概念的区分，以及对彩礼属于"买卖婚"残余、是借婚姻索取财物等观点进行驳斥，作为后续研究的概念基础；其三，彩礼给予的性质考察，包括对法律规范中相关界定和不同理论学说观点的比较和评析，进而得出对彩礼给予的应然定性，对后续论证彩礼可否返还、返还的效果等具有重要意义；其四，彩礼返还在司法实务中的大致情况，并由此指出现行法律规范的缺位、司法裁判的恣意，以及与之相对应的矛盾纠纷日益尖锐的现状，引出彩礼返还问题解决的迫切性和必要性。这也是本书研究的动因所在。本章的核心内容在于彩礼给予的法律性质，通过比较分析该部分内容的作用，包括作必要的背景介绍、对相关概念加以厘清并由此引出本书所要探讨的问题，相当于"问题的提出"。

第三章是对彩礼返还具有正当性的分析，解决了"彩礼为什么可以返还"的问题。彩礼返还之所以会引发如此多的矛盾纠纷，根源就在于人们对彩礼可否返还以及应返还多少的问题存在认识上的不一致，而这一情况在不同法院之间也普遍存在。这便是论证彩礼返还具有正当性的必要性所在。彩礼返还的正当性包括"法外"和"法内"两个方面，其中"法外"正当性包括彩礼返还的政治基础、经济基础、文化基础和社会基础等四个主要方面。"法内"正当性基础即彩礼返还的法理支撑。在某种意义上，法理支撑才是真正意义上有说服力的正当性论据，因为其所隐含的国家意识和集体意识是使司法裁判具有强制力的根本所在。法官的价值判断必须以法理为立足点，否则便容易偏离法律的形式逻辑，进而作出背离客观事实和公平正义要求的裁判结果。

对彩礼返还具有正当性的论证，是建立在第二章关于彩礼给予法律性质的分析基础之上的。第二章的结论为彩礼给予在性质上属于婚姻家庭法上的特殊赠与，即"基于婚姻之给予"，其返还的法理基础应为情势变更制度下的行为基础障碍理论。这是对德国法的借鉴。笔者认为，所谓创新性，并不仅指创造出新理论和新观点，打通既有规则之间的逻辑联络、借助民法理论解决婚姻家庭法问题，本身也是一种创新。行为基础障碍理论源于早期普通法上的情事变更理论，并在第二次世界大战以后逐渐为德国法院所普遍接受，并最终作为正统学说被纳入《德国民法典》，体现了法学理论与社会现实之间的对话与互动。[1]晚近以来，行为基础障碍理论被引入我国民法理论中，由于其关注法律行为的实质妥当性而非简单地一分为二地分配风险，能够更好地导控法律行为的效力问题，故为越来越多的学者和实务者所接受。在

---

[1] 杨代雄：《法律行为基础瑕疵制度——德国法的经验及其对我国民法典的借鉴意义》，载《当代法学》2006 年第 6 期，第 68—69 页。

婚姻家庭法领域，已经有学者借鉴该理论的思想解决夫妻之间的赠与效力问题，[1]不失为一种有益的尝试。这也是本书写作灵感的来源之一。

第四章是彩礼返还的请求权，主要是在第二章彩礼给予的法律性质和第三章彩礼返还的正当性基础之上，对彩礼返还的制度和规则进行构建。彩礼属于私法问题，这是毋庸置疑的。在私法领域，当事人之间的诉求必须建立在一定的请求权基础之上，否则就不能产生法律上的效力。[2]但有学者指出，请求权基础的寻找绝非易事，因为法律规范本身往往并不完美，故常需对法律进行解释、填补法律的漏洞，甚至可能要创造法律。[3]对彩礼返还的请求权基础的寻找则更是如此：由于法律规范的缺失，大多数情况下法官并不能像处理其他案件那样笼统地表述"依据《民法典》第某某条之规定，甲得向乙请求返还彩礼"；但我们又必须明确彩礼返还的请求权基础，不只是为了防止出现五花八门的裁判依据和裁判结果，还是因为这是令当事人获得司法救济的根本手段。

从形态上看，请求权基础包括具体化的法律规范，也包括外观并不完备的规范，后者需要与其他法律规范相结合才能构成完整意义上的请求权基础。此外，对于法律尚未规定，但在学界已形成的通说观点，以及在司法实务中的通行做法，亦可以成为请求权基础，但需要经过一定的甄别。鉴于目前关于彩礼返还的司法解释规定较为粗陋，不仅难以有效地指导司法实务，还可能背离实现社会公平正义的需要，有必要在考察司法实务的基础上，对彩礼返还的请求权基础进行重构。在方法上，应克服法实证主义而承认现行法律规定存在漏洞，并通过法理、法律原则和学说、习惯等加以填补。

第五章是彩礼返还法律效果的弹性化构造，主要通过引入动态系统论的方法，尝试对现有的过于僵化的彩礼返还法律效果评价体系进行修正。笔者在跟随导师学习的过程中接触到了近年来备受关注的动态系统论学说，逐步了解和接受了动态系统论的思想，并发现其在婚姻家庭法领域中大有作为。

---

[1] 杨晋玲：《试论赠与基础丧失规则在我国婚姻法中的设立——以婚姻法司法解释（三）第七条第一款为例》，载《中华女子学院学报》2014 年第 2 期，第 12—21 页。

[2] 王泽鉴：《民法思维：请求权基础理论体系》，北京大学出版社 2009 年版，第 41—42 页。

[3] 同上，第 43 页。

但遗憾的是，目前婚姻家庭法学界对动态系统论仍较为陌生，甚至很多资深学者闻所未闻，更遑论运用之。就彩礼返还的法律效果而言，相关司法解释体现的是传统的构成要件思维下的"全有或全无"模式，即要么返还，要么不返还。这显然与彩礼返还的客观实际并不相符，容易使法院的裁判或僵化守成，或放任恣意。本章以动态系统论的思想为遵循，在选取相关要素、确定基础评价和原则性示例的基础上，尝试构建起一套既明确又不失灵活的彩礼返还法律效果的动态评价体系，以期更好地解决司法实务中的具体问题。此外，为了提升本书的研究价值和实际效用，笔者还选取了相关具体的案例进行分析，以期使相关论述从抽象的论述延伸至可实际操作的具体规则。

第六章是总结与展望，主要是对本书的研究进行归纳和总结，并指出研究过程中存在的现实困难以及研究内容的不足和遗憾之处，以此作为笔者今后对相关问题继续深入学习和研究的契机。

第二章
彩礼的概念审视和性质界定

近代中国深受"西学东渐"的影响。在欧风墨雨的浸润下、在一系列革命斗争和政治运动的推动下，中国这个千年文明古国的婚姻家庭制度经历了一系列的转型和变革。这些转型和变革的方向及结果无疑都是在正确的道路上的，但其过程中的矫枉过正也是非常明显的。彩礼便是典型。曾几何时，彩礼被视为陋习恶俗而弃入历史的"废纸篓"，即便偶有"打抱不平"之声，也会很快湮没于排山倒海的批判之中。直至21世纪初，彩礼才"首次在司法解释中被正视"[1]，并逐步摆脱了过去那种一边倒的负面否定评价。然而，即便在法律赋予当事人以相对自由的当下，法律规范与现实生活、传统观念与现代思维之间的摩擦和碰撞，还是把彩礼推向了一个毁誉参半的尴尬境地，促使人们不禁发问：彩礼何以产生和存在，又是否有继续存在的必要？当事人因彩礼所获得的利益可否得到法律的承认与保护，因彩礼所引发的纠纷又能否诉诸法律？这些问题都是对彩礼返还展开研究的基础性问题，本书无法也不应当回避。在某种意义上，这是一个正本清源的过程，也是所有关于彩礼论题的研究都应当关注和重视的基础性问题。

---

[1] 王林清、杨心忠、赵蕾：《婚姻家庭纠纷裁判精要与规则适用》，北京大学出版社2014年版，第12页。

一、彩礼的源与流

（一）彩礼的历史渊源

考察彩礼的发展历史进程可知，它与婚姻制度是相伴相生的。在古代中国，婚姻的缔结须遵循"父母之命，媒妁之言"，并实行聘娶婚制。即："无论是男家父母欲与女家结合，还是女家父母欲与男家结合，都必须先遣媒妁，去对家探问"[1]。经媒妁介绍之后，若双方家庭均表示可行，便可进一步互相了解（需要注意的是，此处的"相互了解"仅限于家长、族长之间，因习俗公意所迫，男女当事人至少在表面上要装作互不知情，以体现矜持和羞耻之心）。媒妁便在双方家庭之间转送包括女方"知单"和男方"八字"在内的重要信息。经过一番"审查"之后，若双方家庭均表示满意，便开始"订婚"的程序，于是彩礼就"粉墨登场"了。在"订婚"过程中，男女双方家庭议定彩礼的形式和内容，择吉日为"定聘日"，当天由男家送至女家。很多情况下，彩礼并不是一次性交付结清的，而有"上半场"和"下半场"之分。"上半场"所涉及的财物一般只占彩礼总量的小部分，又称"上半礼"；"下半场"则在临近婚期的时间进行，男方会把余下的彩礼部分悉数送至女家，又称"送礼"[2]。"送礼"之后，便正式进入"成婚"阶段，此时的男女双方都被要求守持贞洁，并对外"宣示"自己的准婚身份。比如，女子通常会将辫子挽起梳成髻子，表示自己即将出嫁，不再接受其他男子的求爱。男方则会摆宴设酒、向亲友派发喜礼等，为即将举办的正式结婚仪式造势。

尽管婚姻"六礼"自古有之，但根据学者考证，严格意义上的彩礼似应勃兴于宋代。这是因为宋朝统治者对前朝所遵奉的门阀制度予以摧毁，导致两晋南北朝以来的门阀婚姻由此逐渐瓦解，社会上便出现了"取士不问家事，婚姻不问门阀"[3]的景象，"士人对俗人结婚"[4]的情况极为普遍，甚

---

[1] 林耀华：《义序的宗族研究》，生活·读书·新知三联书店 2000 年版，第 127 页。
[2] 同上，第 129—130 页。
[3] 参见《通志》卷二十五。
[4] 参见《朱子语类》卷八十九之《礼六》。

至皇室成员对结婚亦"不欲选于贵戚"〔1〕。这种不慕著姓、不婚名族的婚姻风尚固然值得称道，但也促使人们开始更多地关注家世门第之外的东西——财产，由此"婚姻论财"之风日涨。于是，在订婚后正式结婚前，由男方专门备置一笔财物，并差使专人或本人亲自向女方交付，逐渐成为一种固定的做法。对此景象，文史学家司马光给予了"将娶妇，先问资装之厚薄；将嫁女，先问聘财之多少"〔2〕的描述。宋代之后，"婚姻论财"之风愈演愈烈，不仅结婚程序越发烦琐，结婚的费用也水涨船高，许多中下阶层的男子为结婚不得不典卖土地财物，而贫苦家庭的女儿出嫁困难和婚姻失时等情况亦非常普遍，一些地方的官府则疲于应对各种涉及聘财妆奁的案件纠纷，甚至"争讼无虚日"〔3〕。显然，"婚姻论财"之风过盛，在一定程度上影响了社会的和谐稳定。

　　关于彩礼这一名称的由来，则仍有进一步考证的空间。周代以后，聘娶婚制逐步得到确立，"婚姻论财"也开始逐步向制度化和程序化的方向发展。〔4〕根据相关资料记载，从西周到春秋时期，官方的文书中一般以"纳币"或"聘币"指称彩礼，到了秦汉至隋唐时期多称为"聘财"，宋元明清以降则统称为"财礼"，民间对彩礼则有聘金、聘礼、娉礼等多种称谓。〔5〕不难看出，早期的彩礼多被冠以与"财"（币、贝、财等）相关的称呼，即财礼；至于为何在文字上由"财"演变为"彩"，似乎与描述财物内容的文字演变有关。古时候结婚一般会要求男方备置布帛物品，特别是大户人家讲究排场，备置的财物中多有色彩艳丽的绫罗绸缎以及用这些绫罗绸缎包裹的物品，称为"彩"〔6〕。直至清代，官方文件中的"六礼"之"纳采"已写

---

〔1〕　参见《续资治通鉴长编》卷四百七十二。

〔2〕　参见《司马氏书仪》卷三。

〔3〕　祝瑞开主编：《中国婚姻家庭史》，学林出版社 1999 年版，第 152—157 页。

〔4〕　自周代开始，已经出现了专门司掌男婚女嫁事宜的职官，即"媒氏"。根据《周礼》记载，"媒氏"所行使职责就包括掌握聘礼的数量。

〔5〕　陈鹏：《中国婚姻史稿》，中华书局 1990 年版，第 340 页。

〔6〕　彩，即彩色的绸缎，多指代色彩鲜艳的丝织绸缎或布匹。参见中国社会科学院语言研究所词典编辑室：《现代汉语词典（第 6 版）》，商务印书馆 2012 年版，第 120 页。

作"纳彩"。[1]民间亦逐渐以"彩礼"指代相关财物。此外,亦有民俗专家考证指出,彩礼之"彩",指的是财物的种类和形式,包含了多样性的意思,即彩礼的品类和样式应该是多种多样的;"礼"则指的是仪节,包含了秩序、制度之义。[2]

彩礼,是聘娶婚制出现后几乎不可避免的产物。[3]关于彩礼为什么通常由男方给予,可以从以下几个方面进行解释:首先,彩礼作为一种典型的"婚姻论财",是人类由母系社会进入父系社会、由原始公有制到私有制转变的必然结果。[4]如恩格斯所指出,"当父权制和专偶制随着私有财产的分量超过共同财产以及随着对继承权的关切而占了统治地位的时候,结婚便更加依经济上的考虑为转移了"[5]。在中国的传统文化中,家(宗)族是以男性为中心建立起来的居住、劳作和生活单位,婚姻之事亦乃男子的"主场"。[6]从婚姻缔结的形式和程序上看,男方通常是居于主导地位的,而女方则多为被动承受的一方。即便在某些特殊场合是由女方主动提起婚嫁之事,比如大户人家的招亲或择婿等,"按仪注仍须由男方家族遣媒"[7]。为了使婚姻之事得以顺利推进,作为发起方的男方有必要在物质上有所奉献,而不可能要求被动的一方为此付出代价,否则便无成婚之可能了。当然,这并不一定是因为男尊女卑或两性不平等,而是在某种程度上包含了对远古时期雄性求偶时取悦雌性行为的"行为记忆"。再有,从社会心理学的角度来看,男性繁衍后代的欲望和需求往往比女性更为强烈,但他们在生育技能上又

---

[1] 参见雍正朝《昭文县志》卷四、乾隆朝《福州府志》卷二十四、道光朝《蒲溪小志》卷一、光绪朝《大清会典事例》卷三百二十五,转引自郭松义:《伦理与生活——清代的婚姻关系》,商务印书馆 2000 年版。

[2] 师云蕊:《理俗人——一汉人村落"彩礼"和"嫁妆"的深描》,中央民族大学 2010 年硕士学位论文,第 22—24 页。

[3] 李衡眉:《掠夺婚和买卖婚说质疑》,载《东岳论丛》1986 年第 6 期,第 86—87 页。

[4] 高石钢:《民国时期农村婚姻论财规则初探》,载《社会科学战线》1999 年第 5 期,第 194—195 页。

[5] [德]恩格斯:《家庭、私有制和国家的起源》,人民出版社 2018 年版,第 85 页。

[6] 刘海鸥:《从传统到启蒙:中国传统家庭伦理的近代嬗变》,中国社会科学出版社 2005 年版,第 6—9 页。

[7] 陶毅、明欣:《中国婚姻家庭制度史》,东方出版社 1994 年版,第 215 页。

"居于生理上的弱势"。因此，为了尽可能地满足生育子嗣、延续血统的需求，男性会极力地向女性展示自己的社会地位、财产状况等，以表明自己比其他人更具备成为一名合格乃至优质的结婚和抚育子女对象的条件。[1]这又被称为"竞争理论"。[2]彩礼便是表明其具备上述条件的重要体现。有学者经过调查后指出，男性主动寻觅新娘的结果是他将更容易找到称心如意的伴侣，但若是女方主动寻觅新郎，则往往得不到这种理想的结果。[3]这在很大程度上决定了为缔结婚姻所作出的财产给予的"支付的方向"一般是由男向女。对此，美国学者波斯纳从经济学角度所作的分析或许可以为我们提供另一种思路。波斯纳指出，基因决定了婚嫁会给女性带来重大的机会成本，但对男性而言则微不足道，因此女性需要借助某种机制来筛选她的配偶，彩礼（原文为聘礼）便是一种替代的筛选装置。[4]在一个"离婚普遍难于结婚"的环境下[5]，人们倾向于对可能结婚的对象的品质进行仔细的调查，这必然导致求婚过程的漫长，从而产生时间和金钱成本。[6]由于男性扮演了主动求婚的一方，而时间成本又是双方同等承担的，那么结婚的金钱成本便理所当然地由男方负担了。此外，也有观点认为，彩礼是男方对女方家庭丧失劳动力以及将他未来的妻子抚养成人的一种物质补偿。[7]还有学者则从对女方父母的"感谢"或"报偿"、对女方婚后专事家务劳动或照顾工作的补偿等角度解释男方给予彩礼的原因。这些观点的出发点和落脚点各异，

---

[1] Su jin long et al. , *The Psychological Effects of Mating Motive*, Advances in Psychological Science, Vol. 25, Issue 4, 2017, pp. 611-613.

[2] 刁统菊：《嫁妆与聘礼：一个学术史的简单回顾》，载《山东大学学报（哲学社会科学版）》2007 年第 2 期，第 158 页。

[3] Gale D, Shapley L S, *College Admissions and the Stability of Marriage*, The American Mathematical Monthly, Vol. 69, No. 1, 1962, pp. 9-15.

[4] ［美］理查德·A. 波斯纳：《正义/司法的经济学》，苏力译，中国政法大学出版社 2002 年版，第 192—193 页。

[5] 即便在离婚法最宽松的地方，离婚仍然存在着精神上或实质上的障碍，婚姻仍然包括未婚所不具有的权利和责任。这决定了离婚必然是难于结婚的。参见［英］安东尼·W. 丹尼斯：《结婚与离婚的法经济学分析》，王世贤译，法律出版社 2005 年版，第 171 页。

[6] ［美］理查德·A. 波斯纳：《法律的经济分析（上）》，蒋兆康译，中国大百科全书出版社 1997 年版，第 187—188 页。

[7] 夏吟兰主编：《中华人民共和国婚姻法评注·总则》，厦门大学出版社 2016 年版，第 193 页。

也都各有其道理，可以帮助我们从不同的角度观察和分析彩礼问题。

（二）彩礼的概念和范围界定

考察司法实务中关于彩礼返还的纠纷案件可以发现，这些案件几乎都涉及对彩礼概念和范围的界定问题，而这也是法院认定彩礼最终归属的基础。本书导论部分已对不同文化和社会制度下彩礼的名称和定义等作了简单的介绍。为避免重复，此处不再赘述。

1. 彩礼的概念界定

关于彩礼的概念，法律和相关司法解释均未作明确规定，但最高人民法院在制定相关司法解释时曾经对彩礼的概念作出过一个相对清晰的界定，即彩礼是按照当地习俗给付的。姑且不论这一界定周延与否，但其至少揭示出彩礼与婚姻习俗之间的密切关系。就概念而言，首先，彩礼是基于一定的婚姻习俗而产生的，并且是通过这种婚姻习俗的延续而传递给后人的行为模式的具体承载者。在传统婚姻习俗中，彩礼是婚姻缔结不可或缺的内容，对收受彩礼的女方和付出彩礼的男方而言也是顺理成章、理所当然的。如果男方未能给予彩礼，往往会被认为是"悖俗"而受到外界的指责和非议，当然他自己也会觉得"没面子"和"不光彩"。[1]这一点也为司法实践所认同，许多法院判断相关财产是否构成彩礼以及能否返还的前提便是考察当地是否存在一定的彩礼习俗。[2]比如，《上海市高级人民法院关于适用最高人民法院婚姻法司法解释（二）若干问题的解答（二）》（沪高法民1〔2004〕26号）指出，相关司法解释（即《婚姻法司法解释（二）》第10条）涉及的彩礼，"必须是基于当地的风俗习惯……其具有明显的习俗性"；对于不存在彩礼风俗习惯的，相关财物"只能按照赠与进行处理"[3]。《江苏高院民一庭婚姻家庭案件疑难问题法律适用研讨会综述（2005）》亦指出，"如果当地有彩礼

---

[1] 郑小川、于晶：《婚姻继承习惯法研究：以我国某些农村调研为基础》，知识产权出版社 2009 年版，第 56 页。

[2] 黄小筝：《彩礼返还纠纷司法裁判的"法"与"理"》，载《湘潭大学学报（哲学社会科学版）》2015 年第 3 期，第 62—65 页。

[3] 参见《上海市高级人民法院关于适用最高人民法院婚姻法司法解释（二）若干问题的解答（二）》第二项"如何判断彩礼"。

给予的习俗，且给付的金钱数额较大，或者给付的实物价值较高，均可认定为彩礼"[1]。

其次，彩礼必须以双方将来缔结婚姻关系为基础，兼具程序上和实质上的意愿。就程序意义而言，彩礼一度是"六礼"的关键环节，只有经过具备彩礼授受的聘娶婚，男女双方的两姓之合才是符合礼制秩序的。[2] 即便在现在，彩礼一经作出，就标志着双方当事人对将来缔结婚姻达成了一致且明确的约定。就实质意义而言，民间有"非受币不交不亲"之说，即彩礼若不能到位，男女双方就无法顺利成婚。此外，彩礼还具有婚姻"信守不渝、从一而终"的象征意义。[3] 以彩礼授受为界，在此之前，男女个人都能够自由地与对方之外的任何人恋爱交往；而在此之后，男女双方则应当守持一定的忠贞义务，尽可能地避免一切"妄冒之举"。[4] 显然，这与男女双方为增进感情所作出的财物给予不同，尽管当事人之间可能也怀有将来缔结婚姻之憧憬，却并不包含任何聘定或对婚姻的许诺之意，否则恋人之间的小心翼翼恐怕要更甚于夫妻之间了。关于这一点，司法实务中也基本形成了较为一致的认识。比如，《江西省高级人民法院关于审理婚姻家庭纠纷案件适用法律若干问题的解答》就明确指出，对这类"为表达感情而馈赠对方的小额财物，属赠与关系，不在彩礼之列，不得要求返还"[5]。

最后，彩礼以数额较大的金钱和价值较高的财产为主要形式。太史公司马迁有言，"婚姻者，居屋之大伦也"[6]。男女成婚，"皆以为重事"。其"重"者，一为"承先"，即"不失宗嗣"，表现为一系列严谨烦琐的礼仪程序；一为"夸俗"，即结婚是"光耀门第"和"极为圣洁"的终身大事，需要通过彩礼的不菲价值得以体现。[7] 究其原因，既有对传统文化中"婚礼"

---

[1] 参见《江苏高院民一庭婚姻家庭案件疑难问题法律适用研讨会综述（2005）》第二部分"关于彩礼"。
[2] 李霞：《民间习俗中的彩礼及其流变》，载《民俗研究》2008 年第 3 期，第 255 页。
[3] 同上，第 254 页。
[4] 陶毅、明欣：《中国婚姻家庭制度史》，东方出版社 1994 年版，第 232—233 页。
[5] 参见《江西省高级人民法院关于审理婚姻家庭纠纷案件适用法律若干问题的解答（2008 年 8 月 14 日江西省高级人民法院审判委员会第 22 次会议通过）》第 16 项。
[6] 参见《史记·七十列传·儒林列传》。
[7] 郭松义：《伦理与生活——清代的婚姻关系》，商务印书馆 2000 年版，第 100—101 页。

的遵从和对婚姻郑重表态的需要，也有现实生活中"婚姻竞争"的影响，而后者随着社会经济的发展和人口性别比例的进一步失衡逐渐成为主要因素。[1]在过去，彩礼的价值通常有较为明确的标准。比如，周朝礼制规定，诸侯、大夫和庶人结婚所需备置的彩礼分别为束帛和大璋、束币和俪皮以及纯帛。[2]唐朝法令坚持婚姻"以聘财为信"，并根据官衔品级规定了相应的彩礼价值，从元纁成马和玉璋俪皮到丝绢，均是相对贵重的物品。[3]元朝法律则根据上户、中户和下户的身份划分，对男子婚配的彩礼标准作了极为细致的规定，具体包括金、银、彩缎和杂绢等贵重物品。即便对下户男子而言，其所需给付的彩礼也是极为昂贵的。[4]至明清朝年间，虽然法律不再明确规定彩礼的数额，但上至皇亲贵族下至黎民百姓，均严格遵循等第森严的彩礼标准；对有僭越者，则"坐罪处理"。[5]清末民初以来，人们的婚嫁仪节逐渐"奢也而近僭"，在彩礼问题上越发地"师豪侈"。[6]针对这一状况，许多进步人士在全国各地发起了"文明结婚"运动，号召广大青年结婚只需"两相情愿"，具备"戒指和双方盖定的结婚书"即可，不要求任何聘金、聘礼。[7]不难看出，"文明结婚"运动所倡导的婚姻具有近代婚姻的法律性和契约性，是对传统婚姻习俗的一次重大变革。[8]但遗憾的是，普通群众对这场运动多持观望态度，各阶层"实行者尚鲜"或"犹未能通行也"，还有不少人对运动表现出反感和厌恶，认为其过于追求西化、洋化而"蔑视古礼"，显得不伦不类。比如，天津《大公报》曾登载对此运动的批判文章，

---

[1] 陈秋盼、王海平、康丽颖：《家庭帮衬：农村青年婚姻中高额彩礼的形成机制分析》，载《当代青年研究》2018年第5期，第48—49页。

[2] 陈戌国点校：《周礼·仪礼·礼记》，岳麓书社1989年版，第126—141页。

[3] 金眉：《唐代婚姻家庭继承法研究》，中国政法大学出版社2009年版，第83—85页。

[4] 根据元朝法律，上户男子婚配，彩礼为金一两、银四两、彩缎六表里、杂绢四十匹；中户男子婚配，彩礼为金五钱、银四两、彩缎四表里、杂绢四十匹；下户男子婚配，彩礼为银三两、彩缎二表里、杂绢五十匹。

[5] 郭松义：《伦理与生活——清代的婚姻关系》，商务印书馆2000年版，第111页。

[6] 徐华博：《传承与变迁中的近代江南地区传统婚礼》，载《江苏社会科学》2016年第1期，第243—248页。

[7] 邵先崇：《近代中国的新式婚丧》，人民文学出版社2006年版，第29页。

[8] 杨新新、刘洪升：《论清末民初燕赵婚姻礼俗的变迁》，载《河北大学学报（哲学社会科学版）》2007年第2期，第82页。

曰"盖今之请求离婚者，多为'自由结婚'之夫妇，鲜有出于旧礼者"，甚至"数结数离，视夫为传舍也"，"此皆前此所未有，而亦社会所不乐为者也"。[1]"文明结婚"运动虽然以结婚不要聘金、聘礼为旗帜，但实际上却加剧了崇尚奢华的风气。特别是在婚宴的布置上竞相比阔，举办一次婚宴的花费往往是一个普通长工一年收入的两倍有余。[2]对此，李家瑞先生发出了"近来穷极奢华，越讲究越阔"的感慨。[3]这亦反映出彩礼在我国传统文化中的根深蒂固。

综上所述，所谓彩礼，是基于一定的婚姻习俗所产生、在现实生活中普遍存在的，表现为男女双方以将来缔结婚姻关系为共同目的协商确定，由男方向女方给付价值较高的金钱或财物。对于何谓"价值较高"，可根据一般常识，结合当地生活消费水平、当事人的经济状况等综合判断（详见后文"彩礼返还的请求权"章节中的相关论述）。

2. *彩礼的范围界定*

在明确了彩礼的概念之后，对于彩礼的范围也就不难把握了。对彩礼的范围进行界定的意义在于：廓清了彩礼的范围，实际上也就为彩礼返还的范围划定了边界，有助于具体案件的实际解决。结合前述关于彩礼概念的分析，对彩礼范围的界定应从以下四方面着手：

第一，给予的时间。从对彩礼概念的分析可知，彩礼给予的依据是男女双方以订立婚约或者其他方式明确表示将来缔结婚姻关系，未经彩礼则不能结婚。故彩礼的给予是发生在约定结婚到正式结婚前这一阶段，在此之前的财产给予原则上只能作为一般的赠与。但对于期待即将订婚（期待或推动订婚）而为之财产给予，比如在订婚前交付的订婚戒指等能否作为彩礼，存在较大的分歧。笔者认为，对于订婚前的财产给予，认定为一般意义上的赠与为宜，否则容易使彩礼的范围无限扩大，一方面不利于保障当事人的财产利

---

〔1〕 参见《大公报（天津）》，1913 年 9 月 15 日。

〔2〕 黄宗智：《华北的小农经济与社会变迁》，中华书局 2000 年版，第 267—268 页。

〔3〕 李家瑞：《北平风俗类征》，载柳存仁主编：《民国丛书（第五编）》，上海书店 1989 年版，第 145 页。

益，另一方面也容易加剧司法资源的紧张和失衡。对于未按约定实际作出的财产给予以及结婚后才完成给付的财产给予，同样不应认定为彩礼，而须根据当事人是否缔结婚姻关系等客观事实具体处理。比如，男方承诺向女方给付人民币 10 万元作为彩礼，但直至结婚后才实际给付。若双方当事人因感情破裂等原因离婚，该 10 万元只能作为夫妻共有财产进行分割，而不能作为彩礼予以返还。反过来，若男方直至结婚后仍未兑现彩礼承诺，无论双方的婚姻关系是否维系，女方均不得再要求男方实际给付（男方自愿给付的除外）。

第二，给予的主体。确定彩礼的给予主体，实际上就是确定彩礼返还案件的诉讼主体。在传统婚姻习俗中，作为彩礼给予方的男方既包括男方本人，也包括男方的父母和其他近亲属等。但自 20 世纪 80 年代民事立法和民法理论勃兴以来，学界和实务界对包括男方父母在内的第三人所给付的财产能否构成彩礼，有了新的不同认识。在相当长的一段时间，立法机关和司法机关只把婚约当事人即男女双方作为适格的诉讼主体，对于其他第三人的结婚礼物则按照赠与处理。近年来，司法实务中出现了诉讼主体扩张的趋势，比如把给予彩礼的男方父母列为共同原告，或把收受部分彩礼的女方父母列为共同被告等。[1]这是因为，在现实生活中，双方父母为了表达对子女婚姻大事的重视，一般会直接参与彩礼的致送和收受。加上近年来各地彩礼标准不同程度地上涨，由父母"资助"子女结婚已成为普遍现象。[2]因此，把父母作为彩礼返还案件的当事人是符合客观事实的。换言之，彩礼的给予主体当然可以是男方的父母。相应地，彩礼的接收主体也可以是女方的父母。但需要指出的是，在司法实务中，一般不允许双方父母单独作为诉讼当事人参

---

[1] 比如，在"王某、李某 1 等婚约财产纠纷"一案中，原审法院判决李某 1 向王某返还彩礼。再审法院基于部分彩礼实际交由李某 1 的父母李某 2 和李某 3"保管"，故追加李某 2 和李某 3 为共同被告。参见河南省镇平县人民法院（2021）豫 1324 民再 32 号民事判决书。在"罗某 1、邹某 1 等婚约财产纠纷"一案中，罗某 1 和其父亲罗某 2 作为共同原告，要求被告邹某 1 及其父母邹某 2 和陈某 2 返还彩礼。参见福建省莆田市荔城区人民法院（2021）闽 0304 民初 4699 号民事判决书。

[2] 陈文江、王雄刚：《从"礼俗"到"市场"：高价彩礼的生成机制——基于陇东南 × 村的考察》，载《甘肃社会科学》2021 年第 5 期，第 21—22 页。

与诉讼。[1]

第三，给予的目的。彩礼给予以将来缔结婚姻为目的，具有强烈的聘定和担保证约意味。因此，那些为增进感情而作出的礼物馈赠和红包转账等，都不应纳入彩礼的范畴。对于给予目的的判断，可结合双方当事人的约定内容、相关财产致送和收受的形式、当地的婚姻习俗以及财产价值本身等客观情况加以确定。

第四，给予的内容。彩礼的给予内容，即彩礼给予的标的，包括金钱和实物。[2]一般认为，彩礼应以"现存物"为标的，比如现金、珠宝首饰、婚房等。但随着改革开放以来私有财产的极大丰富和财产形式的不断变化，彩礼是否包含"未来物"（或"将来物"），最常见的包括期房[3]、期权以及遗产等，成为困扰司法实务的难题，不同法院的做法也大不相同。笔者认为，就"未来物"的性质和特征而言，其与彩礼之于婚姻缔结的价值和功能相去甚远。而即便是在普通赠与的场合，虽然已不至于被认为是"令人无法理解的"[4]，但对以"未来物"为标的的赠与也须极为谨慎，因为这毕竟会使受赠人陷于极大的不确定之中。而在涉及婚姻缔结的场合，基于鼓励和促进婚姻的基本思想，应保证当事人之间的人身和财产关系具有更大的稳定性。因此，"未来物"原则上不宜作为彩礼，若男方明确表示将某"未来物"作为彩礼的，应按照赠与规则处理，并根据实际情况适用诚实信用原则或公平原

---

[1]　比如，在"盛某、丁某婚约财产纠纷"一案中，盛某作为男方母亲对丁某提起诉讼要求返还彩礼。法院经审理认为，根据相关司法解释的规定，婚约彩礼的"双方"指的是男女双方，即盛某的儿子和丁某。彩礼的给予、接受的主体，可以是男女双方，也包括男女双方的家属，原告应该是彩礼给予方的男方及其父母，但男方的父母不能单独作为原告起诉。本案中原告盛某的儿子与被告丁某双方解除婚约后，婚约彩礼的返还应由盛某的儿子主张，盛某作为家属可以作为共同原告参加诉讼。本案中，盛某单独作为原告请求被告返还彩礼，不符合上述法律规定，应驳回原告的起诉。参见河南省襄城县人民法院（2022）豫 1025 民初 443 号民事判决书。

[2]　吴晓芳主编：《婚姻家庭继承案件裁判要点与观点》，法律出版社 2016 年版，第 1 页。

[3]　所谓期房，指的是未竣工的房屋住宅。目前我国的房屋按揭包括期房按揭和现房按揭，其中期房按揭又称"三方按揭"，一般由房地产开发商、购房人和贷款银行三方签订合同，明确约定贷款银行向购房人提供一定比例的购房贷款，购房人分期偿付贷款并以其对所购房屋的权利向银行提供担保，房地产开发商同时向银行提供保证担保。在此过程中，购房人仅具有一种期待权。参见孟祥沛：《论中国式按揭》，载《政治与法律》2013 年第 5 期，第 88—89 页。

[4]　此为彭波尼之语，转引自［古罗马］优士丁尼：《买卖契约》，刘家安译，中国政法大学出版社 2001 年版，第 13 页。

则等。

综上所述，在对彩礼的范围进行界定时，须在全面考察案件事实的基础上，充分尊重当事人的意思自治，切忌以相关文字记载或称谓为教条，否则就容易出现偏离客观实际的情况。比如，男女双方订婚时男方父母给予女方的"改口费"，在某些地区的习俗里属于彩礼，而在某些地区的习俗中则与彩礼无关。而这关乎彩礼返还问题的解决。如庞德所指出的，"许多标准都包含着某种合理性的观念……但并没有任何一部权威法令告诉我们这是合理而那是不合理的"[1]。对于彩礼范围的界定，我们不仅要向外看——对现代法律制度理论和价值观念的引入，还需向内看，对传统习俗的规则和价值资源的吸收。唯有如此，才能在准确判断的基础上处理好彩礼返还问题，促进法律效果和社会效果双赢局面的形成。

二、相关概念之厘清

考察有关彩礼返还的相关案例可知，造成其法律效果和社会效果欠佳的主要原因是部分法官对彩礼与相关概念的把握不准、界定不清。其中既有法律规范阙如、司法解释不适用等客观原因，也是因学界长期纷争导致司法实务无所适从的结果。对此，已有不少婚姻家庭法学者呼吁应尽快从立法层面明确彩礼的性质、概念以及返还规则和法律适用等问题。笔者尝试以彩礼与相关概念的比较分析为切口，在前文的基础上对何为彩礼、如何认定彩礼等问题做进一步的分析，以期为将来彩礼返还法律规则的确立提供些许参考。

（一）彩礼与婚约

研究彩礼和彩礼返还问题，婚约自然是无法回避的话题。婚约，必然要涉及人身和财产两个方面的内容，即男女双方就将来缔结婚姻达成合意以及基于这种合意而发生财产权利的移转。二者缺一不可，否则就不具备法律调整之必要。[2]其中，彩礼是婚约财产方面内容的集中体现，几乎所有的彩礼

---

〔1〕 ［美］罗斯科·庞德：《通过法律的社会控制》，沈宗灵译，商务印书馆2011年版，第26页。
〔2〕 韩或博：《对婚约制度法律化的若干建议——基于自然债权视角》，载《学术交流》2017年第4期，第84页。

都是通过婚约确定下来的；而婚约未能切实履行，则是引发彩礼返还纠纷的主要因素。[1]法律若不能妥善处理婚约问题，不仅无益于彩礼返还问题的解决，还将对彩礼返还法律规则的形成和确立构成阻碍。当然，此处必须强调一个前提，即订立婚约的行为是一种法律行为，[2]否则就没有继续讨论的必要了。

一般认为，婚约指的是男女双方关于将来应缔结婚姻的约定，是"对婚姻的预订"。[3]订立婚约被称为"订婚"（或"定婚"），婚约当事人的男女双方俗称为未婚夫妻，双方之间互为准配偶关系。[4]在过去，订立婚约一度被作为缔结婚姻关系的必经程序，各国各民族概莫能外。[5]因此，婚约被赋予了法律拘束力和强制执行力，订婚的男女个人应当向对方保守贞操，并依法承担"亲隐"等义务。[6]不过，这种约束力和强制执行力因大多"严于女、宽于男"而带有明显的片面性和不公平。[7]随着社会文明和法治的进步，婚约已更多地被视为"自由恋爱的结晶而非束缚"[8]，其形式也从过去的"要式主义"转向了更为灵活的"无式主义"[9]，但不变的是它仍然被视

〔1〕 这一点可从相关调查数据中窥见一斑：笔者在"威科先行法律数据库"检索"彩礼纠纷案件"发现，有 82.28% 的涉及婚约；在"中国裁判文书网"作相同的检索所得比率为 76.04%。另外，笔者于 2021 年 7 月 12 日至 8 月 7 日，赴江西省赣州市开展社会调查。在赣州市旅游投资集团相关负责人的帮助下，笔者在章贡区和定南县分别投放了 120 份和 90 份《彩礼调查问卷》，有效回收 113 份和 74 份。调查结果为：章贡区受访群众中有 94 人给付或接受了彩礼，其中 87 人订立了口头或书面的婚约。定南县有 71 人给付或接受彩礼，其中 63 人订立了口头或书面的婚约。

〔2〕 胡长清：《中国民法亲属论》，商务印书馆 1936 年版，第 56—59 页。

〔3〕 [日]高桥孝治：《婚約に関する法制度の日中台比較》，载《多元文化交流》2018 年第 10 号，第 245 页。

〔4〕 在日本，与此类似的概念是"内缘婚"，指的是男女双方具有结婚的合意，并通过婚约等传统仪式确定下来形成"内缘关系"。参见 [日]中川淳：《事実婚について》，载《户籍时报》2004 年第 3 辑，第 11 页。

〔5〕 夏吟兰主编：《婚姻家庭与继承法原理》，中国政法大学出版社 1999 年版，第 140—142 页。

〔6〕 史尚宽：《亲属法论》，中国政法大学出版社 2000 年版，第 114 页。

〔7〕 比如，《唐律疏议·户婚》规定，男女双方订立婚约后，若女方悔婚，男方也同意的，须退还彩礼；若男方不同意，则双方须按婚约完婚。女方若私下与他人订婚或完婚的，则须接受杖刑或徒刑等罪罚。男方悔婚则需征得女方的同意，但不得要求女方退还彩礼。参见《唐律疏议·户婚》"许嫁女辄悔"疏议，载长孙无忌：《唐律疏议》，中华书局 1983 年版，第 253 页。

〔8〕 李傛：《中国婚姻法文化考论》，黑龙江大学出版社 2012 年版，第 170 页。

〔9〕 [日]栗生武夫、何勤华编：《婚姻法之近代化》，胡长清译，中国政法大学出版社 2003 年版，第 38—39 页。

为一项重要的婚姻缔结程序而被广泛地践行着。有学者指出，婚约并没有因为法律未作规定而消亡，反而随着时间的流逝表现出了一种愈加旺盛的生命力。[1]这一点亦可从相关调查数据中得到证实。比如，笔者在"威科先行法律数据库"中检索"婚姻家庭纠纷"关键词得到了 161 829 份裁判文书，其中有160 099份涉及婚约财产问题的争议，比率高达98.93%。这足以说明，在我国订立婚约是非常普遍的。

明确婚约的性质对研究彩礼返还问题具有重要意义。关于婚约的性质，存在非契约说和契约说两派学说观点。其中，非契约说认为婚约的订立属于"事实之过程"而非法律行为，缔约的双方当事人仅负道德上的义务，因此不得对婚约提起诉讼。[2]也有观点认为，婚约既不能产生身份效力，也不能被强制执行，因此只能视之为一种"情感约定"。契约说又分为债权契约说、亲属法上契约说和折中说。[3]债权契约说认为，婚约系男女双方将来发生缔结婚姻关系之债权债务之契约，是以债务关系之发生为目的；除存在违反法律、违背公序良俗的情况外，应依契约自由原则，当事人之间得自由订立。[4]身份契约说认为，婚约使男女双方具备了亲属法上的"准身份关系"，"使他们受到一种法律上拘束力之调"[5]，故对契约自由原则的适用存在限制。但这种拘束力是较弱的，当事人不得要求对婚约进行强制执行，原则上也不得基于婚约请求损害赔偿。折中说则认为，婚约兼具债法和亲属法的性质，除法律有特殊规定或根据其性质不能适用外，原则上适用债法的原理处理。折中说还认为，婚约并非严格意义上的预约，男女双方并不互负订立本约（即缔结婚姻关系）之义务；未按婚约缔结婚姻关系者，一般不产生赔偿金或过怠金的问题。婚约对于第三人亦应受保护，若婚约不能履行系第三人不当干涉或其违法性行为所致，该第三人可能需要承担相应的赔偿责任。[6]

〔1〕 王治英：《中国婚姻家庭法律制度热点问题研究》，中国海洋大学出版社 2009 年版，第 102 页。
〔2〕 林菊枝：《亲属法新论》，五南图书出版公司 1996 年版，第 51—52 页。
〔3〕 史尚宽：《亲属法论》，中国政法大学出版社 2000 年版，第 113 页。
〔4〕 [日]和田于一：《婚姻法论》，大同书院 1929 年版，第 721—722 页。
〔5〕 陈棋炎、黄宗乐、郭振恭：《民法亲属新论》，三民书局股份有限公司 2013 年版，第 58 页。
〔6〕 [日]我妻荣：《亲族法》，日本评论新社 1970 年版，第 191 页。

目前，契约说多为英美法系国家所采用，折中说则是大陆法系国家的主流观点，但我国法律政策对婚约的立场却更接近于非契约说。[1]

考察我国的婚姻家庭史可知，彩礼与婚约均蚕蜕于"六礼"，二者如影随形、相伴而生。但与彩礼略为不同的是，婚约不仅在中国有着深厚的文化和制度传统，在世界各地区各民族中也是广泛存在的，甚至仍然被普遍认为是现行婚姻制度的重要环节。有学者考证，"保留婚约制度是现代各国民法的一般情形"[2]。德国、瑞士、瑞典、意大利、挪威、墨西哥、秘鲁等国家，我国香港特别行政区、澳门特别行政区以及台湾地区均通过立法明确了婚约的法律地位，作出专门而系统的规定。我国的婚姻家庭法曾对婚约作出较为明确的规定。比如，为了更好地贯彻实施 1950 年《中华人民共和国婚姻法》（以下简称《婚姻法》），原中央人民政府法制委员会在《有关婚姻法施行的若干问题的解答》中对婚约问题作出如下规定："订婚不是结婚的必要手续，任何包办强迫的订婚，一律无效。男女自愿订婚者，听其订婚。订婚的最低年龄男为 19 岁，女为 17 岁。一方自愿取消订婚者，得通知对方取消之。"[3]1979 年，最高人民法院在《关于贯彻执行民事政策法律的意见》中则指出："现役军人的婚约关系，应予保护。"20 世纪 80 年代以降，立法对婚约转为趋于"回避"的态度，主要基于以下几方面：一是认为婚约是"包办、强迫、买卖"婚姻形式，与我国婚姻家庭法的原则和精神相违背；二是认为婚约可能构成对婚姻自由的妨碍；三是借鉴域外法的经验（主要是苏俄婚姻法），回避具体问题而交由司法实务裁决。[4]事实上，现代文明社会中的婚约其实与男女平等、婚姻自由并行不悖，其不但发挥着促成姻缘、维护婚姻严肃性和稳固婚姻家庭关系的作用，还为法院处理包括彩礼返还在内的诸多问题提供了参考，具有定分止争之功效。有学者指出，尽管法律"回避"婚约的做法具有某种历史的必然性，也确实包含了某种"良

---

〔1〕 余延满：《亲属法原论》，法律出版社 2007 年版，第 152 页。

〔2〕 陈会林：《婚约制存废的伦理法理考量》，载《法学》2015 年第 1 期，第 79 页。

〔3〕 陈苇：《婚姻家庭继承法学（第四版）》，中国政法大学出版社 2022 年版，第 88 页。

〔4〕 陈会林：《回避婚约：新中国婚姻立法的历史选择及其因由》，载《政法论坛》2021 年第 2 期，第 186—189 页。

法美意"，但未必具有现实的正当性和合理性。[1]我们应当从理论和现实的角度出发，重新审视婚约，基于尊重生活常理、解决矛盾纠纷和延续传统文化、弥补制度空白之需要，还之以法律上的"名分"和"地位"。

根据《民法典》合同编第 464 条第 2 款之规定，某些涉及身份关系的协议，可以根据其性质"参照适用"合同编的相关规定。这为婚约适用合同编的规定，乃至总则的一般规定提供了价值基础。这不仅是《民法典》编纂舍弃苏俄模式而转向大陆法系潘德克顿法典模式的必然结果，也是我国婚姻家庭法理论和实践进一步向世界的普遍发展趋势靠拢的必要要求。对于婚约的性质，宜采取折中说，认定其为兼具债法和亲属法性质之契约（或"准身份契约"），而婚约的订立实际上就是一种"准身份行为"。理由有三：

第一，婚约的标的在于形成一种并不具备法律强制力的"准配偶"身份关系。尽管我国法律并未明文规定"准配偶"身份，却在许多条文中有所体现。比如，《民法典》第 1065 条关于夫妻约定财产制的规定，男女双方婚前可订立夫妻财产制契约，且不以婚后财产为限，亦可包含婚前个人财产，实际上就是认可了"准配偶"之间的财产约定具有法律效力，也就是对婚约的部分承认。[2]根据《民法典》第 1053 条和第 1054 条之规定，"准配偶"之间互负重大疾病的告知义务；若一方未如实告知的，则另一方可以要求撤销婚姻，并可就此向对方主张损害赔偿。此外，相关司法解释中关于同居期间财产纠纷处理的规定同样可适用于"准配偶"共同生活的情形。

第二，尽管在婚约中通常会涉及彩礼等财产问题，但其并非完全基于财产利益作出，也不是以发生财产关系为目的。换言之，订立婚约须满足"行为基础的情感性"的要求，即男女双方的合意是建立在他们之间的爱情、亲情等情感因素的基础上，这正是身份行为的本质特征。[3]这导致婚约的效果意思往往并不像财产行为那般理性，因为它"并非基于对法律效果进行精密

---

[1] 陈会林：《回避婚约：新中国婚姻立法的历史选择及其因由》，载《政法论坛》2021 年第 2 期，第 189 页。

[2] 李永军：《婚姻属性的民法典体系解释》，载《环球法律评论》2021 年第 5 期，第 112 页。

[3] 张作华：《亲属身份行为基本理论研究》，法律出版社 2011 年版，第 91 页。

计算和精确衡量的产物"[1]。此外，订立婚约还需要双方当事人之间具有"行为主体的亲为性"，因此通常不适用于代理和监护制度，比如我国台湾地区"民法"就明确要求订立婚约的当事人须为男女双方个人，而不得由他人代理为之。这也是迥然不同于财产行为的特征。尽管现实生活中确实存在片面追求金钱、地位等物质利益的情况，但这毕竟不是常态，不能以此来否定婚约的身份性质。

第三，婚约具有拘束力。在古代社会，婚约具有较强的约束力，婚约当事人不仅须"系之以缨"[2]以表明其"准婚"身份，若违反婚约还将承担"杖""徒"等极为严厉的处罚。[3]尽管近代以来各国法律多不再赋予婚约以强制执行的效力，但仍普遍承认其具有一定的拘束力，包括道德和法律两个方面。婚约的道德拘束力主要表现为双方当事人"应以最大的善意订立"婚约，男女个人虽然不被强迫履行婚约，但"然既有婚约，自应相互信赖对方终必履行"[4]，"在道义上互负结为夫妻共同体之义务"[5]。当事人无故取消婚约或存在其他"破毁婚约之行为"的，会受到社会舆论的谴责，这将影响个人的社会评价，从而对其日常生活造成一系列阻碍。婚约的法律拘束力则表现为法律通过信赖保护、公平原则等制度对产生了合理信赖并为婚姻缔结付出了情感或物质投资的当事人给予一定的保护。[6]不难看出，婚约的法律拘束力相对薄弱，而随着经济社会的发展和人们观念的变迁，婚约的道德拘束力在不断地弱化。特别是人类进入 21 世纪以来，婚约作为"无形之缨"的力量在不断式微，当事人之间只要处理好了彩礼返还等问题，"违约"者或过错方甚至极少会承受舆论的负面评价。这也从侧面反映出婚约与彩礼返

[1] 于飞：《公序良俗原则研究——以基本原则的具体化为中心》，北京大学出版社 2006 年版，第 201 页。
[2] 又称"束发"。郑玄注《礼记·曲礼上》曰"著缨，明有系也"，即头戴缨者（多指女子）即表明已经许嫁，成婚后由对方解下。故经由订婚程序结为夫妻的男女又称"结发夫妻"，是最具正统地位的原配夫妻。
[3] 孙晓：《中国婚姻史》，中国书籍出版社 2020 年版，第 138—140 页。
[4] 陶汇曾：《民法亲属》，商务印书馆 1936 年版，第 39 页。
[5] ［日］内田贵：《民法Ⅳ：亲族·相续》，东京大学出版会 2002 年版，第 88 页。
[6] 李付雷：《论彩礼的功能转化与规则重构》，载《中国社会科学院研究生院学报》2021 年第 1 期，第 76 页。

还之间的紧密联系。

有学者指出，因不履行婚约而产生的彩礼返还问题已经非常普遍，立法者应当认可其存在法律上的意义。[1]甚至有学者认为彩礼就是"婚约财产"。[2]明确婚约在法律上的地位和性质，之于司法实务处理彩礼返还问题的作用和意义重大。具体而言，应对以下几个方面加以明确：

首先，明确婚约的成立要件。可借鉴比较法的经验，要求订立婚约的当事人为男女双方，且均具有意思能力。有观点认为，未成年人在征得其法定代理人同意的情况下亦可订立婚约。[3]但笔者认为这是极不妥当的。有学者指出，"因少年男女思虑未周，容易为一时感情冲动，率而订婚……"，若允许法定代理人"同意"而为之订立婚约，一方面可能放纵这种冲动和轻率，另一方面则可能使其婚姻成为事实上的"父母之命"，既不符合婚姻自由的要求，也不利于未成年人身心健康发展。而且，订立婚约作为一种"准身份行为"强调行为主体的"亲为性"，通常情况下不应适用代理的规则。

其次，明确婚约的效力规则。尽管现代法治社会中婚约的拘束力已非常薄弱，但鉴于其对当事人缔结婚姻仍有一定的影响，且与彩礼返还等实质性问题关系密切，法律应对婚约的效力规则予以明确，而不是完全将之交由习惯去处理。在婚约被解除、撤销或不能结婚等情况下，通常会产生婚约财产的返还问题，这与彩礼返还的情形类似。此外，明确婚约的效力规则还有利于有效处理婚约解除等情况下的损害赔偿问题。

最后，明确婚约可以成为彩礼返还的根据。双方当事人在婚约中对彩礼返还的问题作了约定的，原则上应当以婚约的约定作为处理依据。至于《民法典婚姻家庭编司法解释（一）》第5条中提到的是否办理结婚登记、是否共同生活以及是否造成了彩礼给予方生活困难等情形，应作为酌定情形加以考虑。关于这一点，笔者将在本书第四章"彩礼返还的请求权"中作进一步的论述。当然，现实生活中也存在只单纯预约将来缔结婚姻而不涉及财产问

---

〔1〕 ［日］近江幸治：《亲族法·相续法》，成文堂2010年版，第39页。

〔2〕 马忆南等：《彩礼返还的司法实践研究》，载《中华女子学院学报》2019年第4期，第10页。

〔3〕 我国台湾地区学者多持此观点。参见史尚宽：《亲属法论》，中国政法大学出版社2000年版，第121页。

题的婚约（类似于旧时的"指腹为婚"和"襁褓择配"），鉴于该类情形极为少见且与彩礼无关，故本书不予讨论。[1]

（二）彩礼与"买卖婚制"

有观点认为，彩礼实际上是聘娶婚制的变形——"买卖婚制"的残余。[2] 比如，陈顾远教授就"断定"中国近代以前的婚姻实质上是一种"购买"[3]，而彩礼不过是"为着名义上好听"，其实为男方"对此种购买所支付的金价"[4]。林耀华教授也认为，彩礼实际上就是"妇女的身价"[5]。宋兆麟等学者认为，女子嫁入男子的家庭，是男子向女子家庭给予彩礼的"交换的产物"[6]。顾鉴塘和顾鸣塘则认为，"视妻子为货物"的买卖婚制"是我国婚姻发展史上的一个重要阶段，后来的聘娶婚制则是由它发生演化而来"[7]。这些观点为许多婚姻家庭法学者所津津乐道，似乎"买卖婚制"是我国婚姻家庭制度中不可或缺的组成部分，颇有舍此便不成其制之势。但实际上，自从人类走出原始蒙昧之后，对于人（包括人体组织和器官）的买卖活动就被认为是极不正常的现象，更不可能成为一种制度而公然存在。无论在哪一个历史阶段里，所谓的"买卖婚"都绝非正常的婚姻缔结形式，而只能是一种例外，并不具有普遍意义。[8]这并不难理解。从古至今，卖妻子、卖女儿、卖姊妹甚至卖母亲的行为就一直存在，其中既有为吃饭者，也有为谋财者，但这些行为绝不可能成为一项"制度"，也绝不可能构成任何意义上的婚姻制度的发展阶段。比如，明朝时期的蓄妾之风非常普遍，许多地方出现了专

---

[1] 严格来说，这种形式的约定并不属于婚约，至多属于一种意思。而且，当事人在作出这类约定后，必然还要就相关事宜作出更为明确和具体的约定，在这种情况下就会涉及彩礼的问题。与前者相比，后者才能算作真正意义上的婚约。

[2] 孟昭华、王明寰、吴建英编：《中国婚姻与婚姻管理史》，中国社会出版社1992年版，第54—55页；[美]威尔·杜兰特：《世界文明史：东方的遗产》，幼狮文化公司译，东方出版社1998年版，第168—170页；祝瑞开：《中国婚姻家庭史》，学林出版社1999年版，第362—363页。

[3] 陈顾远：《中国古代婚姻史》，河南人民出版社2016年版，第18页。

[4] 同上，第19页。

[5] 林耀文主编：《原始社会史》，中华书局1984年版，第344页。

[6] 宋兆麟、黎家芳、杜耀西：《中国原始社会史》，文物出版社1983年版，第225页。

[7] 顾鉴塘、顾鸣塘：《中国历代婚姻与家庭》，商务印书馆1996年版，第31页。

[8] [苏]柯斯文：《原始文化史纲》，张锡彤译，生活·读书·新知三联书店1955年版，第141—142页。

生养女儿以供人做妾的人家，而这些女子则被称为"瘦马"。明末时期，仅扬州一地专靠卖"瘦马"营生的就有数百户人家。[1]但实际上，这些行为不仅为法律所禁止，也为士人阶层所不齿，只是在国势日弱、民生日艰的背景下得以恣意滋生。后人对"瘦马"之风的评价，也多批判其为一种"反常现象"，而绝非婚姻缔结的常态。[2]

考察"买卖婚制"理论之源，肇始于包括摩尔根在内的西方社会学者的专著中，并被恩格斯在其著作《家庭、私有制和国家的起源》中所援引，随着马列主义思想在我国的传入和发展，逐渐为国内学者所采纳并奉为圭臬。但笔者仔细查阅《家庭、私有制和国家的起源》却发现，恩格斯在其文中并未表露任何肯定"买卖婚制"之存在的意思，而是认为"买卖婚制"现象与所谓的"抢劫婚"一样，极有可能是苏格兰学者麦克伦南所作的一种"虚构"[3]。恩格斯指出，并无任何证据可以证明"买卖婚制"曾经是人类婚姻的主要形式，充其量只可能是"某种迹象而已"[4]。在婚礼前，新郎向新娘的同氏族亲属所赠送的礼物，"算是出让女儿的赎金"[5]。笔者随后追溯到摩尔根的《古代社会》，却也惊讶地发现，摩尔根本人亦无断言"买卖婚制"是某种历史阶段之意，而是说"偶婚制"下的男子于结婚前向与新娘最为亲密的亲属所赠送的礼物"略含购买的意思"[6]。其中的"略含"，显然只是一种主观上的猜测，甚至还带有些许保留乃至怀疑的意味。马克思则在其《摩尔根〈古代社会〉一书摘要》中对摩尔根的相关论述作了复议，即"结婚以前对未婚妻的亲属赠送礼物……使婚姻带有购买的性质"[7]。无论是恩格斯的"算是"，还是马克思的"带有"，抑或摩尔根本人的"略含"，均无

---

[1] 张岱：《陶庵梦忆》（《百部丛书集成·粤雅堂丛集》本）卷五，第12—14页。

[2] 黄一农：《明末中西文化冲突之探析——以天主教徒王征娶妾和殉国为例》，载《世变、群体与个人：第一届全国历史学学术讨论会论文集》1996年辑。转引自林富士主编：《礼俗与宗教》，中国大百科全书出版社2005年版，第335页。

[3] ［德］恩格斯：《家庭、私有制和国家的起源》，人民出版社2019年版，第49页。

[4] 同上，第49页。

[5] 同上，第50页。

[6] ［美］摩尔根：《古代社会》，杨东莼等译，生活·读书·新知三联书店1957年版，第460页。

[7] 《马克思恩格斯全集（第45卷）》，中共中央马克思恩格斯列宁斯大林著作编译局译，人民出版社2003年版，第360页。

任何肯定或断言之意。正如苏联学者谢苗诺夫所言，在任何制度的社会中，将要结婚的男女双方"总会以这样或那样的方式进行物质方面的价值交换"，"这种交换既不包含任何阶级属性，也与商品交换无任何共通之处"[1]。

如前所述，聘娶婚制与"六礼"相伴而生，并共同走向成熟，而彩礼则是"六礼"中的重要组成部分，这是学界的共识。考察关于婚礼的古代文献可知，无论是纳吉还是纳征，抑或其他可能涉及彩礼的礼节，实际上都与占卜、庙堂、祖先等祭祀内容紧密相关，其深层次目的在于把家庭成员凝聚成一个较为牢固的组织结构或家族圈，[2]而不是简单的支付对价或买卖交易问题。比如，《仪礼·士昏礼》的《注》中如此描述："归卜于庙，得吉兆，复使使者往告，昏姻之事于是定。"而《礼记·曲礼》中关于"娶妻"和"买妾"的分别表述，则进一步证实了聘娶婚制绝非买卖。[3]国外也有学者在考察不同民族的彩礼习俗后总结道，彩礼其实包含了对女方祖先献祭的意义；而女方的父亲或兄长一旦接受了彩礼，就意味着男女双方的婚事已经取得了女方祖先的认可。[4]与任何祭祀一样，彩礼越贵重，献祭的对象越容易被"打动"，作为献祭者的男方能够得到的认同和祝福也越多，其与女方所缔结的婚姻自然越趋于稳定。国内亦有学者在考证后指出，彩礼既不是对出嫁女子的价值衡量，也不是对女子父母的补偿，它反映的是两个家族之间的博弈，是"母爱与父系继嗣之间的斗争"的结果。[5]双方在商定彩礼过程中出现的进退张弛绝不是市场交易中的讨价还价，而是有着更为深刻的社会、经济、文化等方面的动机。[6]的确，在古代社会中，女子并无与男子相平等的人格和地位，婚后也往往附属于丈夫，但这并不意味着彩礼就是男子"购买"女子为妻子所支付的"对价"。实际上，彩礼的存在，恰恰在一定程度上"提

---

〔1〕 [苏]谢苗诺夫：《婚姻和家庭的起源》，蔡俊生译，中国社会科学出版社1983年版，第232页。

〔2〕 [美]杨庆堃：《中国社会中的宗教（修订版）》，范丽珠译，四川人民出版社2016年版，第36—37页。

〔3〕 换言之，妻子只能"娶"而不能"买"，而妾可以"买"。这是因为妾"源于奴隶"，如《左传》中对战俘的记载"男为人臣，女为人妾"，其不是通过婚姻方式取得的，自然可以买卖。

〔4〕 Meyer Fortes, *Marriage in Tribal Societies*, London, Cambridge University Press, 1962, pp. 9-13.

〔5〕 费孝通：《江村经济——中国农民的生活》，商务印书馆2001年版，第66—69页。

〔6〕 Maurice Freedman, *Chinese Lineage and Society: Fukien and Kwangtung.* London, The Athlone Press, 1966, pp. 52-53.

醒"着男子,应当认真对待他们的女儿、未婚妻和妻子,只不过其作用与长期盘踞于整个社会的"男尊女卑"思想相比,是非常微小和短暂的。当然,当今中国社会生活中的彩礼在运行上确实出现了某些异化现象,比如大大超出正常认知范围的"天价彩礼"。但无论如何,都不能简单地以"买卖"去定义彩礼,否则就是对彩礼最大的曲解和误读。套用著名人类学家罗伯特·路威教授之语,或许根本不存在"买卖婚制",不过那些为了满足贪欲或淫欲的"放荡"(个别"婚姻买卖"行为)是存在的,在结婚之先,在结婚之后,全都有。[1]

事实证明,今日的中国社会仍未完全摆脱聘娶婚传统的影响。[2]这也是彩礼得以绵延不绝的根本原因。但聘娶不过是缔结婚姻的一种形式或"手续"[3],其本身并不包含任何价值判断;而在此之下的彩礼也只不过是男子"证明自己有能力供养和保护妻子子女",有能力成为"家庭的供养者和保护者"[4],显然并无"买卖"之含义。国内许多学者在对一些学术观点作断章取义的基础上,凭空构建起了所谓的"买卖婚制",并将此作为解释包括彩礼在内的诸多传统婚姻习俗的理论根据。其结果便是,彩礼成为新社会的"过街老鼠",要求彩礼的女方被刻画成贪婪和懒惰者的形象,而那些"被迫"付出彩礼的男方则成为饱受压迫的受害者,法律应当不遗余力地对其进行解救和帮助。甚至有些地方开展了专门针对彩礼的整治行动,要求本辖区内收取了彩礼的已婚女性须向其丈夫退还彩礼,否则将被施以一定的处罚。也有些地方政府出台规定对彩礼进行"限价",责令超出规定标准收取彩礼者必须退还超出部分。客观地说,尽管这些措施声势浩大,但基本上没有取得预期的效果,有些还招来了群众的质疑和抵触。究其原因,其中很重要的一点就是这些地方政府无视彩礼存在的深层次原因,而一味将其与"买卖婚

〔1〕 〔美〕罗伯特·路威:《文明与野蛮》,吕叔湘译,生活·读书·新知三联书店 2015 年版,第 135 页。
〔2〕 李洪祥:《彩礼返还之规定的社会性别分析》,载《法学杂志》2005 年第 2 期,第 82 页。李幡:《中国婚姻法文化考论》,黑龙江大学 2011 年博士学位论文,第 73 页。
〔3〕 董家遵:《中国古代婚姻史研究》,广东人民出版社 1995 年版,第 217 页。
〔4〕 〔芬〕E. A. 韦斯特马克:《人类婚姻史(第一卷)》,李彬等译,商务印书馆 2002 年版,第 49—55 页。

制"等婚姻陋习画等号,进而演变为过于简单粗暴地干涉个人婚姻事务。

反观处于新发展阶段的我国社会,彩礼则更不可能是"买卖婚制"的产物;而那些对婚姻进行"明码标价"的情况,也只是不正常的个别现象,不具有普遍性和代表性。一些学者对地区少数民族展开调查研究,比如"大凉山彝族社会的买卖婚现象"等,也未必就能得出"买卖婚制"的结论,甚至"根本证明不了买卖婚的存在"[1]。因为这些调查研究连最简单和最根本的问题——如何证明这些样本就是它们的"原生的形态"都解答不了,何以断言聘娶婚就是"买卖婚制",彩礼就是男方"购买"女方为妻的对价呢?

(三) 彩礼与"借婚姻索取财物"

1950 年,中华人民共和国的第一部法律《婚姻法》公布实施,该法开宗明义地宣布"禁止任何人借婚姻关系问题索取财物"。这一规定俨然成为我国婚姻立法所奉行的"金科玉律",并为历次修法所遵循。根据相关立法资料可知,"借婚姻索取财物"在一定程度上包含了彩礼。[2]最新的表述出现在《民法典》婚姻家庭编第 1042 条第 1 款之规定,即"禁止包办、买卖婚姻和其他干涉婚姻自由的行为。禁止借婚姻索取财物"。从条文的布局和编排上不难看出,立法者把"借婚姻索取财物"与"包办、买卖婚姻"等一同视为"干涉婚姻自由的行为"。据此理解,彩礼自然不符合"禁止借婚姻索取财物"的法律要求,应予以取缔。这一认识长期在司法实务界占据主流,在学界的影响亦颇为明显,加上相关立法释义中对相关概念的解释过于含糊,[3]更是加深了持此观点者的确信。然而,彩礼是否果真属于"借婚姻索取财物"范畴,是值得商榷的。

我国婚姻家庭法中"禁止借婚姻索取财物"的立法表述可追溯至革命根

---

[1] 李衡眉:《买卖婚说驳议》,载《烟台大学学报(哲学社会科学版)》1989 年第 4 期,第 16—17 页。

[2] 巫昌祯主编:《中华人民共和国婚姻法讲话》,中央文献出版社 2001 年版,第 66 页。张献军:《婚姻法新释与例解》,同心出版社 2002 年版,第 39—44 页。夏吟兰等:《中国民法典释评·婚姻家庭编》,中国人民大学出版社 2020 年版,第 26 页。

[3] 立法者就《民法典》婚姻家庭编第 1042 条中"禁止借婚姻索取财物"举例,说道"借婚姻索取财物有很多种表现,譬如,……女方认为不要彩礼就降低了'身价'……"。参见黄薇主编:《中华人民共和国民法典释义及适用指南》,中国民主法制出版社 2020 年版,第 1564 页。

据地时期的婚姻家庭立法，其核心要义在于用马克思主义思想引领并推动红色根据地的婚姻家庭制度的改革，[1]因此带有强烈的意识形态色彩。与彼时的"国统区"相比，红色根据地以农村山区为主，经济社会发展普遍落后、人民群众的文化程度普遍偏低，个人婚姻受封建礼教禁锢的问题较为突出。这一社会现实与接受了马克思主义思想洗礼的中国共产党的执政理念之间存在明显落差。包括毛泽东在内的党的领导人通过调查研究发现，落后的封建婚姻制度禁锢着老百姓的精神和行动，对根据地的经济社会发展和革命事业造成了巨大的阻碍。为了尽快改变根据地的落后面貌、把广大人民群众从旧制度中解放出来以更好地投身于革命生产和斗争，根据地政府推行了一系列婚俗改革运动，其中就包括取缔和禁止结婚收取聘金和聘礼的做法，而这一做法也被写进了日后的数部根据地婚姻法中，成为"禁止借婚姻索取财物"规定的早期形态。一方面，"禁止借婚姻索取财物"是对革命根据地时期婚姻立法"废除一切封建的包办、强迫和买卖的婚姻制度"和"彻底消灭封建社会束缚女子的旧礼教，消灭男子对于女子的压迫"的根本原则和精神[2]的完整继承，具有鲜明的革命性和先进性。另一方面，"禁止借婚姻索取财物"在一定程度上也是由某种脱离客观实际的激进思想所催生的产物，以一种疾风骤雨式的"革命手段"粗暴地斩断了婚姻家庭制度与传统婚姻习俗之间的联系，几乎没有给传统婚姻习俗以任何转圜的余地。同时，相关概念在表述上似是而非，这使得具体规定缺乏可操作性，从而造成法律适用上的局限性。这一点可从革命根据地时期关于彩礼问题的立法态度转变中窥豹一斑：第一次国内革命战争打响之后，各革命根据地为巩固革命成果，颁布了一系列的婚姻法令。在这些婚姻法令中，最为突出的内容便是"取消聘金制"。在革命的立法者看来，"借婚姻索取财物"是"封建式的恶劣风俗"[3]，公然违背了婚姻自由，应当"不折不扣地予以废除"。这固然体现了立法理念上的革命性和先进性，但由此得到的"左"的经验和教训也是非

---

〔1〕 王歌雅：《中国近代的婚姻立法与婚俗改革》，法律出版社 2011 年版，第 263—264 页。

〔2〕 张希坡：《中国婚姻立法史》，人民出版社 2004 年版，第 138 页。

〔3〕 参见《湘赣苏区团省委青妇部报告（1933 年 1 月）》，载《江西苏区妇女运动史料选编》，江西人民出版社 1982 年版，第 283—386 页。

常明显的。[1]于是在短短几年之后，立法者便转变了立场。1934 年 4 月，中华苏维埃共和国中央执行委员会通过的《中华苏维埃共和国婚姻法》由鲜明对立转为采取更为温和务实的态度，允许双方当事人通过协商自行确定聘金和聘礼问题。这一转变体现了立法者对传统文化的兼容并蓄和对个人自由意志的充分尊重，是立法理念和立法技术走向成熟的表现。在此过程中，立法者越发认识到，法律对待传统婚姻习俗应当采取务实的、不为任何"主义"所支配的立场；这不是"对旧习俗的妥协"，更不是"革命的投降派"，而是尊重实际和客观规律的表现，完全符合辩证唯物主义和历史唯物主义的要求。

　　持收受彩礼等于"借婚姻索取财物"观点者的主要理由在于，彩礼给予方并不是出于"自愿"或"主动"而给予彩礼的，完全是一种"无奈之举"。[2]但这实际上是经不起推敲的。首先，上述观点建立在一种"唯爱情论"的婚姻观念的基础之上，即婚姻应当是以爱情为基础的伦理结合，不应掺杂任何金钱或物质的因素，否则便是对婚姻本质的违背。[3]这一观点在 20 世纪的五四运动前后曾一度风靡全国。比如，陈望道先生就指出，"婚姻起讫，应当纯然以恋爱为转移"[4]。张崧年先生亦认为，婚姻系"从爱情生出来的人间关系，便该全纯随着爱情去留"；"爱情尽了，当然走开"[5]，因为当爱情不复存在时，婚姻也就失去了维系的依据，也就必然走向解体。但这种在特定的历史时期下所形成的"唯爱情论"的婚姻观念（马克思斥之为"幸福主义"[6]），实际上却颠倒了婚姻伦理本质的真正含义。一方面，婚姻不应仅建立在一种松散的合意之上，而应遵循伦理道德秩序和法律秩序。[7]基

〔1〕　罗师、颜三忠：《中华苏维埃共和国时期婚姻法价值取向研究》，载《黑龙江社会科学》2022年第 4 期，第 62—69 页。

〔2〕　张萍：《中国违法婚姻现状分析》，载《社会学研究》1993 年第 5 期，第 81—83 页。

〔3〕　尹旦萍：《中国婚姻观念的现代建构——五四新文化运动时期关于离婚自由的讨论》，载《湖北行政学院学报》2009 年第 6 期，第 92 页。陈文联：《论五四时期探求"婚姻自由"的社会思潮》，载《江汉论坛》2003 年第 6 期，第 78—80 页。

〔4〕　陈望道：《陈望道文集（第一卷）》，上海人民出版社 1979 年版，第 201 页。

〔5〕　陈独秀、李大钊、瞿秋白主编：《新青年（第六卷）》，中国书店 2011 年版，第 256 页。

〔6〕　《马克思恩格斯全集（第 1 卷）》，中共中央马克思恩格斯列宁斯大林著作编译局译，人民出版社 1995 年版，第 347 页。

〔7〕　罗师：《从马克思〈论离婚法草案〉看我国民法典对离婚条件的规定》，载《长白学刊》2022年第 3 期，第 95—96 页。

于爱情的婚姻固然是最为理想的，但这并不意味着缺乏爱情的婚姻就不是婚姻。从婚姻的法律效力上看，爱情只是促成婚姻缔结的诸多"动机"之一，与其他"动机"一样都是"无关紧要的"[1]。从这个意义上来说，即便女方是为了索取彩礼而结婚，也只是结婚"动机"的问题，只要不存在违反法律强制性规定和违背社会公序良俗的情形，就不应当受到任何苛责。另一方面，婚姻不是"空中楼阁"，没有物质保障的婚姻是难以为继的，把要求对方为建立婚姻家庭提供一定的物质保障视为对婚姻本质的违背，实在有违情理伦常、令人难以接受。俗话说"贫贱夫妻百事哀"，缺乏物质保障的婚姻关系往往也是最容易解体的，这早已在司法实践中无数个鲜活的案件中得到了验证。

其次，即便认为彩礼的给予应当是完全"自愿"或"主动"的，那么又该如何判断这种"自愿"或"主动"呢？若采取主观判断标准，那么个人完全可以先给予彩礼再结婚，事后再声称自己并非出于"自愿"或"主动"，进而要求对方退还彩礼。若采取客观判断标准，即便个人内心有千般不愿意，法院也可以根据其实际参与筹措和给予彩礼的行为，认定其是"自愿"和"主动"的。可见，要求法官判断彩礼给予是否出于"自愿"或"主动"并非易事。

事实上，任何给予都不可能是完全出于"自愿"或"主动"的。彩礼如此，其他财产亦是如此。这就好比购买商品，比起按定价交钱取货，人们当然希望不用付钱或至少是付更少的钱就能买到商品。但问题是，我们能否把这种心态理解为非"自愿"或非"主动"？如果真要如此理解，那么卖方出售商品的行为就是强买强卖和趁人之危了，应当受到谴责甚至处罚。这显然是荒谬的。当然，笔者并无意把婚姻和彩礼与买卖交易和价款相提并论，但所欲表达的观点是，我们在面对彩礼问题时，不应想当然地以自己的主观感受去揣度当事人的内心意愿。如马克思所言，"谁也不是被迫结婚的"[2]。女方有要求彩礼的自由，男方则可以选择接受或拒绝；男方若不愿意支付彩

---

[1] [葡]威廉·德奥利维拉、[葡]弗朗西斯科·佩雷拉·科埃略：《亲属法教程》，林笑云译，法律出版社 2019 年版，第 227 页。

[2] 《马克思恩格斯全集（第1卷）》，中共中央马克思恩格斯列宁斯大林著作编译局译，人民出版社 1995 年版，第 347 页。

礼，大可选择不与女方结婚，而不能要求女方必须放弃彩礼与自己结婚，否则就成了强迫婚姻。在某种意义上，彩礼之所以能够继续"发扬光大"，也是得益于现代社会的婚姻自由观念。

最后，"借婚姻索取财物"与彩礼之间存在较大的差异，二者并不存在包含与被包含的关系。根据《现代汉语词典（第 6 版）》的释义，所谓"索取"指的是"向人要、要求得到、讨取钱财或物品"[1]，具有"单方发起"的性质。这显然并不适用于彩礼，因为彩礼的授受并不能仅靠"单方发起"实现，其必须建立在男女双方对结婚问题形成了共同认识的基础之上，其间也必然少不了你来我往式的反复磋商。法律可以提倡人们以简约朴素的形式缔结婚姻，但绝不应禁止对结婚有一定物质要求的行为，否则便违背了"法律不强人所难"的基本原则，只会使法律成为一种道德强制下的"美德暴政"[2]。退一步说，即便结婚前一方当事人向另一方"索取"了财物，但最后都用于婚姻家庭共同生活的日常支出，若法律一味否定，恐怕反而不利于婚姻家庭整体利益的提升。再者，如果把彩礼视作"借婚姻索取财物"而加以否定，照此逻辑，那些看重对方的学历、能力、相貌等而结婚的，就是对"才""能""貌"等外在条件的"索取"，也都应当被否定。照此理解，彩礼为法律所禁止，那么已经给予彩礼的婚姻将被认定为无效或可撤销，因为它们违反了法律的强制性规定；而为了避免出现"放纵既遂"的情况，还应强制妻子将已经接受的彩礼返还给丈夫。如此一来，大量的婚姻家庭将面临崩溃。实际上，"禁止借婚姻索取财物"这一规定本身就是一种"泛道德主义立法"的结果，可能导致（事实上也已经导致）法律难以执行、司法活动道德化以及人们对法律的淡漠甚至厌恶情绪。[3]

综上所述，彩礼并不等于"借婚姻索取财物"，而"借婚姻索取财物"本身也并无可指摘之处。即便人们以更高的道德水准认为"借婚姻索取财

---

[1] 中国社会科学院语言研究所词典编辑室编：《现代汉语词典（第 6 版）》，商务印书馆 2012 年版，第 1250 页。

[2] 孙海波：《道德立法的法哲学省思》，载《学术月刊》2021 年第 5 期，第 111—115 页。

[3] 张德强：《泛道德主义、非道德化与法律文化》，载《法律科学·西北政法学院学报》1995 年第 6 期，第 28—31 页。

物"是一种"为贤良所不齿的恶习",也并不意味着法律就要禁止这一"恶习"。而法律所禁止的"恶习"必须是"最严重的恶习",其严重程度须满足"若不加以禁止就会对他人造成伤害、使人类社会难以维续"的条件。[1]事实上,随着国家公权力对婚姻家庭等私领域的干预的逐渐弱化,"禁止借婚姻索取财物"这一规定的法律效力已经越发羸弱,几乎成为一项宣示性的法律条文。而在《民法典》起草制定之前,多数专家学者和研究机构提出的民法典婚姻家庭编立法建议稿中均删去了"禁止借婚姻索取财物"的相关内容,这从侧面反映出这一立法表述的确存在较大的问题。[2]更有学者直接主张废除"禁止借婚姻索取财物"的规定,认为其既不符合客观实际,也不具有实际操作性,还容易给婚姻家庭带来较大的隐患。[3]对此,立法者有必要作进一步的省思。

(四)彩礼与"婚约期间的赠与"或"婚前赠与"

对于彩礼,亦有学者认为应将其界定为"婚约期间的赠与"或"婚前赠与"。[4]这同样是值得商榷的。仅从字义理解,便不难看出不论是"婚约期间的赠与"还是"婚前赠与",其涵射范围都远远大于彩礼;其与彩礼的关系,实际上是包含与被包含的关系。即:彩礼只是"婚约期间的赠与"或"婚前赠与"的某种具体形式,而"婚约期间的赠与"或"婚前赠与"却未必都是彩礼,还包括那些为了增进感情而作的纯粹赠与。[5]就性质而言,"婚约期间的赠与"或"婚前赠与"既可能是普通的赠与,也可能是附条件的赠与,或其他情形。从实际情况来看,个人在结婚前可能会收到来自不同方面的各种礼物,其中包括来自自己的父母、亲属和朋友,也包括来自对方、对方的父母以及对方的亲属和朋友等。这些礼物都可以属于"婚约期间的赠与"或"婚前赠与",却并不能称为彩礼。此外,经常被拿来与彩礼作比较

---

[1] [意]托马斯·阿奎那:《论法律》,杨天江译,商务印书馆2018年版,第79页。

[2] 参见梁慧星主编:《中国民法典草案建议稿附理由:亲属编》,法律出版社2013年版,第38页。梁慧星主编:《中国民法典草案建议稿附理由:亲属编》,法律出版社2006年版,第23页。

[3] 张学军:《彩礼返还制度研究——兼论禁止买卖婚姻和禁止借婚姻索取财物》,载《中外法学》2006年第5期,第634页。

[4] 王洪:《婚姻家庭法》,法律出版社2003年版,第72页。

[5] 余延满:《亲属法原论》,法律出版社2007年版,第156页。

的恋爱同居期间的"赠与"、办理结婚登记时或在婚礼上所作的"赠与"（如婚戒等）以及"一时之款待、宴请或其他类似赠与"，均可被认为是"婚约期间的赠与"或"婚前赠与"，但不应作为彩礼处理，因而往往不在返还之列。[1]

彩礼与"婚约期间的赠与"或"婚前赠与"最显著的区别在于，前者具有强烈的聘定属性，而后者则并不具有。而且，彩礼是基于习俗作出的，但"婚约期间的赠与"或"婚前赠与"却并不一定，可能只是一种偶发性、随意性的赠与。最为关键、也常常被忽略的一点是，彩礼必须由男方向女方给予，即便男方"入赘"女方家也不得免除（数额上可能会有所降低）[2]；而"婚约期间的赠与"或"婚前赠与"却没有此要求。虽然"婚约期间的赠与"或"婚前赠与"在表述上可能比彩礼更为规范，但其终究无法取代彩礼。这可以从最高人民法院在制定《婚姻法司法解释（二）》的艰难取舍中窥知一二：考虑到"彩礼"并不是规范意义上的法律用语，最高人民法院曾在司法解释的征求意见稿中以"结婚前给付对方财物"代为表述，但反而出现了"使条文的本意让人把握不准，扩大了条文的适用范围"的问题。不少人担心，如此规定将使那些"不属于彩礼问题的给付财物产生的争议，也都以此条为依据诉至人民法院"[3]，应"本着解决实际问题的原则，把不属于彩礼问题的赠与行为排除出相关规定的调整范围之外"。最终，最高人民法院还是采用了"彩礼"这一具有"特定含义"的表述，并在《民法典婚姻家庭编司法解释（一）》中得以继续沿用。[4]

三、彩礼给予的法律性质

关于任何事物法律性质的分析，实质上是合法性层面的问题，原则上应以法律规范的表述为准。但我国现行有效的法律规范中并未涉及彩礼的内容，规范性文件中也仅有《民法典婚姻家庭编司法解释（一）》第 5 条和 2011 年

[1] 史尚宽：《亲属法论》，中国政法大学出版社 2000 年版，第 162—163 页。王泽鉴：《民法学说与判例研究（一）》，中国政法大学出版社 2005 年版，第 403—404 页。

[2] 王跃生：《十八世纪中国婚姻家庭研究》，法律出版社 2000 年版，第 159 页。

[3] 何志主编：《婚姻继承法原理精要与实务指南》，人民法院出版社 2008 年版，第 66 页。

[4] 最高人民法院民事审判第一庭编：《最高人民法院婚姻法司法解释（二）的理解与适用》，人民法院出版社 2015 年版，第 95—96 页。

颁布的《最高人民法院办公厅关于印发〈全国民事审判工作会议纪要〉的通知》（法办〔2011〕442号）中明确使用了"彩礼"的表述，其他有关意见、答复和纪要等则以包括赠与、财产给付在内的多项不同名称指代。法律文本之缺失使得法官不得不从规范性文件和理论学说中寻找对彩礼给予的定性依据，这不可避免地导致了司法裁判的无序和混乱。明确彩礼给予的法律性质，对于进一步分析彩礼返还的正当性，以及确定彩礼返还请求权的行使和法律效果的意义重大。因此，有必要在比较分析的基础上，对彩礼给予作出最为准确和恰当的定性，从而更好地解决实际问题。

（一）彩礼给予在规范性文件中的定性

如前所述，我国现行法律规范中并无关于彩礼的规定，目前仅有《民法典婚姻家庭编司法解释（一）》第5条对几个特定情况的彩礼返还规则作了较为简单的规定。此外，在一些规范性文件中存在各种涉及彩礼的内容，其中有许多从不同角度对彩礼给予的性质作了表述，概括起来主要包括以下三个方面：

1. 彩礼给予系赠与行为

规范性文件中将彩礼给予定性为赠与的表述比比皆是。比如，《最高人民法院关于贯彻执行民事政策法律的意见》第三项中指出，"对于完全自主自愿的婚姻，男女主动相互赠送和赠送对方父母的财物……原则上不予返还"。[1] 最高人民法院印发的《关于人民法院审理未办结婚登记而以夫妻名义同居生活案件的若干意见》（法〔民〕发〔1989〕38号）第10条指出，"同居生活前，一方自愿赠送给对方的财物可比照赠与关系处理"。[2]这一规定多用于处理订婚后共同生活但却未予结婚情况下的彩礼返还纠纷。在最高人民法院印发的《关于人民法院审理离婚案件处理财产分割问题的若干具体意见》（法发〔1993〕32号）中，则明确要求各级法院对当事人声称为"借婚姻索取财物"（实际上就是彩礼），难以辨别是索取还是赠送的，均可"按赠与处理"。[3]

〔1〕 刘素萍主编：《婚姻法学参考资料》，中国人民大学出版社1989年版，第148页。

〔2〕 参见《最高人民法院印发〈关于人民法院审理未办结婚登记而以夫妻名义同居生活案件的若干意见〉的通知》，载法律图书馆网，http://m.law-lib.com/law/law_view.asp?id=6128&page=2。

〔3〕 参见《最高人民法院关于人民法院审理离婚案件处理财产分割问题的若干具体意见》，载法律图书馆网，http://m.law-lib.com/law/law_view.asp?id=57037&page=3。

《最高人民法院关于对江西省赣西南分院三月份专题报告的批复》第二条第二项关于包办婚姻中男女双方的离婚问题中，以"结婚时的赠与物"和"财礼"指代彩礼。[1]在某种意义上，把彩礼归于赠与，是社会发展和法治进步的结果，具有一定的必然性。过去，婚姻遵循"父母之命，媒妁之言"，彩礼不仅是婚姻缔结的必要条件，还是限制男女双方自由的枷锁，几乎不会出现返还的情况。随着我国法治建设的进一步推进，包括"废除聘金、聘礼和嫁妆""依法收缴"和"没收"等在内的诸多越俎代庖式的律令被逐一废除，那些"彩礼就是买卖婚姻的价款"等错误认识也被纠正，人们开始借助于现代民法理论重新审视彩礼。在现代民法理论的视角下，彩礼其实就是男方将自己的财产无偿给予女方，其核心在于实现财产所有权的转移，具有单务性和诺成性的特征，符合赠与的概念性质和构成要件，故彩礼给予应当属于赠与行为。[2]

2. 彩礼给予以缔结婚姻为条件

比如，《最高人民法院办公厅关于印发〈全国民事审判工作会议纪要〉的通知》（法办〔2011〕442号）第50项关于婚约财产纠纷案件的表述为"当事人请求返还以结婚为条件而给付的彩礼……"[3]《最高人民法院关于审理彩礼纠纷案件中能否将对方当事人的父母列为共同被告的答复（对十二届全国人大五次会议第1385号建议的答复）》明确表示最高院同意相关建议所提出的"涉婚赠与行为是附条件的赠与"的看法，并指出"如果条件不成或条件消失，给付方可请求返还"。[4]此外，《民法典婚姻家庭编司法解释（一）》第5条第1款亦清晰地表明彩礼给予系以缔结婚姻为条件，若条件不成就，当事人就应返还彩礼。需要指出的是，有观点认为上述司法解释确立了彩礼返还的三种情形，即未办理结婚登记、办理结婚登记但未实际共同生

---

〔1〕　参见《最高人民法院关于对江西省赣西南分院三月份专题报告的批复》，威科先行法律信息库，https：//law. wkinfo. com. cn/legislation/detail/MTAwMDAwOTUwOTY%3D? searchId = f6e356689ff04e0ebd08aba71f464063&index = 1&q = % E5% 8C% 85% E5% 8A% 9E% E5% A9% 9A&module = 。

〔2〕　余延满：《合同法原论》，武汉大学出版社1999年版，第596—597页。

〔3〕　参见《最高人民法院办公厅关于印发〈全国民事审判工作会议纪要〉的通知》，载最高人民法院网，http：//www. court. gov. cn/hudong – xiangqing – 6293. html。

〔4〕　参见《最高法院：关于彩礼纠纷案件中，能否将对方父母列为共同被告的答复》，载搜狐网，https：//www. sohu. com/a/253137077_169411。

活和造成给予方生活困难，从而推导出彩礼给予也应以共同生活或其他内容为条件的结论。[1]但这是不准确的。虽然上述条文中第 1 项、第 2 项和第 3 项分别规定了未办理结婚登记、办理结婚登记但未共同生活以及造成给予方生活困难三种情形下的彩礼返还问题，但后二者是以双方离婚为前提的。换言之，在此种情况下的彩礼返还，仍是以缔结婚姻这一目的未能实现为必要的，彩礼给予仍是以缔结婚姻为条件的。只不过，对于后两种情形的处理应更为慎重，原则上须以双方当事人婚姻存续期间较短为必要。

3. 彩礼返还的前提是女方不具有取得彩礼的正当性

在一段时期内，彩礼被认为是封建落后的婚姻陋习，与"包办婚姻""买卖婚姻"以及"借婚姻索取财物"等成为法律坚决打击的对象。在这一背景下，女方收受彩礼的行为被认为是违法的，应当受到处罚；对其已经收受的彩礼应当由相关部门依法收缴或没收，只有在特殊情况下，比如女方系为诈骗男方钱财而假结婚的，才允许返还男方部分彩礼。此外，《最高人民法院关于军人婚约和聘礼问题的复函》（法编字第 5556 号）规定，若彩礼"系由订婚人父母或男女双方出于自愿帮助或赠与的"，婚约取消后由双方当事人"自行协议解决，协议不成，得请由法院斟酌具体情况定其应否返还"；除此之外，不仅要予以没收，还应"斟酌违法轻重要给当事人以教育"。[2]《最高人民法院关于聘金或聘礼的几个疑义及早婚如何处理的问题的复函》（法编字第 11230 号）则规定，只有在"不以结婚为目的，而是为了得到对方财务"的假装结婚骗取彩礼的情况下，彩礼才"一般的应返还受害人"；若为其他情形，实为双方都具有违法行为，故彩礼须根据相关规定没收处理。[3]随着社会观念的变化和法律政策的调整，彩礼更多地被视为双方当事人之间意思自治的结果，对"女方不具有取得彩礼的正当性"的理解也发生

---

〔1〕 李屹：《论彩礼返还》，吉林大学 2020 年博士学位论文，第 62 页。

〔2〕 参见《最高人民法院关于军人婚约和聘礼问题的复函》，载法律图书馆网，http：//www. law - lib. com/law/law_view. asp? id = 721。

〔3〕 参见《最高人民法院关于聘金或聘礼的几个疑义及早婚如何处理的问题的复函》，威科先行法律信息库，https：//law. wkinfo. com. cn/legislation/detail/MTAwMDAwOTY2NTI% 3D? searchId = 3f7022e8ec3246969fdf821d53efd602&index = 1&q = % E8% 81% 98% E9% 87% 91% 20% E8% 81% 98% E7% A4% BC&module = 。

了转变。学界和司法实务界的主流观点认为，彩礼是男方以缔结婚姻为条件作出的财产给予，若条件不成就，则女方就不具备或丧失取得彩礼的正当理由。在此情况下，女方应当返还彩礼，否则就构成不当得利，男方则享有对女方的不当得利返还请求权。[1]

（二）关于彩礼给予法律性质的学说及评析

对于彩礼给予的法律性质，目前学界和司法实务界以赠与说的观点为主流，而赠与说又可进一步分为普通赠与说、所有权转移说、目的赠与说、附负担赠与说和附条件赠与说等学说分歧。也有观点认为，彩礼给予属于情谊行为而不具有法律上的效力。除此之外，还有从契约说、定金说和无效法律行为说等，但这些学说因与时代发展和社会现实相背离而不再具有学说竞争力，此处便不予赘言。兹就相关学说，简要分述如下：

1. 普通赠与说

普通赠与说认为，彩礼与《中华人民共和国合同法》（以下简称《合同法》）一般意义上的赠与无异，只要彩礼交付完成，即发生所有权的转移；即便婚约解除或因其他原因导致双方当事人最终未能结婚的，男方也不得要求女方返还。至于何谓交付完成，须严格按照《合同法》关于赠与合同的规定，即对动产以实际交付为准，对不动产和特殊动产则以登记为准。对于未交付完成的彩礼，作为赠与方的男方可以行使任意撤销权。这一学说招致婚姻家庭法学界的猛烈抨击，认为其完全脱离了婚姻家庭的客观实际，特别是允许男方任意撤销彩礼给予，将导致大量不诚信的婚姻缔结行为，甚至会变相鼓励别有用心之人借彩礼的名义欺骗和玩弄他人。婚姻家庭法学者进一步指出，即便认为彩礼属于赠与，也不应当是普通赠与，因为普通赠与无须经过"讨价还价"，而彩礼却往往必须经过"讨价还价"才能被确定。彩礼的这一特征，恰恰证明了其不同于普通赠与，因为"由谈判得来的并不是赠与的礼物"[2]。因此，普通赠与说不足取。

---

[1]　傅广宇：《"中国民法典"与不当得利：回顾与前瞻》，载《华东政法大学学报》2019年第1期，第130页。

[2]　Bell D, Modes of Exchange: Gift and Commodity, The Journal of Socio-Economics, Vol. 20, Issue 2, 1991, pp. 155-167.

2. 所有权转移说

所有权转移说与普通赠与说相近,认为彩礼给予系对他人作出赠与的法律行为。但与普通赠与说略微不同的是,所有权转移说强调彩礼一经作出便产生所有权转移的法律效果,除满足法定的解除事由外,赠与人不得撤销或解除该赠与。也就是说,在所有权转移说的理解下,彩礼基本上可以说是"有去无回"。这对付出彩礼的男方来说极不公平,也更容易引发矛盾和纠纷。

3. 目的赠与说

目的赠与说认为,彩礼给予并非单纯以无偿转移财产所有权为目的,而是以婚约之履行和夫妻身份关系之创设为目的,是"不课以义务惟为结果的赠与"[1],符合目的赠与的性质特征。根据目的赠与理论,若赠与的目的——缔结婚姻落空,则赠与不能生效,赠与人可以要求受赠人返还赠与物。反之,如果目的达成,便一概不发生赠与物的返还问题。比如,王泽鉴先生认为,"聘金或礼物之赠与,原为期待婚姻之缔结,赠与目的因婚姻缔结而告实现",若男女双方事后离婚,亦不返还。[2]目的赠与说能够较好地解释彩礼给予的源头和动机,但并不适用于那些结婚后极短时间内便离婚的情形,对没有办理结婚登记实际却共同生活情况下的彩礼返还也缺乏解释力,而这些恰恰是彩礼返还案件中较为常见的情形。

4. 附负担赠与说

附负担赠与说认为,彩礼系以缔结婚姻为负担之赠与;一旦女方接受了彩礼,便须承受与男方缔结婚姻之负担。虽然男方不得强行要求女方履行这一负担,却可因女方拒绝履行而主张返还彩礼。不难看出,附负担赠与说实际上是对附义务赠与说的"改良版本",后者因把缔结婚姻关系作为一种义务而饱受诟病。但事实上,负担也是一种广义上的义务,因为其具备义务的基本特征,只是欠缺一定的对价关系。[3]如果认为彩礼属于附

---

[1] 史尚宽:《债法各论》,中国政法大学出版社 2000 年版,第 138 页。黄立主编:《民法债编各论(上)》,中国政法大学出版社 2003 年版,第 180 页。

[2] 王泽鉴:《民法学说与判例研究》,中国政法大学出版社 2005 年版,第 403—404 页。

[3] 周辉斌:《论附负担赠与合同的含义及效力——以我国首起助学合同纠纷案为例》,载《时代法学》2006 年第 6 期,第 47 页。

负担赠与，那么即便女方拒绝履行负担，赠与行为也仍然有效，只有在男方明确表示撤销赠与或双方解除赠与的情况下才能返还。[1]这显然与客观事实不符。而且，认为赠与方不得要求受赠方履行负担之义务的观点，本身就与附负担赠与的理论相左，加上身份行为原则上不能成为赠与的负担，[2]故此说亦不可取。

5. 附条件赠与说

附条件赠与说认为彩礼给予是以缔结婚姻为条件的赠与，其可进一步分为附解除条件的赠与说和附停止条件的赠与说。所谓解除条件，指的是能够使法律行为效力消灭的条件，即已经作出的法律行为并在条件不成就的情况下得以保持其效力，条件一旦成就则确定地丧失效力。[3]就赠与而言，解除条件成就后，受赠人须向赠与人返还赠与物，否则构成不当得利。根据最高人民法院的理解，该解除条件应理解为"没有结成婚"[4]，但《婚姻法司法解释（二）》第10条第1款第（2）项和第（3）项的内容又明显超出了这一定义。有观点认为，应当对上述"没有结成婚"作目的性扩张解释，即一般情况下为"未办理结婚登记"，在某些特定情况下则扩张至"办理结婚登记但未共同生活"。[5]一部法规甚至一个条文中的某个词语竟然可以有多重含义，这本身就不符合法律解释的要求，亦背离了法治统一的精神，还有变相承认事实婚姻之嫌，与我国婚姻家庭政策和婚姻家庭法的基本要求相违背。[6]根据赠与理论，对赠与所附的任何条件应当在合同中明确，而这显然与彩礼给予的实际情况不符。强行从中解释出当事人具有把将来不结婚或离

---

[1]　郭钦铭：《赠与》，三民书局股份有限公司2008年版，第100页。

[2]　朱广新、谢鸿飞主编：《民法典评注·合同编》，中国法制出版社2020年版，第344页。

[3]　王泽鉴：《民法总则》，北京大学出版社2009年版，第335页。

[4]　最高人民法院认为，由于彩礼给予"本身就蕴涵着以对方同意结婚为前提"，"如果没有结成婚，其目的落空，此时彩礼如仍归对方所有，与其当初给予彩礼的本意明显背离"。参见最高人民法院民事审判第一庭编：《最高人民法院婚姻法司法解释（二）的理解与适用》，人民法院出版社2004年版，第101页。

[5]　张学军：《彩礼返还制度研究——兼论禁止买卖婚姻和禁止借婚姻索取财物》，载《中外法学》2006年第5期，第637页。

[6]　根据《民法典》第1049条之规定，法律意义上的"结婚"仅指"办理结婚登记"，当事人应当亲自到婚姻登记机关办理结婚登记，否则就不能确立婚姻关系；未办理结婚登记的，应当补办，否则就按非婚同居关系处理。

婚作为解除条件的合意，实在过于牵强。[1]与其说当事人把将来不缔结婚姻作为解除彩礼给予这一特殊赠与的条件，倒不如说把彩礼作为实现将来缔结婚姻的拘束更为贴切一些。再者，由于该说并不强调婚姻习俗的因素，故容易使彩礼与其他以缔结婚约为目的的赠与相混淆，从而不当扩大彩礼返还的范围。

停止条件又称延缓条件，指的是可延缓法律行为发生效力的条件。附停止条件的赠与说认为，尽管彩礼的致送和接受已经完成，但并不产生所有权变动的效力，只有待条件成就，即男女双方正式结为夫妻之时起才确定地发生所有权移转。在此之前，女方对彩礼仅具有期待权，虽可持有但不得处分，否则就构成无权处分，并可能因此而承担相应的法律责任。在美国，大多数法院采用停止条件的赠与说处理与彩礼相似的"订婚礼物"（engagement gift）的返还案件。通俗地说，即"当事人取得戒指的所有权须以双方交换结婚誓言为前提条件"[2]，"不结婚即无赠与"[3]。在日本，也有不少法院采附停止条件的赠与说处理聘礼、戒指及其他赠与物的返还问题，但学界以附解除条件的赠与说为通说观点。[4]对比附解除条件的赠与说和附停止条件的赠与说，二者在效果上并无实质性的区别，均以婚姻不能缔结作为彩礼返还的根据，但附停止条件的赠与说认为彩礼给予的效力在婚姻确定地不能缔结或解体之前一直处于待定状态，收受彩礼者占有该财产缺乏法律或约定依据，与现实情况不符，也大大降低了彩礼作为财产的效用。而且，根据附停止条件的赠与说的原理，当事人不当阻止条件成就的，条件视为成就。照此理解，当女方存在"无故拖延婚期"等行为时，男方就可直接主张其与女方为夫妻关系了。这不仅不符合婚姻自由和平等自愿的原则，更违背了我国婚姻家庭法关于结婚必须办理婚姻登记的基本要求。因此，附停止条件的赠与

---

[1] 杨代雄：《法律行为基础瑕疵制度——德国法的经验及其对我国民法典的借鉴意义》，载《当代法学》2006年第6期，第71页。

[2] Brain L. Kruckenberg, *"I Don't": Determining Ownership of the Engagement Ring when the Engagement Terminates*, Washburn Law Journal, 1998, p. 425.

[3] Byron F White, *Gifts: Recovery of Engagement Gifts: California Civil Code Section 1590*, California Law Review, 1950, p. 529.

[4] 史尚宽：《亲属法论》，中国政法大学出版社2000年版，第158页。

说不可取。

6. 情谊行为说

情谊行为（Gefälligkeit）是一个发端于德国司法实务与民法理论互动的概念，指的是行为人出于内心的关爱而无偿为他人的利益服务的行为，其基本特征在于行为具有无偿性、利他性以及各方参与的一致性。[1]情谊行为在日本被称为"恩惠行为"或"好意型行为"，在我国台湾地区则被称为"好意施惠行为"，其中给予帮助或恩惠的一方被称为施惠人，受领帮助或恩惠的一方则被称为受惠人。[2]持情谊行为说者认为，由于现代社会中的婚约已不再具有法律拘束力，即便男女双方均表示无条件地接受婚约的安排，法院也绝不能根据婚约内容进行裁判，更不能把婚约作为强制执行的依据。在此背景下，男方基于婚约作出的彩礼给予，自当属纯粹的情谊行为。[3]在此说的理解下，男方的彩礼给予行为出于其对女方无私和不求回报的情感，自然也不存在彩礼返还的问题。这显然不符合当前的实际情况。

7. 以成立婚姻为最终目的的赠与说

此说认为，当事人于订立婚约之时给予彩礼，"显系期待他日履行婚约以成立婚姻"，即以婚姻之成立为赠与之目的。[4]婚姻若已成立，赠与便达目的，赠与人就不得再要求返还彩礼。[5]若违反婚约导致婚约不成立，则给予彩礼的目的不能达到，收受者欠缺保有彩礼之法律上原因，给予方可依据不当得利的规定，请求对方返还彩礼。[6]对比前文所列举的诸学说，以成立婚姻为最终目的的赠与说似乎更符合当事人的意思。但其问题在于，所谓"最终目的"，实际上就是动机，而且是最初、最原始的动机，将其作为婚约或婚姻"合法性"的来源是不甚妥当的，因为这种动机"缺乏足够的承受能

〔1〕　高鹏芳：《民法上的情谊行为研究》，华东政法大学 2021 年博士学位论文，第 17 页。

〔2〕　宁红丽：《我国典型合同理论与立法完善研究》，对外经济贸易大学出版社 2016 年版，第 38 页。

〔3〕　王雷：《论身份情谊行为》，载《北方法学》2014 年第 4 期，第 23 页。

〔4〕　陈棋炎、黄宗乐、郭振恭：《民法亲属新论》，三民书局 2013 年版，第 84 页。陶毅主编：《新编婚姻家庭法》，高等教育出版社 2003 年版，第 45 页。

〔5〕　高凤仙：《亲属法——理论与实务》，五南图书出版股份有限公司 2005 年版，第 37 页。

〔6〕　［日］太田武男：《結納法的性質》，载［日］内田贵、［日］大村敦志：《民法的争点》，王浩等译，有斐阁 2007 年版，第 348 页。

力",而且"通常只能保持一定的时间"[1]。然而在"民法"中,单纯的动机通常是不具有法律意义的。有学者指出,"任何动机都可以促使人们结婚","一如在其他法律行为中一样,在婚姻中结婚人的动机是无关紧要的"[2]。只有在被明确作为法律行为的附款的情况下,动机才可能受到法律的保护。[3]而即便是被明确作为法律行为的附款的动机,应采取何种手段准确地探知,也是一个异常困难的问题,涉及大量的理论构造和实践操作。如果要以此来处理彩礼返还案件,其成本未免过于高昂,也未必能达到预期的效果。故此说亦不可取。

不可否认的是,无论是上述哪一种学说,实际上都或多或少地从不同角度揭示了彩礼的某些特性,都具有一定的合理性,但也各自有其缺陷。有学者指出,不论是普通赠与还是附条件赠与,抑或目的赠与、附负担赠与等,其本质仍均是财产法上的概念和制度,直接适用于彩礼返还这类婚姻家庭领域的事务未必合适,还可能产生其他的负面效果。[4]而且,这些理论明显存在"拟制"当事人意图之嫌,其适用结果又过于刚性,并不足以达到"冰解的破"的效果。不可否认,结婚固然会带来财产性的效果,但这毕竟只是附带性的。[5]我们不能因为彩礼给予涉及财产的移转就直接将之归入财产法的范畴,否则就是本末倒置。那么,究竟应当如何界定彩礼给予的法律性质呢?

(三)应然定性:婚姻家庭法上的特殊赠与——基于婚姻之给予

在分析关于彩礼给予法律性质的学说时,不难发现目前学界主要基于债法的角度进行界定,力求从现代民法债的角度对彩礼作出"符合时代精神"的解说。但这样却忽略了一个基本问题,即彩礼本质上仍属于婚姻家庭领域的范畴,不应当完全脱离婚姻家庭法学理论的视距。根据现代民法学理论,

---

[1] [奥地利] 赖因哈德·西德尔:《家庭的社会演变》,王志乐等译,商务印书馆1996年版,第226页。

[2] [葡] 威廉·德奥利维拉、[葡] 弗朗西斯科·佩雷拉·科埃略:《亲属法教程》,林笑云译,法律出版社2019年版,第226—227页。

[3] 余延满:《亲属法论》,法律出版社2007年版,第157页。

[4] 叶名怡:《夫妻间房产给予约定的性质与效力》,载《法学》2021年第3期,第136—137页。

[5] [葡] 曼努埃尔·德·安德拉德:《法律关系总论(第二卷)》,吴奇琦译,法律出版社2018年版,第83页。

彩礼毫无疑问是一种赠与，但受作为基础关系的人身关系所决定，它具有不同于债法中任何一种赠与类型的性质特征。若一味套搬债法概念，难免出现削足适履的"违和感"。在比较法上，20世纪60年代，德国联邦最高法院创设了"基于婚姻之给予"（ehebedingte Zuwendungen）概念，旨在将夫妻之间、准配偶之间以及双方父母作出的赠与与债法上的赠与相区别。根据德国民法理论和法院判例的通说观点，夫妻或即将成为夫妻的男女双方之间的财产给予并非简单的无偿性约定，而是以维持婚姻共同生活为目的的。因此，法律应当赋予其区别于一般赠与的特殊法律效力，从而排除对普通赠与规则的适用。[1]

从概念上看，"基于婚姻之给予"首先是一种财产给予，指的是当事人有意地以牺牲自己的财产来增加他人的财产或向他人提供好处。[2]这使其区别于单纯的财产处分。[3]从构成要件上看，"基于婚姻之给予"须满足三个方面的要求：①给予人须以缔结、实现、维护和保障婚姻共同生活为主观目的；②这种财产给予是无偿的；③给予人具有对将来缔结婚姻并维持婚姻关系的期待或设想，而这种期待或设想构成了财产给予的"行为基础"。[4]因此，若当事人基于婚姻未能缔结或离婚而请求对方返还其所给予的财产时，法院会依据"行为基础丧失制度"赋予财产给予方调整或撤销财产给予的权利。[5]在适用效果上，此举可使财产给予排除对《德国民法典》第528条关于"赠与后陷入贫困"和第530条"重大忘恩负义"情形下的财产返还，从而适用第313条关于"行为基础丧失"的规定。[6]关于"行为基础丧失制

---

〔1〕　王葆莳：《德国婚姻赠与返还制度研究》，载《中国应用法学》2020年第3期，第146页。

〔2〕　[葡] 曼努埃尔·德·安德拉德：《法律关系总论（第二卷）》，吴奇琦译，法律出版社2018年版，第77—78页。

〔3〕　需要指出的是，这种牺牲可以因为被给予人相应地向给予人作出给予而得到补偿，但如果单独考虑每一项财产给予的话，给予人仍然是以自己的牺牲为代价来使被给予人财富增多的。参见 [葡] 曼努埃尔·德·安德拉德：《法律关系总论（第二卷）》，吴奇琦译，法律出版社2018年版，第77页。

〔4〕　Münch Komm/J. Koch, 2012, §516 Rn. 60-62. 转引自叶名怡：《夫妻间房产给予约定的性质与效力》，载《法学》2021年第3期，第137页。

〔5〕　田韶华：《夫妻间赠与的若干法律问题》，载《法学》2014年第2期，第74页。

〔6〕　Münch Komm/J. Koch, 2012, §516 Rn. 60-62. 转引自叶名怡：《夫妻间房产给予约定的性质与效力》，载《法学》2021年第3期，第137页。

度"，将在后文中加以详述。这无疑为我们分析彩礼返还问题提供了新的思路，同时也促使我们反思现行法律规定的合理性。

众所周知，德国法对夫妻财产采行"增益共同制"（又称为"净益共同制""净益补偿制""增加额均衡制"等）。这是一个极富公平思想的夫妻财产制度，旨在通过保护夫妻间弱势方的利益、提升强势方脱离婚姻的成本得以较好地维护婚姻家庭的稳定，为许多大陆法系学者所津津乐道。[1]晚近以来，"增益共同制"思想亦被留德派学者引入我国夫妻财产法理论和实践，对解决"隐瞒配偶负债"和"第24条困局"[2]等问题确实发挥了较大的作用。然而"增益共同制"也绝非完美无瑕，在特定情况下仍会出现显失公平的结果，比如"过高先行给付"等。于是，德国法院转而将财产给予认定为"基于婚姻之给予"，从而通过"行为基础丧失制度"允许当事人变更请求权。[3]这一做法得到了学界的普遍支持，从而成为一项"持续而稳定"的制度。[4]尽管"基于婚姻之给予"理论是在"增益共同制"背景下创设的，但同样适用于未婚者。德国法院认为，只要双方当事人是为了缔结婚姻或维持非婚共同生活而作出的财产给予，并且对缔结婚姻或维持同居生活具有共同的期待，那么在行为基础丧失的情况下也可以要求返还给予的财产。[5]因此，"基于婚姻之给予"制度也被类推适用于嫁资等准配偶之间的财产给付。比如，德国联邦最高法院在一项判决中指出，如果严格依据《德国民法典》第730条以下之规定对双方当事人的财产进行全面清算和抵扣，就"背离了他们共同生活和人身密切相关的法律属性"[6]。

---

[1] 李娜：《"夫妻财产增加额均衡"制度研究：以德国为例》，载《环球法律评论》2011年第3期，第116页。

[2] 所谓"24条困局"，是指因《最高人民法院关于适用〈中华人民共和国婚姻法〉若干问题的解释（二）》第24条关于夫妻债务的规定所引发的一系列法律问题和社会问题。如今该条规定已被废止。

[3] 王葆莳：《德国婚姻赠与返还制度研究》，载《中国应用法学》2020年第3期，第148页。

[4] Staudinger/Thiele, 2017, §1363 Rn. 17. 转引自叶名怡：《夫妻间房产给予约定的性质与效力》，载《法学》2021年第3期，第139页。

[5] 王葆莳：《德国婚姻赠与返还制度研究》，载《中国应用法学》2020年第3期，第157—161页。

[6] BGH, Urteil vom 9. Juli 2008 – XII ZR 39/06；NJW 2008, 3282. 转引自王葆莳：《德国婚姻赠与返还制度研究》，载《中国应用法学》2020年第3期，第158页。

反观我国，虽然法律和司法解释均未明确引入"基于婚姻之给予"理论，但许多法院却在具体裁判中表现出了"异曲同工"的效果。特别是在涉及大额财产、房屋等重要财产的彩礼返还案件中，法官越来越倾向于以"以结婚为目的"和"结婚的目的落空"为根据，认定即便当事人对彩礼的交付已告完成，也仍然可以允许返还全部或部分。比如，在"唐某与吕某婚约财产纠纷"一案中，法院认为双方当事人系"基于信任且以结婚为目的进行同居生活"，同居期间唐某向吕某的转账汇款"应视为以双方结婚为目的的给付，并非无偿赠予"；"现结婚目的无法实现，从公平、合理角度"，除去已经消耗的部分，其余钱款应当予以返还。[1]在"徐某与卢某婚约财产纠纷"一案中，法院认为"双方当事人以结婚为目的进行恋爱交往，存在缔结婚姻的心理预期"，而这恰恰是促使卢某向徐某给予财物的"特定原因"。[2]在"刘某与牛某某婚约财产"一案中，法院则认为向他人给予大额钱款，"若不存在特定的基础，则实非社会公众可以认知的合理范畴"，现因双方当事人恋爱关系终止，"业已丧失谈婚论嫁进而缔结婚姻之可能"，故"刘某无偿受益的状态不应受到法律保护，其理应返还牛某某给其转账的钱款，否则有违公平合理的民事法律行为准则"。[3]诸如此类的案例甚多，兹不赘述。这些司法裁判均体现了"基于婚姻之给予"理论的思想，特别是基于诚实信用原则判令当事人返还彩礼，更是与"基于婚姻之给予"背后的行为基础丧失理论高度契合。事实上，借鉴德国法经验，通过引入"基于婚姻之给予"制度界定彩礼给予的法律性质，对司法实务处理彩礼返还案件具有非常重要的现实意义。

首先，"基于婚姻之给予"能够真实地反映出彩礼给予人的意图，从而更为准确地揭示出彩礼给予的实质。赠与的意义在于无偿地、终局地移转财产。[4]其涉及"慷慨心理"，亦即所谓的"慷慨意图"（animus donandi "赠与心态"；animus beneficandi "施惠心态"）。[5]而彩礼给予表面上是无偿的

---

〔1〕 参见广西壮族自治区崇左市中级人民法院（2021）桂14民终993号民事判决书。

〔2〕 参见湖南省浏阳市人民法院（2021）湘0181民初9112号民事判决书。

〔3〕 参见上海市第二中级人民法院（2020）沪02民终4365号民事判决书。

〔4〕 黄立主编：《民法债编各论》，中国政法大学出版社2003年版，第172页。

〔5〕 ［葡］曼努埃尔·德·安德拉德：《法律关系总论（第二卷）》，吴奇琦译，法律出版社2018年版，第66页。

财产给予，实际上包含了对将来缔结婚姻的强烈期待和对方将在婚姻共同生活中给予一定付出的"报偿"思想。换言之，彩礼给予方主观上并非真正"慷慨"，而是把对方的行为作为一种对待给付；收受方也并非单纯无偿受让，她将为此作出自我约束，并为婚姻共同生活而开展一系列的活动。尽管双方的动机可能不尽相同，但对于实现和维持婚姻这一点达成了共同的预想。这恰恰符合德国联邦最高法院关于"基于婚姻之给予"的行为基础的阐释。[1] 而从彩礼的功能上看，其能为"婚姻共同生活提供各种费用"[2]，这同样与德国联邦最高法院对"基于婚姻之给予"的功能——服务于婚姻共同生活的阐释相吻合。此外，"基于婚姻之给予"制度更有利于解决父母所给予彩礼的返还问题。在德国法中，"基于婚姻之给予"制度不仅适用于男女双方，还能够适用于双方的父母，甚至还能类推适用于准配偶的父母。德国联邦最高法院在一项判决中指出，尽管父母并非婚姻当事人，但他们对子女缔结婚姻具有"共同预想"，而这便是他们向子女作出财产给予或赠与的行为基础。[3] 如果婚姻未能缔结或最终破裂，那么父母们的预想就可能大打折扣，甚至完全落空，法官便需要根据实际情况来确定财产返还的范围。"基于婚姻之给予"还能很好地解释为什么离婚后也可能存在彩礼返还问题，因为根据"行为基础丧失理论"，行为基础的丧失既可能发生在法律行为履行之前，也可能发生在履行之后，只要是"等价关系"受到破坏、契约目的不能实现，就会产生实质的不公平，因此也就有适用行为基础丧失制度的必要。[4] 当然，这也产生了"基于婚姻之给予"构成要件不够清晰的问题，但这并非不可解决。比如，德国法院就通过借助诚实信用原则、

---

〔1〕 德国联邦最高法院认为，应区分"真正的赠与"和"基于婚姻之给予"，后者虽无对待给付，但从给付者的意愿来看，是以婚姻的存续为条件的；对于"基于婚姻之给予"而言，法律上只需存在行为基础即可，既可以表现为某种给付或义务，也可以是某种无形的投入。参见［德］迪特尔·施瓦布：《德国家庭法》，王葆莳译，法律出版社 2010 年版，第 144 页。

〔2〕 事实上，"为婚姻共同生活提供各种费用"是所有婚姻契约（含婚前和婚后）和夫妻财产制所要解决的问题。参见［法］莫里斯·奥里乌：《法源：权力、秩序和自由》，鲁仁译，商务印书馆 2015 年版，第 141—142 页。

〔3〕 BGH Urteil vom 10. Sep. 2009 – VII ZR 152/08. 转引自王葆莳：《德国婚姻赠与返还制度研究》，载《中国应用法学》2020 年第 3 期，第 155 页。

〔4〕 孙美兰：《情事变动与契约理论》，法律出版社 2004 年版，第 106—107 页。

与赠与制度相配合等方法尽力消除"基于婚姻之给予"制度适用上的不确定性。

其次，"基于婚姻之给予"制度与情事变更制度紧密联系，可以通过行为基础丧失制度的激活，为当事人提供更全面的救济。一方面，彩礼给予是一种法律行为，其效力涉及意思自治、信赖保护、诚实信用等基本原则。[1] 在民法基本原则体系的视域内，婚姻未能缔结或婚姻破裂情况下的彩礼给予行为的法律效力缺乏充分的正当性基础。然而，如果法院直接以上述基本原则作为裁判依据，则可能动摇"法之安定性"，亦可能导致司法裁判的极大不确定性。另一方面，彩礼给予本质上是赠与，但现行法律对赠与人取回赠与物的规定本来就非常有限，而且未必能适用于彩礼返还的情形。因此，彩礼返还存在明显的"法律供给不足"问题，有必要以基本原则构建具体的法律制度。"基于婚姻之给予"制度便是这样的法律制度。而且，在彩礼返还案件中，除了少部分当事人具有明显过错，大部分情况下双方当事人各据其理且有理有据，难言孰是孰非，故不能简单地以过错原则判定彩礼的归属。如部分学者指出，中国的婚姻家庭法甚至比德国更需要"基于婚姻之给予"制度，[2] 因为德国除了"基于婚姻之给予"制度，还拥有夫妻财产的"增益共同制"和强大的清算补偿规则，而我国仅有单薄的《民法典婚姻家庭编司法解释（一）》第 5 条第 1 款。在"基于婚姻之给予"制度下，法官运用"行为基础丧失理论"，结合彩礼给予的实际情况，通过判断行为基础丧失的程度，进而对彩礼给予作出调整，包括变更、撤销、补偿等，能够较好地应对复杂多变的客观现实，反映婚姻家庭关系的内在特性。实际上，行为基础丧失的思想在我国早已有之，自《中华人民共和国民法通则》（以下简称《民法通则》）时期确立的重大误解制度不仅与其在内容上相似，在司法实践中亦发挥了相同的制度功能。[3] "行为基础丧失制度"不仅适用于彩礼，对

〔1〕 杨代雄：《法律行为基础瑕疵制度——德国法的经验及其对我国民法典的借鉴意义》，载《当代法学》2006 年第 6 期，第 73 页。

〔2〕 叶名怡：《夫妻间房产给予约定的性质与效力》，载《法学》2021 年第 3 期，第 142 页。

〔3〕 谢鸿飞：《合同法学的新发展》，中国社会科学出版社 2014 年版，第 341—342 页。

其他赠与，甚至许多法律行为都具有普遍的适用性，从而改变撤销和无效制度下"全有或全无"的刚性规则，赋予民事法律制度更大的灵活性和调和性。

最后，"基于婚姻之给予"制度通过对当事人任意撤销权的限制，有助于遏制婚姻缔结过程中的不诚实行为。[1]根据民间通行的做法，彩礼能否返还取决于当事人是否存在"无故悔婚"的行为：男方"无故悔婚"的，不得要求女方返还彩礼；女方"无故悔婚"的，则须向男方返还全部或部分彩礼。此外，当事人存在重大过错的，如与他人发生性行为、通奸等，也会产生类似"无故悔婚"的效果。这体现了人们在缔结婚姻时"诚实信用至上"的朴素价值观。[2]然而，不论是普通意义上的赠与，还是附条件的赠与，抑或其他理论学说，均未能很好地体现这一点，与彩礼的运行规则和人们的观念相去甚远。如前所述，彩礼并非出于纯粹的"慷慨"，也绝非"一次性交易"，其潜在的对价是对方与自己建立面向未来的婚姻共同生活。这决定了彩礼给予的最终目的并非使对方取得财产权利，而是促使对方建立起一种强烈的信赖，并基于这种信赖缔结并坚守婚姻。[3]而无论是出于对伦理道德的考量，还是对民法诚实信用原则的践行，都应当对这种信赖给予法律保护。一般认为，赠与人之所以享有任意撤销权，盖因赠与出于"纯粹的无偿性"[4]，而"基于婚姻之给予"制度恰恰否定了彩礼具有这种"纯粹的无偿性"，因此排除了对任意撤销权的适用。这意味着，对于彩礼能否返还、返还多少的判定，需要以彩礼给予的行为基础是否丧失以及丧失的程度为依据，这就要求法官不仅要查明婚姻是否缔结、婚姻关系是否维系等事实，还应进一步审查当事人对婚姻共同生活的投入与贡献、婚姻共同生活的实际情况等。这无疑使对婚姻不诚实者负担了更大的风险。在某种意义上，"基于婚姻之

---

[1] 当然，所谓"不诚实"并非指当事人对婚姻无法缔结或婚姻共同生活不能持续具有过错，其所欲表达的是，当情事变更发生后，当事人"明知"继续履行法律行为会使对方陷入极为困难的境地却仍坚持继续履行，而这种行为就是"不诚实"的。

[2] 金眉：《论彩礼返还的请求权基础重建》，载《政法论坛》2019 年第 5 期，第 153 页。

[3] 田韶华：《夫妻间赠与的若干法律问题》，载《法学》2014 年第 2 期，第 78 页。

[4] 黄立主编：《民法债编各论（下）》，中国政法大学出版社 2003 年版，第 182 页。

给予"制度正是通过使不诚实者负担风险和保护诚实者，使得民法诚实信用原则在彩礼返还问题中得到彰显。

综上所述，彩礼给予本质上仍属于赠与，但基于其建立在双方当事人对婚姻和婚姻家庭共同生活的期待基础上，并非纯粹的慷慨给予和无偿受让，因此又与普通赠与有所不同。而不论是目的赠与说、附负担赠与说，抑或附条件赠与说、情谊行为说还是以成立婚姻为最终目的的赠与说，均无法准确揭示彩礼的本质特征，也容易产生不公平的结果。对于彩礼给予的法律性质，以"基于婚姻之给予"的定性最为妥当。立法机关应本着促进婚姻、维护婚姻家庭和谐稳定和平衡当事人利益的原则，加快构建"基于婚姻之给予"法律制度体系，司法机关也应以"基于婚姻之给予"为视角，在综合考察彩礼返还案件中各项因素的基础上，作出妥适的裁判。

四、对司法实务中彩礼返还案件的考察

如前所述，江西省是一个不折不扣的"彩礼大省"。据学者考证，江西百姓素来看重婚嫁聘娶，且讲究"女家索聘财、男家计妆奁"。特别是明朝中后期以来，当地百姓在婚姻之事上尊崇浮屠和夸多斗靡越发明显，其结果便是彩礼逐渐成为当地一项普遍且顽固的婚姻习俗。[1]不少地方婚嫁庆祝之举不仅繁礼多仪，甚至"俗尚浮华，争为繁侈，务求靡丽"。[2]这一景象在全国都属不多见，实难谓为正常，加上江西省属于传统的农业大省，工商业发达程度并不高，社会经济发展和居民收入水平也偏低，许多老百姓被迫陷入此种奢靡攀比之中而苦不堪言。[3]21世纪初以来，随着法律政策的逐步放开，彩礼之风又重新在江西大地蔓延开来。根据民间调查机构的数据显示，

---

[1] 李锦伟、张明富：《明清农村生活消费观念演变因素新探——以江西地区为例》，载《贵州社会科学》2007年第11期，第154页。

[2] 万建中：《赣民俗特征论——兼及赣民俗研究受冷落的原因》，载《广西民族学院学报（哲学社会科学版）》1997年第3期，第9页。

[3] 这一情况不仅盛行于婚嫁场合，在殡葬丧事中也非常突出。江西民间有"至于丧葬之事，务为奢易"之传统，甚至"以钱代亲疏"，其"侈费不可胜言"。参见韩玲：《论当代赣中南农村婚姻习俗中的彩礼和嫁妆》，载《农业考古》2010年第3期，第360—362页。

2020 年，江西以 38 万元彩礼领跑全国各省市，2021 年则以 12 万元~60 万元继续稳居前列，彩礼金额为人均年收入的 4 倍以上。[1]在此背景下，因彩礼返还所引发的纠纷和案件也呈现出逐年增加之势。笔者曾在法院工作期间接触和审理了一些彩礼返还案件，虽然基本实现了"案结事了"，却也萌生了许多的不解和疑惑，时至今日仍在孜孜求解。这也是促使笔者以彩礼返还作为博士学位论文研究对象的动因之一。笔者选取了江西省各级法院近五年的 960 份生效裁判文书进行分析和统计，整理出数据如图 2-1 所示。[2]

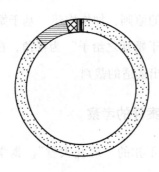

婚约财产纠纷
849件 88.44%

离婚纠纷
75件 7.81%

同居关系纠纷
25件 2.60%

抚养纠纷
5件 0.52%

撤销婚姻纠纷
2件 0.21%

分家析产纠纷
2件 0.21%

其他纠纷
2件 0.21%

图 2-1 彩礼返还案件的案由分布

从图 2-1 可知，绝大多数的彩礼返还争议发生在婚约财产纠纷案件中，此外在离婚纠纷案件和同居关系纠纷案件中也较为常见。[3]但这似乎与一些

---

〔1〕 参见王腾霄：《刚看到张江西省各县市区彩礼地图……》，载新浪网，http：//k. sina. com. cn/article_2030935042_790d9c02040014dl5. html；山东商报：《全国彩礼地图来了！这个省彩礼全国第一！快来看看你所在省份排名》，载腾讯网，https：//xw. qq. com/amphtml/20210607A01YX500；郑荣翔：《最新〈全国彩礼地图〉》，载搜狐网，https：//www. sohu. com/a/470 881216_233766。

〔2〕 这些数据主要是从威科先行法律数据库、北大法宝中检索关键词所得，虽然不能完整地反映江西省近五年各级法院审理的彩礼返还纠纷案件的全貌，但"管中窥豹，可见一斑"，足以为本书分析和论述提供数据支撑。

〔3〕 此为近五年的比例，近三年的比例则更为集中，有 92.89% 的彩礼返还案件发生于婚约财产纠纷案件中。其中或许隐含着某种发展趋势或动向，值得进一步挖掘。

专家学者关于"彩礼返还案件更多发生于离婚案件中"的结论有所不同。[1]
实际上,笔者检索得出的统计数据结果与全国的整体情况基本吻合。笔者以
"彩礼返还"为关键词,在威科先行法律数据库中检索全国各级法院近五年
的相关案件发现,高达 90.66% 的彩礼返还案件发生于婚约财产纠纷案件中,
只有约 5.57% 发生在离婚案件和离婚后财产纠纷案件中。

　　在这些案件中,有 606 件以原《婚姻法》第 3 条或《民法典》婚姻家庭
编第 1042 条中"禁止借婚姻索取财物"为依据判决返还彩礼,占比为
60.72%;有 371 件以原《婚姻法司法解释(二)》第 10 条第 1 款或《民法
典婚姻家庭编司法解释(一)》第 5 条第 1 款作为彩礼返还的依据,占比为
37.17%;还有少量案件直接依据原《民法通则》或《中华人民共和国民法
总则》(以下简称《民法总则》)等法律规范中关于不当得利返还的规定判决
返还彩礼,占比为 1.60%。

　　从图 2 - 2 可知,彩礼返还案件的标的额主要集中在 10 万元~50 万元,
占比近七成。从全国的数据来看,彩礼返还案件的标的额主要集中在 10 万
元~50 万元,占比为 65.91%;彩礼返还案件的标的额为 10 万元以下的仅占

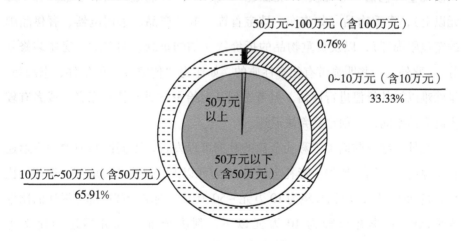

图 2 - 2　彩礼返还案件的标的额

---

[1]　比如,马忆南教授指出,"彩礼返还案件更多地发生在离婚案件中而不是婚约财产纠纷案件
中……"参见马忆南、庄双潼:《彩礼返还的司法实践研究》,载《中华女子学院学报》2019
年第 4 期,第 10 页。

33.33%。然而，根据江西省财政厅、江西省统计局公布的相关统计数据可知，全省居民人均可支配收入和人均消费支出水平自 2016 年起连续六年上升。但即便如此，2021 年全省的居民人均可支配收入仅为 30 610 元，低于全国平均水平的 35 128 元；全省的居民人均消费支出为 20 290 元，低于全国平均水平的 24 100 元。不难看出，江西省的彩礼数额与当地社会经济发展水平和人均收入水平呈现出强烈的反差和极不相称。也不难想象，支付一笔彩礼，很有可能要耗费一个男子和其父母等家庭成员几年，甚至是毕生的积蓄。更不难理解，因彩礼给予和返还会引发各种尖锐的矛盾，甚至有当事人为筹措、争夺或索还彩礼而作出极端的行为。在此背景下，彩礼返还案件往往积聚了当事人之间、当事人的家族之间大量的负面情绪，若处置不当，极有可能引发恶性伤害案件，产生极为恶劣的社会影响。这将严重影响江西省的经济社会发展，最终不利于江西人民的民生福祉的实现。

从图 2-3 可知，法院判决全部或部分返还彩礼的比例还是比较高的，判决不予返还的情形非常少。其中，又以部分返还占多数，返还的内容主要是大额现金（包括"彩礼款""见面礼""改口费""聘金"等，金额多在 1 万元以上），贵重物品（如汽车、珠宝首饰、电子产品、家用电器、奢侈品牌的箱包服饰等），以及贵重物品的折价款（如购车款、购房款、房屋装修款等）。此外，一些明显带有纪念性质的，如作为"传家宝"的信件、书画等，虽然难以对其价值进行评估，但考虑到其对给予方具有特殊意义，或者有较大的升值空间，一般也会判决返还。

此外，结合前面关于彩礼金额的数据可以发现，不同区间内的判决返还比率也有所不同。比如，彩礼金额为 50 万元以上，判决全部或部分返还的比率超过 95%[1]；彩礼金额为 10 万元~50 万元，判决全部或部分返还的比率为 84.68%；彩礼金额为 10 万元以下，判决全部或部分返还的比率为 60.57%。这反映出彩礼的价值高低是法官考虑是否返还的重要因素。

---

[1] 需要说明的是，标的额超过 50 万元的彩礼返还案件相对较少，因此相关数据之间的误差相较于其他区间较大。比如，笔者在威科先行法律数据库中检索到 7 个案件，法院均判决全部或部分返还；在北大法宝上检索的 4 个案件，也均判决全部或部分返还，所得比率均为 100%。但客观来说，这个数字应该并不准确。

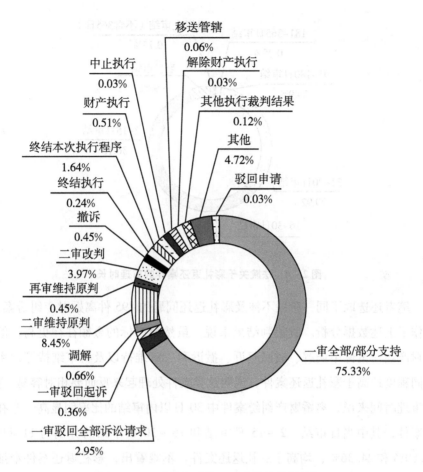

移送管辖
0.06%

中止执行
0.03%

解除财产执行
0.03%

财产执行
0.51%

其他执行裁判结果
0.12%

终结本次执行程序
1.64%

其他
4.72%

终结执行
0.24%

驳回申请
0.03%

撤诉
0.45%

二审改判
3.97%

再审维持原判
0.45%

二审维持原判
8.45%

调解
0.66%

一审驳回起诉
0.36%

一审驳回全部诉讼请求
2.95%

一审全部/部分支持
75.33%

图 2 - 3　法院关于彩礼返还案件的裁判结果

从图 2 - 4 可知，彩礼返还案件的审理时长通常较长，侧面反映出这类案件当事人之间的争议突出、矛盾激烈，需要法官花费更多的精力和时间加以解决。笔者又进一步对各个审理时长的案件作了考察，发现其亦与彩礼金额有一定的关联。比如，在 16 ~ 30 日审结的案件中，有 60. 33% 的彩礼金额为 10 万元 ~ 50 万元；在 31 ~ 90 日审结的案件中，这一比率为 58. 52%；在 91 天以上审结的案件中，这一比率则为 62. 96% 。这说明，随着彩礼金额的上升，当事人之间对彩礼的争夺越趋于激烈，相关案件的处理难度也越大，所需耗费的时间自然也越长。

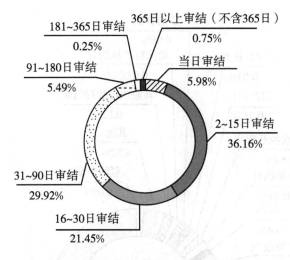

图2－4 法院关于彩礼返还案件的审理时长

笔者还选取了同一阶段不涉及彩礼返还问题的195件离婚财产纠纷案件，也作了上述数据分析。就裁判结果来说，虽然财产标的金额往往更高，但离婚财产纠纷案件中调解、驳回起诉、撤诉和二审维持以及再审维持等比率均不同程度地高于彩礼返还案件，说明这类案件处理起来反而要相对容易一些。就审理时间来说，离婚财产纠纷案件中30日以内审结的比率明显高于彩礼返还案件，其中当日审结、2～15日审结和16～30日审结的分别为11.83%、52.69%和24.36%，均高于彩礼返还案件。不难看出，彩礼返还案件牵扯了法官大量的时间、精力，其中既有当事人之间交织着爱恨情仇的情感和物质的双重对立，难以在短时间内有效化解，也有关于婚约和彩礼的法律规范阙如、司法解释对彩礼返还规则考虑的不周以及地方政策对彩礼定位的含混不清等因素的影响。这一现状，也凸显出对彩礼返还问题进行研究是必要且紧迫的。

第三章

彩礼返还的正当性

按照现代民法学理论，彩礼毫无疑问是赠与，那么它就应当遵循赠与的规则。根据通说观点，赠与是"终局地转移赠与物权利"，在我国法律的"无偿＋诺成＋任意撤销权"模式下，除赠与人行使任意撤销权外，赠与关系一经形成，受赠人即确定地取得赠与物的所有权。[1]但问题是，绝大多数情况下彩礼一经当事人商定便几乎在同时或者很短时间内就交付完成，即"能即时履行的不要式之赠与"[2]。比如在江西省很多地方，男女双方完成订婚后并"改口"（即双方均以"父母子女"相称）后，男方或男方家长便向女方或女方家长给予彩礼。金钱和动产自不待言，对于不动产或特殊动产性质的彩礼，还需做"加名"处理（即在相关登记册中加上女方的名字，或直接以女方名义办理登记）。按照赠与的规则，彩礼一经交付，赠与人的任意撤销权自告消灭。但这显然与彩礼运行的实际情况不符。那么，为什么已经交付的彩礼仍然可以被要求返还？主流观点以彩礼属于附解除条件的赠与作为解释，那为什么其他恋爱同居期间的赠与就不属于附解除条件的赠与呢？区分的依据

---

〔1〕 谢鸿飞、朱广新主编：《民法典评注：合同编典型合同与准合同》，中国法制出版社 2020 年版，第 323 页。

〔2〕 兰美海：《无偿性对赠与合同规则的影响》，人民法院出版社 2016 年版，第123 页。

是什么？而且，把彩礼作为附解除条件的赠与，并不能很好地解释那些离婚案件中的彩礼返还问题。这些都涉及彩礼返还的正当性问题，而正当性问题又是讨论彩礼返还问题的基础前提。但遗憾的是，现有研究鲜有对正当性问题进行分析，似乎彩礼返还是不证自明的道理。更有甚者认为，司法解释已经规定了彩礼返还的情形，故应着眼于对相关规定适用问题的分析，而不是深究如此规定的原因。对正当性问题的忽视，无疑进一步加剧了司法实务在彩礼返还案件处理上的刻板和僵化倾向。

实际上，赠与物返还绝非赠与的常态。比如，笔者通过关键词检索"赠与物返还"发现，不论是学术论文还是司法案例，对赠与物返还的讨论基本围绕着彩礼、夫妻间赠与、父母对子女的赠与等问题展开，而彩礼又是众人关注的焦点。这似乎印证了彩礼作为赠与仍是一个极为特别的存在，需要有特别的规则与之相匹配，但仅凭此仍不足以解释其为何能够返还。显然，彩礼可予返还并不是一个想当然的结论，需要以从法律以及其他学科分支中发掘其正当性之所在作为论证的基础。此外，学界和司法实务界持"彩礼不应返还"观点的人数仍蔚为可观，其中不乏以"保护女性权益""契约严守"等颇具感召力的论点作为支撑，导致问题本身变得越发云遮雾绕。鉴于此，对彩礼返还的正当性进行分析和阐述便是极为必要的了。

一、彩礼返还的法外证成

追根溯源可发现，彩礼返还的正当性并非从初始即由法律规范予以明确，而是源于包括政治、经济、文化、社会等学科领域的理论和实践支撑。换言之，彩礼返还的正当性具有法律之外多学科多领域的基础，这些基础、又在一定程度上影响了法学理论的发展和法律规范的制定，从而使彩礼返还逐步具备了法律上的正当性。

（一）彩礼返还的政治基础

从古至今，中国的社会治理模式一直体现为国家（政府）主导、自上而下的形态，近代以来，更是发展为一种高度集中的"政党组织社会"的中国特色社会治理模式。[1]政治基础是一切社会治理活动的先决条件。法院依法处理彩礼返还案件，实质上是对个人财产权利的再分配，是民事法律定分止争的过程，属于民事法律参与社会治理的重要一环。[2]讨论彩礼返还的政治基础，应当以婚姻的政治含义为起点。

在我国传统政治文化中，婚姻被分为外婚和内婚，前者服务于"结好外族"的外交政策，后者服务于"增殖人口、奠定国富民强基础"的内政。[3]任何稍具政治常识的统治者都无法忽视这一现实，即"婚姻为人类繁殖的渊源，人民是国家盛衰的关键"。如此一来，婚姻政策便成为中国民政史上最为重要的政策之一，而婚姻政策中最为突出的便是鼓励婚姻、禁止或惩戒不婚。比如，春秋时期首位成就霸业的齐桓公就"下令于民曰：丈夫二十而室，妇人十五而嫁"[4]。春秋末期，越王勾践施行的"十年生聚十年教训"政策中"女子十七不嫁，罪其父母；丈夫二十不娶，罪其父母"的教令可以说是中国惩戒不婚的"前锋"。汉朝时期，统治阶级则利用课税的方法制止不婚，如"令……女子年十五以上至三十不嫁，五算"[5]，"人出一算，算百二十钱"[6]，这可以看作"单身税"的起源。而魏晋时期，为了增加人口，政府对"导民婚配"政策的执行更加坚决，除对不婚女子"罪其父母"等措施外，还可强迫对其进行婚配，如有记载称泰始九年十月辛巳制"女年十七父母不嫁者，使长吏配之"[7]。唐宋以降，随着民风开化和观念进步，政府针对民间不婚现象的政策也有所放宽，开始由严厉惩戒禁婚转向鼓励和支持结婚，比如给予结婚者以经济上的便利，允许在凶荒之年等特殊情况下婚配"六礼不备"等。而这之中，以对彩礼的规制为主要手段：除了禁奢侈、崇节俭，还允许男方在特定情况下追回全部或部分彩礼，以使其不至于

〔1〕 叶敏：《政党组织社会：中国式社会治理创新之道》，载《探索》2018 年第 4 期，第 117—122 页。

〔2〕 黄文艺：《民法典与社会治理现代化》，载《法制与社会发展》2020 年第 5 期，第 22—25 页。

〔3〕 董家遵：《中国古代婚姻史研究》，广东人民出版社 1998 年版，第 224—234 页。

〔4〕 参见《韩非子》"外储说"右下篇。

〔5〕 参见《汉书·惠帝本纪》。

〔6〕 同上。

〔7〕 参见《晋书》卷三《武帝本纪》。

蒙受损失或背负过重的经济负担，从而影响其另行娶妻。比如，《唐律》规定，如果一女许二男，须"追归前夫"；若"前夫不娶"，则须"还聘财"（后夫婚如法）。如果"女家妄冒"，即女方家庭存在欺骗情形的，男方亦可"追财产，还男家"。《唐律》还对"恐吓违约强娶"和"违律为婚"情形下的彩礼返还作了规定，不仅"离之"，还可判处杖责或徒刑；若女方有过错，则要追回财物并归还男方家庭。宋律也大抵如此。元朝法令森严，针对"近年聘财无法，奢靡日增，至有倾赀破产不能成礼，甚则争讼不已"的流弊，政府制定了一系列等级分明的规定，包括彩礼返还的情形。比如，《大元通制·户婚》中规定，"诸男女既定婚，其女犯奸事觉，夫家欲弃，则追还聘财；不弃，则减半成婚"，允许男方以女方存在过错为由要求对方全部或部分返还彩礼。对于违例成婚的，如"复收财转嫁他人""僧道悖教娶妻"等，彩礼则由官府收缴并上交财政。[1]《大元通制·户婚》还规定，对于官员"有妻复娶妻妾者……解职记过，不追聘财"。清朝的户婚律令基本沿袭明朝，但其治下的"婚姻论财"之风已几近登峰造极，胜于以往历朝历代。民间婚姻以彩礼"丰俭为门户之荣辱"，导致各地民俗中"嗜利而轻骨肉""养女济贫""以女易地"等现象颇为普遍，引发了诸多社会问题，对国家、社会、家庭和传统礼制都造成了冲击和震荡。[2]为维护政权统治，清廷数次下令要求官员和百姓严格执行聘财和妆奁的等级，对于超出标准的彩礼，官府会强制予以返还，而收受彩礼的女方及其父母还可能为此而遭受责罚。

近代以来，随着法治观念和立法技术越发成熟，统治者对彩礼返还问题的立场也变得更加明确。民国时期的亲属法为兼顾民间习俗而保留了大量旧婚制，其中就包括婚约制度，但同时借鉴德日做法，对其进行了颇具现代意义的改革。该法明确规定，"婚约应由男女当事人自行订立"，故父母代为订立的婚约自属无效。即便子女承认其内容，因婚约为不许代理之法律行为，

---

〔1〕 陶毅、明欣：《中国婚姻家庭制度史》，东方出版社 1994 年版，第 235—236 页。
〔2〕 郭松义：《伦理与生活——清代的婚姻关系》，商务印书馆 2000 年版，第 120—127 页。

而不适用"无权代理行为得由本人一方承认"之规定。[1]此外,法律不再赋予婚约以强制执行的效力,也不再承认婚约与彩礼有直接的关系,实际上表明了统治当局对彩礼既不主动干预、也不鼓励和支持的中立态度。司法实务界亦普遍承认在婚约无效、被撤销或消解等情况下,当事人可以要求对方返还彩礼,并收回和作废庚帖。[2]而这些都是当时西方新兴资本主义国家的普遍做法。对比之下,中国共产党所领导的革命根据地曾一度采取了颇为激进的政策,即完全废止彩礼等所谓"旧制度、旧习俗"。如毛泽东在其《婚姻上的迷信问题》一文中指出,只有打破这些"旧制度、旧习俗",才能使婚姻自由的大潮涌现于中国大地。[3]在 1927 年 2 月,江西省第一次农民代表大会通过的《农村妇女问题草案》中,首次明确"取消聘金制"。[4]这一政策延续到中央苏区时期的《中华苏维埃共和国婚姻条例》中,但在 1934 年颁布的《中华苏维埃共和国婚姻法》作了调整,由之前的"废除聘金,聘礼及嫁妆"[5]改为"改聘金,聘礼及嫁妆"[6],一个"改"字,包含了极为深刻的观念转变。对于彩礼返还问题,各地政府也由之前的一律作为不法财产予以收缴,变为由女方自行保留,既不收缴也不向男方返还。这在当时是一种较为独特的做法。其背后,不仅有立法者对根据地的妇女社会地位普遍偏低、经济条件和劳动能力普遍较差的现实考量,以尽量照顾和帮助她们参与社会生产;还有对男子离婚加以限制的需要,以避免男子"随意抛弃,随意与人结婚",因为"这正是男子摧残女子的地方"。[7]中华人民共和国成立以后,上述政策得以沿用,但也根据司法实务的需要不断被调整。比如,《最高人民法院〈关于贯彻执行民事政策法律若干问题的意见〉的通知》([1984]法办字第 112 号)中指出,离婚案件中对结婚时间不长或确因给予彩礼导致生

---

〔1〕 陈棋炎、黄宗乐、郭振恭:《民法亲属新论》,三民书局股份有限公司 2013 年版,第 60 页。
〔2〕 周阿求:《民国时期婚约无效法律制度研究(1929—1949 年)——兼以沪赣两地司法档案为例证》,法律出版社 2020 年版,第 233—234 页。
〔3〕 中共中央文献研究室、中共湖南省委、《毛泽东早期文稿》编辑组编:《毛泽东早期文稿(1912.6—1920.11)》,湖南出版社 1990 年版,第 435—441 页。
〔4〕 人民出版社编:《第一次国内革命战争时期的农民运动资料》,人民出版社 1983 年版,第 576 页。
〔5〕 参见《中华苏维埃共和国婚姻条例》第 8 条。
〔6〕 同上。
〔7〕 张希坡:《中国婚姻立法史》,人民出版社 2004 年版,第 139 页。

活困难的，可以酌情返还。[1]这也是后来关于彩礼返还的司法解释的蓝本。

随着社会结构的深层次变化，在许多地区，特别是相对缺乏财富累积手段的农村地区，"婚姻支付"逐渐成为个人和家庭最主要的支出，[2]彩礼亦成为"群众意见最多、最集中、分歧最大"的问题。[3]2019年"中央一号文件"更是首次"点名"彩礼问题，指出一些农村地区流行的"天价彩礼"让许多年轻人望"婚"却步、使许多家庭因"婚"返贫，甚至引发恶性案件，造成了极为恶劣的社会影响。因此，要求各地尽快出台政策加以遏制。[4]同年10月，中央农村工作领导小组办公室联合11部委颁布《关于进一步推进移风易俗 建设文明乡风的指导意见》（中农发〔2019〕19号），明确要求把遏制"天价彩礼"作为乡村振兴的重要工作。此后，全国各级法院受理的婚约财产案件以及与彩礼返还密切相关的其他案件数量一改往年的逐年上升之势，开始出现明显的回落。2021年和2022年的"中央一号文件"均再次提及彩礼问题，把对"高价彩礼"的整治作为农村地区婚俗改革的重要内容。尽管"中央一号文件"是针对农业农村问题的政策性文件，但其发布的"时机特殊、意义重大"，所包含的重大原则和措施实际上是对各地方和各行各业的改革发展目标立下了"军令状"。此外，国家现阶段的人口政策也必然包含了对彩礼返还的支持。因为，若想要鼓励生育，则必须扭转当下结婚率低和婚姻推迟的现状，[5]而导致后者的主要原因之一便是结婚成本过高，其中彩礼占主要因素。从相关部门发布的文件亦可看出，抑制彩礼被视为促进

---

[1] 参见《最高人民法院〈关于贯彻执行民事政策法律若干问题的意见〉的通知》，载法律图书馆网，http://m. law - lib. com/law/law_view. asp? id = 2934&page = 3。

[2] 钟独安、陈雪飞：《婚姻支付再反思》，载《中国农业大学学报（社会科学版）》2008年第2期，第111—112页。

[3] 最高人民法院民事审判第一庭编：《最高人民法院婚姻法司法解释（二）的理解与适用》，人民法院出版社2004年版，第135页。

[4] 参见《中央一号文件首次点名"天价彩礼"释放什么信号》，载《人民日报（海外版）》2019年2月20日。

[5] 根据学者考证，对生育率的贡献主要来自"婚内生育"，而我国当前结婚率低和婚姻推迟的情况较为突出，构成了提升人口生育率、延缓社会老龄化的最大阻碍。参见李月、张许颖：《婚姻推迟、婚内生育率对中国生育水平的影响——基于对总和生育率分解的研究》，载《人口学刊》2021年第4期，第1—11页。

生育的关键措施。[1]而抑制彩礼的方法，除了不鼓励和不支持，便是更为积极地为彩礼的返还提供依据和渠道。在此背景下，司法机关亦对彩礼返还案件的处理方式进行调整。最直接的表现便是，法院开始更多地援引相关法律规定中"禁止借婚姻索取财物"判决全部或部分返还彩礼，[2]以表明对这类"不良风俗"不鼓励、不支持的立场。

以上所述均说明，彩礼返还具有深刻的政治基础，由古及今，概莫能外。使彩礼得以返还，有助于实现社会的公平正义和长治久安，在某种意义上是维护国家政权统治的必然要求。当然，过于强调"政治正确"，可能导致忽略那些具有合理性的内容而出现矫枉过正的做法。因此，我们应始终坚持以客观、理性的态度审视彩礼，并寻找科学、合理的方法解决彩礼返还问题。

（二）彩礼返还的经济基础

经济学是一门学科，也是一种分析方法和思维方式，被誉为"天下之公器"。综观各界关于彩礼及彩礼返还问题的分析和论述，以经济学领域居多。与其他学科不同的是，经济学家多关注对个人"动机结构"的理论分析，以解析婚姻的缔结、家庭的组建和家庭的解体等的内在动力。[3]此外，经济学分析还强调将法律对人们行为的影响进行量化分析，以寻求其中的因果关系。这通常需要运用统计学的方法，以及充分的数据作为支撑，由此得出的结论往往具有较强的证明力和说服力。更为重要的是，经济学分析能够较好地解释包括彩礼在内的诸多自发性秩序存在的事实，从而避免"法律中心主义"理论的困境。[4]这为我们分析彩礼返还问题提供了不同的视角，对于彩礼返

---

[1] 比如，《国家卫生健康委关于贯彻落实〈中共中央、国务院关于优化生育政策促进人口长期均衡发展的决定〉的通知》指出，结婚难将进一步导致生育难，这不利于我国人口政策的实现，因此有必要对"天价彩礼"在内的婚姻陋习禁止整治。参见《国家卫生健康委关于贯彻落实〈中共中央、国务院关于优化生育政策促进人口长期均衡发展的决定〉的通知》，载中国政府网，http://www.gov.cn/zhengce/zhengceku/2021-07/30/content_5628356.htm。

[2] 这一比率在2018年为24.89%，在2019年为26.46%，在2020年为28.47%，在2021年则高达38.81%。该组数据检索于威科先行法律数据库。

[3] Antony W Dnes, et al., *The Law and Economics of Marriage and Divorce*, London, Cambridge University Press, 2002, pp. 2-3.

[4] 王彬：《信号传递、彩礼习惯与法律边界——一个法律经济学的分析》，载《政治与法律》2013年第9期，第77页。

还矛盾纠纷的化解具有重要意义。需要指出的是，经济学者们习惯使用颇具经济学色彩的概念指代彩礼，如"婚姻支付""婚约礼物""婚姻形成的交易"等。为求统一，本书均以彩礼进行论述。

经济学家们对彩礼返还正当性问题的分析，是建立在彩礼自身具有正当性的基础之上。这是非常有必要的。尽管彩礼普遍存在于中国社会，但在相当长的一段时间内，它确确实实地受到了来自政治、法律、文化和道德等多方面、全方位的"大批判"。[1]而在改革开放数十年之后的今天，这种"大批判"又有卷土重来之势，且来势汹汹。然而，仔细分析便不难发现，这些看似义正词严的批判背后，却包含着许多不周延和不理性之处，其结论往往是反经济理性的。在经济学家看来，婚姻是一种有效信号（efficiency signaling）。其有效性在于，婚姻常常需要付出巨大的成本。[2]如果婚姻信号无法传递，就无法解决是否结婚、与谁结婚以及如何分配"婚姻盈余"的问题。于是，彩礼成为传递婚姻信号的一种方式，发挥着"形成婚恋博弈的分离均衡"的作用，使更加倾向"合作"的男女双方建立起长久关系，从而实现"婚姻盈余"。[3]彩礼金额的波动则反映了婚姻市场中存在着竞争，而这种竞争有利于女方甄别出哪些是期待建立永久性、排他性亲密关系的"好人"，哪些是不愿意保持忠实、随时可能从这段关系中抽身的"坏人"。"坏人"的最大特征在于他们不愿意支付高额的彩礼，因为这将大幅提升其寻欢作乐的成本。[4]此外，彩礼还具有利益平衡和婚约保险之功能。这是因为彩礼在事实上构成了对男女双方，尤其是对男方的约束，通过提高其悔婚成本，从而在一定程度上填补了女方在生理和物质方面的弱势。[5]而且，根据经济学家的考证，彩礼虽然不能确保婚姻永远维系，但可以通过

---

[1] 汪玢玲：《中国婚姻史》，武汉大学出版社 2013 年版，第 370—376 页。

[2] Antony W Dnes, et al., *The Law and Economics of Marriage and Divorce*, London, Cambridge University Press, 2002, p.136.

[3] ［美］埃里克·A. 波斯纳：《法律与社会规范》，沈明译，中国政法大学出版社 2004 年版，第 105—110 页。

[4] 同上，第 108 页。

[5] 王彬：《信号传递、彩礼习惯与法律边界——一个法律经济学的分析》，载《政治与法律》2013 年第 9 期，第 80—81 页。

转化为对夫妻小家庭的资助，在结婚后对避免婚姻家庭的破裂起到一定的积极作用。[1]从最宽泛的意义上讲，彩礼可以被视为一种社会认可的弥补资源匮乏和扩充家庭可用资源的手段。[2]由此可见，从经济学意义上看，彩礼非但不是什么洪水猛兽，反而具有一定的正向意义。特别是在婚约的语境下，彩礼是"个人应当有权选择接受承诺义务的约束"的产物，它既可以促使双方信守约定，又能够在一方失约时作为惩罚或补偿，符合经济学上"富有效率的机制"的定义。

那么，既然彩礼具有正当性，为什么又应当允许其返还呢？对此，经济学家给出的答案是多角度的，但基本观点是一致的，即建立在"理性人"行为模式理论的基础上。该理论的主要假设包括：第一，人们总是根据自身利益的需要而采取某种行为；第二，为了追求自我利益，人们的行为是理性的（或者说，出于理性，人们希望促使自身的利益达到最大化）；第三，人们有获取完整信息的能力；第四，人们和社会资源具有流动性；第五，市场始终保持着竞争性，人们可以自由进出；第六，当前的社会财富和社会资源的分配方式是既定的。[3]这意味着，正常情况下彩礼是以男女双方的充分协商、计算和衡量为基本前提的，而那些在胁迫、被欺骗等情况下达成的彩礼是不符合上述"理性人"行为模式理论的，故不在讨论范围之列。这也充分说明，彩礼并不是一个简单的礼物（即赠与），因为礼物无须上述前提，且送出礼物者也不一定是"理性人"。既然是"理性人"作出的行为，其必然要以自身利益为出发点，考虑行事的成本和风险。这是一种纯粹的利己考量，与结婚后夫妻之间的"利他主义"不同，后者不仅是促进婚姻家庭的自发表现，还是婚姻家庭法的强制性要求。[4]

一方面，从给予彩礼的男方的立场来看。他在协商过程中只会考虑如何

〔1〕 翟明安：《跨文化视野中的聘礼——关于中国少数民族婚姻聘礼的比较研究》，载《民族研究》2003年第6期，第49页。
〔2〕 [德]罗梅君：《19世纪末以及今日中国乡村的婚姻与家庭经济》，王文兵译，载张国刚主编：《家庭史研究的新视野》，生活·读书·新知三联书店2004年版，第354页。
〔3〕 [美]罗宾·保罗·麦乐怡：《法与经济学》，孙潮译，浙江人民出版社1999年版，第46—47页。
〔4〕 赵玉：《婚姻家庭法中的利他主义》，载《社会科学战线》2018年第10期，第204页。

使自身的利益最大化或使自身的投入和产出达到最优配置，而不是为对方所着想。试想一下，在头脑清醒且足够理智的情况下，他会给自己做一个极有可能无法收回"成本"的决定吗？这几乎是不可能的。如前所述，婚姻需要成本。如果把婚姻比作一项"投资"，那么除非是"回报"得到对方确切的承诺，否则没有人会进行这样的投资。[1]换言之，一切"理性人"所作出的彩礼，都包含了其能够在特定情况下要求返还的含义。或者说，他有充分的理由相信自己能够与对方结婚，否则便不会向对方给予彩礼。再进一步讲，当双方订立婚约后，如果事实证明女方的实际情况与男方所给予彩礼的价值存在一定差距，那么，至少这部分不能发挥效用的彩礼应当允许返还，否则就会导致"不均衡"[2]的结果，从而引发纠纷和矛盾。而且，绝大多数彩礼并非来源于男方个人，还包括男方的父母（或其他尊亲属），甚至后者是主要来源。从某种意义上说，彩礼构成了对亲代的剥削和透支。[3]这本是代际伦理为男方父母所设定的责任，并无法律上的依据，甚至在道德上的拘束力也逐渐式微。当父母"出于一片赤诚之心"竭力完成这一责任却无法得到预期的结果时，应当允许他们取回相应的财产，否则将造成严重的代际伦理失衡，进而引发伦理秩序的崩溃。[4]

另一方面，从收受彩礼的女方的立场来看。如前所述，经济学视角下的彩礼是传递婚姻信号的方式，其本身亦是包含价值的。在理想状态下，作为信号传递的彩礼的价值取决于双方获取信息的能力和传递信息的数量，应当是一种"成本价"。比如，传递书信、聚会宴请、雇请媒人等活动的费用支出。这类似于"六礼"中的"纳采"。但实际情况却是，男方所给予彩礼的实际价值远超传递信号的成本，因为他把相当一部分应用于婚后小家庭的经

---

[1] Elisabeth M Landes, *Economics of Alimony*, Journal of Legal Studies, Vol. 7, Issue 1, 1978, p. 50.
[2] 在经济学家看来，"一头独大"的状况是不可能长期持续的，不同的事物之间会通过互相的作用最终达致"均衡"状态。参见［美］罗伯特·考特、［美］托马斯·乌伦：《法和经济学》，史晋川、董雪兵译，格致出版社2012年版，第13—14页。
[3] 王建福：《变色的嫁衣：作为代际剥削手段的彩礼——转型期农村彩礼习俗的性质嬗变研究》，载《湖北民族学院学报（哲学社会科学版）》2014年第2期，第28—29页。
[4] 朱静辉：《当代中国家庭代际伦理危机与价值重建》，载《中州学刊》2013年第12期，第107—108页。

营（这是彩礼给予结构转变的必然结果，详见后文），便导致彩礼的"溢价"。对于女方来说，这笔"溢价"将成为支持她开展婚后生活、生育子女和照顾家庭的部分物质基础。在双方最终未能结婚的情况下，他们勾勒的婚后生活化为泡影，女方自然再无理由占有这些"溢价"，而应当归还给男方。在"理性人"的逻辑下，女方返还彩礼似乎有违为自己利益和追求利益最大化的假设，但这其实是避免更大损害的最有效办法。前文已述及，彩礼返还纠纷的当事人多诉诸司法程序寻求救济，这对个人而言需耗费大量的时间、精力和物质金钱，对国家社会而言则是宝贵的司法资源被消耗。可见，为彩礼返还设置障碍并不符合效率要求，也无益于社会福利的整体提升。

也有观点认为，在性别比例失衡加剧的背景下，女性日益成为婚姻市场的"稀缺资源"，若从经济学角度分析，高额彩礼是具有合理性和必然性的。但婚姻毕竟不是市场交易。尽管经济学家们乐于把婚姻与合伙等市场关系作类比，认为它们具有"经济上的相似性"，但他们也不得不承认，"婚姻关系并不是一种自由市场原则的纯粹例子"。[1]彩礼的出现及其价值上的波动，必然有来自"市场"的影响，但这并非全部，这就好比财产关系之于婚姻很重要，却也不是婚姻的全部。经济学家强调结婚人同样是"理性人"，但这并不是否定婚姻需要爱情。他们认为以婚姻作为利益交换的行为"无可厚非"，却依然鼓励以爱情为基础的婚姻，因为"含有爱情的婚姻比其他婚姻会更具效率，能够产生更多的东西"[2]，"更能够实现丈夫和妻子的共同收益的最大化"[3]。综上所述，彩礼返还是具有经济学上的有力支撑的。

（三）彩礼返还的文化基础

彩礼发端于我国传统婚姻制度中的"六礼"，具有深厚的文化基础。在古代社会，婚姻的缔结遵循"六礼"，即"聘定重诺，嫁（娶）后从一"。其中，"纳采"作为订婚的正式启动程序，女方一经收纳，算作正式允婚，

---

〔1〕　[美]理查德·A.波斯纳：《法律的经济分析（上）》，蒋兆康译，中国大百科全书出版社1997年版，第186页。

〔2〕　[美]加里·斯坦利·贝克尔：《家庭论》，王献生、王宇译，商务印书馆2005年版，第148页。

〔3〕　Antony W. Dnes, et al., *The Law and Economics of Marriage and Divorce*, London, Cambridge University Press, 2002, p. 160.

男女双方都应遵守承诺,不得随意悔退。对于时有发生的"争婚一女"情况,多以"先聘为定"为原则,即以先下聘者为合法未婚夫。故"纳采"又有"委禽"[1]之说。而在"纳征"完成之后,婚姻关系便告"最后订立",不仅双方不得反悔,而且女子须"戴缨",以表示已有所系。[2]换言之,彩礼给予有着明确的目的性和功能性,一旦目的落空或功能无法实现,就无须再给予彩礼,已经给予的也应当返还。同时,订婚是缔结婚姻的法定程序,正所谓"为婚之法,理有契约"[3],婚约则具有法律拘束力,违反婚约者需要承担法律责任。订婚程序一经完成、彩礼一经交付,男女双方即互负守贞、亲隐等义务和责任,实际上婚姻关系已经确定,仅需按程序举行婚礼即可。换言之,在古代社会,婚姻关系自婚约订立之日便宣告成立。男女双方一旦许婚,纵无夫妻之实,也已具有夫妻之名分,除非解除婚约,否则不得另娶另嫁。[4]即所谓"币必诚"[5],"非受币不交不亲"[6]和"无币不相见"[7]。从这个意义上来说,古时历朝历代的法律普遍不准许返还彩礼是合乎情理的,因为当事人给予彩礼的目的已经实现。不难看出,我国传统文化所定义的婚姻,既非发于"情",也非生于"爱",而是作"宜"解的"义",即"成婚以结夫妇之义"。一方面,这符合古代社会需求的基本性质,即排除个人好恶与情感,以满足统治者的统治需要;另一方面,所谓"夫妇之义"只是"纲纪"之起点,婚姻家庭关系亦只是社会等级秩序的基础。[8]

但进入现代社会,情况就大不相同了。首先,随着人类文明的发展和社会的进步,以及妇女社会地位的不断提高和女性权益保护运动的勃兴,婚约在婚姻家庭法上的意义大大弱化。婚姻家庭法提倡婚姻自由和男女平等,这些观念早已深入人心,是否结婚、何时结婚以及与谁结婚等问题均由个人自

---

[1] 参见《左传·昭公元年》。
[2] 陶毅、明欣:《中国婚姻家庭制度史》,东方出版社1994年版,第216页。
[3] 参见《唐律疏议·户婚》。
[4] 韩晓燕:《礼与情的纠葛——明清时期士人关于贞女现象的论争》,载《齐鲁学刊》2015年第6期,第24页。
[5] 参见《礼记·郊特牲》。
[6] 参见《礼记·曲礼》。
[7] 参见《礼记·坊记》。
[8] 陶毅、明欣:《中国婚姻家庭制度史》,东方出版社1994年版,第172页。

主决定，而不是遵循"父母之命、媒妁之言"。结婚应当依法办理结婚登记，而不必再经过"六礼"等繁文缛节，订婚和婚约亦被排除在结婚的法定程序之外。但现实生活中，婚约却依旧被普遍践行，并成为彩礼收受的依据。一方面是观念的改变，另一方面是形式的延续，这便决定了现代婚约和彩礼与古代的截然不同。婚约仍然是以缔结婚姻为目的而订立，彩礼也是在这一前提下给予，但婚约的订立并不能保证目的的实现，因为婚约可以自由解除，其既不产生身份法效力，也不被强制履行，那么婚约目的落空的结果必然是彩礼返还。[1] 以一个不具有法律拘束力的约定作为一笔价值不菲的财产转移的基础，是否存在信任风险和危机呢？比如，收受彩礼的女方既不答应结婚，也拒不向男方返还彩礼。事实证明，这种情况并没有大范围地出现，甚至可以说是极少出现（与庞大的订婚、结婚人数相比），这恰恰说明了"婚约不被履行，则彩礼须返还"是被普遍遵守的秩序规则。借用我国台湾地区学者王泰升教授之语，如今的婚约和彩礼处于"法规范断裂而法秩序延续"的境况。[2] 而保证婚约和彩礼"法秩序延续"的根本便是传统文化的基础。当然，这一状况并不利于是非判断标准的确立，容易使婚约和彩礼陷入无序和混乱的状态。因为这种依靠文化传统的惯性作用支撑的秩序规则虽然渗透性极强，但也极为脆弱，若法律长期缺位，则容易积蓄大量的矛盾，甚至引发系统性的信用危机。而且，即便是纯粹的法外空间也会出现纠纷，同样需要法律的适时介入，否则会损害个人私益和社会公益。最典型的例子便是前文提及的情谊行为，若造成损害，同样会产生责任承担的问题，而且《民法典》亦为法院裁判提供了处理规则。[3]

在中国的传统文化中，"贞"是一个极为重要的概念，被视作民族大义的底线和原则。[4] 在统治者看来，树立"贞"之观念，不仅是惩恶扬善之作，还有教训百姓、挽回颓风之用，攸系安邦治国之根基。明太祖朱元璋曾

〔1〕 戴炎辉、戴东雄、戴瑀如：《亲属法》，台湾顺清文化事业有限公司 2009 年版，第 64 页。
〔2〕 王泰升：《台湾法律史概论》，元照出版有限公司 2004 年版，第 128 页。
〔3〕 参见《民法典》第 1217 条。该条针对情谊行为之典型——好意搭乘。
〔4〕 游鉴明、胡缨、季家珍主编：《重读中国女性生命故事》，江苏人民出版社 2012 年版，第 4 页。

言："夫妇之道贞，天下可得而治矣。"[1]正所谓"积家而成国，家恒男女半。女顺父母，妇敬男姑，妻助夫，母长子女，姊妹娣姒，各尽其分。人如是，家和；家如是，国治。"[2]自宋儒首倡"饿死事小，失节事大"以来，传统文化对个人，特别是对女性"守贞"的要求便越来越严格和突出。[3]比如宋代大儒程颐就说过："凡取以配身也，若取失节者以配身，是己失节也。"[4]女性"守贞"的最主要目的是得到一个好的婚姻（百姓称之为"归宿"），若其不贞，则"家人对坐愁叹，引为大辱"[5]，这样的婚姻或不能长久，或成为空壳，带给婚姻当事人，特别是女方个人以无穷无尽的痛苦。一方面，在婚嫁场合，彩礼成为衡量和褒奖女性贞洁的标尺，比如初婚彩礼高于再婚彩礼（包括丧偶和非丧偶情况）、处女彩礼高于非处女彩礼、妻之彩礼高于妾之彩礼等。[6]对男方来说，给予彩礼意味着"取其随时而南北，不失其节，明不夺女子之时也；又是随阳之鸟，妻从夫之义也；又取飞成行，止成列也，明嫁娶之礼，长幼之序，不相逾越也"[7]，可谓好处多多。另一方面，彩礼却成为束缚、压迫和摧残女性的工具，很多情况下女子一经订婚，便需要向未婚夫守节，未婚夫逝世的，女子不仅需要到夫家"上门守节"，甚至还可能被要求"未嫁殉夫"。[8]虽然近现代的中国社会早已摒弃了这些封建糟粕思想，但民间把彩礼作为女方德行和品质的反映的观念依旧浓厚。这并不难理解，因为几乎没有人愿意与一个社会评价不佳或不被他人喜欢和肯定的人结婚，对男方是如此，对女方也一样，尤其是在"面子文化"仍颇有市场的中国。[9]比如，江西省多数地区仍有"好的女子，值得一份厚重的

〔1〕 参见《宋文献公全集》卷十三《节妇唐氏旌门铭有序》。
〔2〕 参见《清史稿·列女传序》。
〔3〕 李忠芳：《两性法律的源与流》，群众出版社 2002 年版，第 27—28 页。
〔4〕 参见《程氏遗书》卷二十二。
〔5〕 徐珂：《清稗类钞·婚姻类·粤中婚嫁》，中华书局 1984 年版，第 2001 页。
〔6〕 王跃生：《十八世纪中国婚姻家庭研究》，法律出版社 2000 年版，第 153—175 页。
〔7〕 参见《白虎通义·嫁娶编》。
〔8〕 董家遵：《中国古代婚姻史研究》，广东人民出版社 1995 年版，第 345—351 页。
〔9〕 靳小怡、段朱清：《天价彩礼源何来：城镇化下的中国农村男性婚姻成本研究》，载《妇女研究论丛》2019 年第 6 期，第 20 页。杨文笔、杨宇宙：《礼俗的社会性表达——宁夏西海固回族"高价聘礼"现象的人类学观察》，载《青海民族研究》2017 年第 3 期，第 96—101 页。

彩礼""彩礼要得越多，越值得夫家珍重"等流传甚广的俗语。人们不仅这样说，也这样做。调查数据表明，初婚女性的彩礼普遍较高，再婚和结婚次数较多的女性的彩礼较少，甚至可能要向男方家"倒贴"。此外，流动经历较少、具有城镇户籍、受过一定教育以及拥有稳定职业的女性的彩礼也一般更高，因为这些女性可能更符合传统观念中的"大家闺秀"形象。[1]这一情况在世界上其他民族和地区也普遍存在。比如，西北加拿大人看重男方对女方的结婚聘礼，因为这表现了男方对女方的"看重"，拥有聘礼的婚姻不仅会更长久，而且也可以避免他们的子女被当作私生子对待。[2]当然，这并不是赞同男方可因女方"不贞"而要求对方返还彩礼，但若因双方的婚姻无法达到预期而面临解体时，允许男方请求对方返还彩礼，自当是合乎情理的。

以革命根据地时期婚姻家庭立法为代表的中国共产党早期领导的婚姻制度改革，对改造旧婚姻家庭制度、建设新型婚姻家庭关系作出了卓有成效的贡献，但在废除彩礼等旧婚俗方面却没有取得较好的效果。究其根源，在于立法者忽略了彩礼所具有的深厚的传统文化基础和现实功能，将其与主婚、媒妁、媵妾和男尊女卑、良贱有别等封建婚姻制度一并视为革命专政的对象，把彩礼从至高无上的"礼"之宝座上，极骤地拽入"剥削"之至暗之陬中。然而，这种极富意识形态色彩的观念在今天仍影响着立法者和政策制定者，其典型表现便是把彩礼与不正常的"天价彩礼""高价彩礼"等混为一谈，一概加以反对。

与官方的否定态度不同，我国的传统文化几乎从未把彩礼作为野蛮或可耻的东西看待。除了上述对婚约的遵守和对女性的看重等传统因素，还有性别比例失衡、城乡人口流动加速和城镇化发展不均衡等现代问题的影响。如

---

〔1〕 许琪：《"凤凰男"的婚姻市场地位研究——家庭背景、教育和性别对婚配分层的影响》，载《华中科技大学学报（社会科学版）》2022年第1期，第26页。段朱清、靳小怡：《中国城乡人口的婚姻匹配及其对初婚年龄的影响研究》，载《人口学刊》2020年第6期，第58—71页。王樱洁、潘彦霖：《婚姻成本：中国青年初显成人期的出现之因》，载《中国青年研究》2018年第11期，第22—27页。
〔2〕 在当地的传统文化中，如果一个男子愿意"花钱"娶妻，说明男子看得上这个女子，也说明这个女子是勤劳贤惠的。参见［美］罗伯特·路威：《文明与野蛮》，吕叔湘译，生活·读书·新知三联书店2015年版，第136—138页。

前所述，在当前这个女性资源极为紧缺的环境中，男性在婚配市场的弱势地位非常明显，其成婚难度大、失婚风险高，已然是客观现实。[1] 而在"崇嫁娶之要"的传统观念影响（或传统文化的强大"社会暗示"）之下，以及在繁衍子孙、成家立业等自然本能的驱使下，结婚仍然是多数人"不得不为、不可不为"之事。在此背景下，彩礼得以顽强存在乃至节节攀升也就不足为奇了，而由彩礼返还所引发的矛盾纠纷自然也在所难免。

（四）彩礼返还的社会基础

社会学对彩礼问题的分析主要是以"互惠理论"[2] 为进路的。在经历了广泛深入和旷日持久的田野调查之后，社会学家们基本否定了当代中国社会中的彩礼是对那些落后的封建婚姻习俗的复兴的观点，相反，他们认为彩礼是人们对社会变迁作出的现实回应。[3] 他们认为，"给予—回报"的"互惠"原则"是人类公平感的基础，是所有法律的社会心理基础"[4]，而彩礼则是这种"互惠"的具体表现形式之一。在图恩瓦（Thurnwald）教授看来，所谓"互惠"，就是"法律的天平，诸如报复、血仇或反惩，或如惩罚"，在经济领域是"礼物之回报，或如适当的偿付"，对人与人的关系而言则"如社群间的交换女儿，群体间的婚姻规则，如'买新娘'"，以及其他具有依赖关系保护和为获得保护所缴税服役等。如果任何一方存在"滥用"，"便构成对互惠的损害"。[5] 在"互惠理论"的理解下，彩礼具有建立和维系人际关系

---

〔1〕 王向阳：《婚备竞赛：共识、策略与行动——理解华北农村婚恋压力的一个中观机制》，载《华东理工大学学报（社会科学版）》2017 年第 5 期，第 20—28 页。

〔2〕 此外，也有学者以偿付理论和资助理论对彩礼进行分析，但偿付理论多适用于封建宗法制下的彩礼情形，资助理论则对经济落后地区的彩礼情形具有一定的解释力，均存在各自的局限性。对比之下，互惠理论强调男女双方和各自的家庭处于平等地位，彩礼的给予遵循互惠原则和平等交往的原则，彩礼最终流向新婚夫妇的小家庭中，因此更适用于现代社会中的彩礼情形。

〔3〕 Siu Helen F, *Reconstituting Dowry and Brideprice in South China*. in David Deborah and Stevan Harrell, eds. , Chinese Families in the Post－Mao Era, Berkeley. University of California Press, 1993, p. 165-18.

〔4〕 "互惠"概念为德国社会学家、人类学家和法学家图恩瓦教授首创。相关内容参见林端：《儒家伦理与法律文化——社会学观察的探索》，台北巨流图书股份有限公司 1994 年版。书中原译为"相互性"。

〔5〕 林端：《儒家伦理与法律文化——社会学观察的探索》，台北巨流图书股份有限公司 1994 年版，第 62 页。

纽带、扩大关系网、实现再生产和再分配、维护和促进社会稳定等功能，具有积极意义。[1]

社会学中的彩礼是"礼物"的一种。礼物，是人类活动中最初的"互惠"形态，也是"互惠理论"研究的发端。"互惠"最典型的表现形式便是"礼物的流动"[2]，因此"互惠关系"也被称为"礼物关系"。从表面上看，"礼物"似乎是一种不求回报的馈赠，但其背后却包含了以交换为理论基础、带有自身文化特色的社会运作机制。[3]送出礼物者并非完全出于无私奉献，而是怀着自利意识和物质利益的考量，期待通过礼物建立起双方的"恩义和回报"纽带，而接受礼物者对此亦是知之甚明。[4]其中，"恩义"的本质含义就是"为他人做事并使他人因此而长久地感激并回报他"[5]。可以这么认为，接受礼物的行为就是一个约定，一个人接受了礼物以后，就有义务对此作出回报，而对方亦相信他在日后将以另一种形式作出回报。[6]对此，法国社会学家莫斯教授直言，"送礼总是等着回报"，"这是储蓄、是委托、是信用"[7]。这完全适用于中国的社会关系。而且，中国人讲究的"面子文化"也在无形中强化了礼物的"恩义和回报"含义，使之具有强烈的舆论合法性。在中国，"面子"不仅是一种文化心理现象，更被视为一种有效的资源，其实际运作甚至对国家和社会的发展方向都产生了不可忽视的影响。这种影响在其他国家和民族的文化中极为罕见，故将"面子文化"称为中国的"文化精义"也不为过。[8]在这样的语境下，回报便成为"互惠关系"中的根本

〔1〕 杨丽云：《人类学互惠理论谱系研究》，载《广西民族研究》2003 年第 4 期，第 41—44 页。

〔2〕 ［美］阎云翔：《礼物的流动：一个中国村庄中互惠原则与社会网络》，李放春、刘瑜译，上海人民出版社 2000 年版，第 205—207 页。

〔3〕 Hu Hsien Chin, *The Chinese Concepts of "Face"*, American Anthropology, Vol. 46. No. 1, 1944, pp. 45-64.

〔4〕 ［美］杨美惠：《礼物、关系学与国家：中国人际关系与主体性建构》，赵旭东、孙珉译，江苏人民出版社 2009 年版，第 126—131 页。

〔5〕 翟学伟：《人情、面子与权力的再生产》，北京大学出版社 2008 年版，第 168 页。

〔6〕 ［美］杨美惠：《礼物、关系学与国家：中国人际关系与主体性建构》，赵旭东、孙珉译，江苏人民出版社 2009 年版，第 128 页。

〔7〕 ［法］马塞尔·莫斯：《礼物——古式社会中交换的形式与理由》，汲喆译，商务印书馆 2016 年版，第 31 页。

〔8〕 翟学伟：《人情、面子与权力的再生产》，北京大学出版社 2008 年版，第 139—140 页。

方面，或者说，回报能否实现，决定了"互惠关系"能否成立。[1]

在彩礼场合，"回报"的意味就更为明显了。无论是过去还是现在，新的家庭单位接受来自男女双方家庭的礼物，从而对新的家庭的形成和建立有所帮助，这是极为普遍的现象。[2]其中，承担婚姻准备阶段的大额支出通常被视为男方父母的责任。男方父母与女方及女方父母之间，既非（或尚未形成）情感性的关系，也不是工具性的关系，而是一种混合性的关系[3]。双方既相互认识且有一定程度的情感关系，但其情感关系又不如亲属、密友、朋侪团体那般深厚和真诚。这种关系大多不是以血缘关系为基础，因此无法像情感关系那样绵延和长久，而必须借助双方之间持续的"礼尚往来"加以维系。[4]混合性关系的特点在于，交往的双方不仅预期他们将来可能再次，甚至多次地进行交往，而且还会预期周遭的人能够知悉和了解他们交往的情形，并根据社会规范的标准加以评判。[5]对男方父母来说，他们给予彩礼一方面是为了促进儿子的婚姻，使对方家庭的女儿能够顺利成为自己的儿媳妇，同时也希望日后她能够生育孙子女，对方的父母也能帮助儿子建立和经营小家庭（这一点从女方父母还须向女儿作出妆奁的习俗中可窥知）等；另一方面，他们也希望借彩礼这一约定俗成的规则将双方的关系昭示于外部，从而使对方受到"舆论的监督"，增加其破弃婚约的难度。这便是他们付出彩礼所欲得到的"回报"。对此，女方及其父母当然也是认可的，他们收受彩礼的行为足以表明他们接受了这一"恩义和回报"的互惠模式。倘若婚约不能被履行，男方父母所求的"回报"必然无法实现，他们与对方之间的混合性关系也宣告破裂，"互惠关系"得以延续的基础亦不复存在。因此，女方再无理

[1] 翟学伟：《人情、面子与权力的再生产》，北京大学出版社2008年版，第168页。杨联陞：《中国文化中"报"、"保"、"包"之意义》，贵州人民出版社2009年版，第87页。
[2] 钟独安、陈雪飞：《婚姻支付再反思》，载《中国农业大学学报（社会科学版）》2008年第2期，第116页。
[3] 关于情感性的关系、工具性的关系和混合性的关系，参见黄光国、胡先缙：《人情与面子：中国人的权力游戏》，中国人民大学出版社2010年版，第7—17页。
[4] 黄光国、胡先缙：《人情与面子：中国人的权力游戏》，中国人民大学出版社2010年版，第11—12页。
[5] 同上，第12页。

由占有彩礼，否则就构成了对男方的"欠"[1]，将受到道德舆论的谴责。

上述分析是针对婚姻习俗影响较多、当事人婚嫁观念较为传统且身处"熟人社会"的彩礼情形，能否适用于婚姻习俗影响较小、经济相对发达、个人独立性较高和人口流动较大的环境下的彩礼情形呢？与前者相比，后者在形式、内容、支付结构等各方面都有明显的不同，特别是给付结构上，男方以自有财产给付或与父母共同给付的情形居多，而且不再向女方父母给付，而是直接向女方给付，或者仍向女方父母给付，但女方父母又交还给他们的女儿。[2]这种彩礼情形随着改革开放后国民经济的恢复和不断发展而逐渐普及，因此又被称为新式的彩礼。不难看出，这种彩礼的目的更为简单和明确，即资助即将建成的小家庭。此时，男方不再是纯粹的礼物给予者，他同样可以从彩礼给予中受益；女方也不再是纯粹的受赠人，因为这些彩礼并不能成为她的个人财产，她和她的父母甚至可能会因此而付出更多（同样日益高涨的嫁妆或陪嫁便是力证）。阎云翔教授亦指出，女方"索要高额彩礼的真正目的在于为将来的小家庭积聚更多的财富"，她们对"未来小家庭的计划"相较于过去已大大提前，对彩礼的要求也开始向贵重的生产资料扩张。[3]在此背景下，高额的彩礼便具有了更强的合理性和正当性，因为其价值高低完全是根据个人需要而定，无须参照他人标准，而且也更不容易受舆论压力的影响。[4]然而，尽管存在诸多变化，彩礼作为礼物的"恩义和回报"含义依然明显。男方父母的彩礼给予自不待言，男方自己作出的彩礼给予，亦包含了对女方以结婚和婚后共同生活作为回报的期待。而且，基于婚姻自主性的提升和男性在婚姻市场的劣势进一步加剧的客观现实，这种对"回报"的期待甚至比他的父母还要更加强烈。换言之，彩礼依旧是基于互惠关系而作出的交换，除了前述形式、内容和支付结构上的变化，还表现出了前所未有的

---

〔1〕 文崇一：《历史社会学：从历史中寻找模式》，三民书局股份有限公司 1995 年版，第 219 页。

〔2〕 施磊磊：《彩礼支付结构转变与彩礼的攀升逻辑》，载《当代青年研究》2020 年第 3 期，第 63 页。

〔3〕 ［美］阎云翔：《私人生活的变革：一个中国村庄里的爱情、家庭与亲密关系》，龚小夏译，上海人民出版社 2017 年版，第 179—180 页。

〔4〕 施磊磊：《彩礼支付结构转变与彩礼的攀升逻辑》，载《当代青年研究》2020 年第 3 期，第 63 页。

策略性。比如，男方在给予彩礼时，开始更多地考虑如何确保这笔财产能够最大限度地进入婚后生活，而避免在婚前的消耗。这样做的好处在于，能够尽可能地避免彩礼转化为对方的婚前个人财产，从而确保其在最坏的情况下仍能取回一部分彩礼。这从侧面反映出现阶段的彩礼在"流动"上的可逆性极大增强了，也就是说，彩礼返还的可能性大幅提升了。

在中国，不论个人主义如何盛行、婚姻自由如何普及，把婚姻看作超个人、超家庭的事依然是整个社会的主流意识。而彩礼之于婚姻，依旧是关乎婚事成败、两性关系能否缔结成功的关键，是婚姻"明媒正娶"的重要证明。[1]无论彩礼如何运作，其效果都是为了连接某种关系，同时期待双方之外的其他人亦有所回应，并把社会生活的意义寄托于此。包括彩礼在内的"礼物的流动"构成了民间的"礼物经济"，其中的关系伦理在某种程度上构成了对国家所追求的、赋予了普遍性意义的分配与交换话语的一种抵制。[2]亦有学者指出，尽管国家在政治上力图推进消灭彩礼的婚姻制度的改革，但不仅没有使彩礼本身遭到消灭，反而在事实上促进了彩礼风俗的强化。[3]特别是在经济下行、资源配置紧张的情况下，这种以彩礼为媒介的"恩义和回报"的互惠意识在人们期望通过婚姻来弥补资源短缺和积聚家庭财富的动机的推动下，将再度占据家庭经济和人们行为逻辑的支配地位。在社会学家看来，婚姻是社会借以界定人文关系的手段，因而具有神圣性。[4]而社会学意义上的彩礼，便是在这些人文关系的网络中产生和流动的。这些关系网络并非一夜之间形成的，或者是与生俱来的特质，而是经历了一个漫长的历史发展过程，"是在一个地方社会构造过程中逐步萌发、延伸和巩固的"[5]。这也决定了彩礼是无法通过疾风骤雨式的革命手段被消灭的，而强行这么做的结果只能是适得其反。

〔1〕 林红：《姓与性：一部裕固族亲属制度的民族志》，中国社会科学出版社 2018 年版，第 110 页。

〔2〕 Mayfair Mei - hui Yang, *Gifts, Favors, and Banquets: The Art of Social Relationships in China*, Cornell University Press, 1994, pp. 204-208.

〔3〕 [德] 罗梅君：《19 世纪末以及今日中国乡村的婚姻与家庭经济》，王文兵译，载张国刚主编：《家庭史研究的新视野》，生活·读书·新知三联书店 2004 年版，第 356 页。

〔4〕 王铭铭：《村落视野中的家族、国家与社会》，载王铭铭、王斯福主编：《乡土社会的秩序、公正与权威》，中国政法大学出版社 1997 年版，第 43 页。

〔5〕 王铭铭：《历史、人情与互惠——闽南两村互助与福利的民间模式》，载庄英章、潘英海编：《台湾与福建社会文化研究论文集（三）》，"中央研究院"民族学研究所 1996 年版，第 69 页。

二、彩礼返还的法理支撑

上文从政治、经济、文化和社会等学科视角分析了彩礼返还的正当性基础，从而证实了彩礼返还构成了一个"命题"。但这并不足以推导出彩礼返还在法律上的必然性，更不能成为法官在裁判文书中的"本院认为"部分所征引的对象。法官需要借助法律之外的资料帮助其形成一定的价值判断，这是由司法作为争议解决场所的"开放性"所决定的，即"在开放的体系中论证"[1]。但法官的价值判断必须以法理为立足点，否则便容易偏离法律的形式逻辑，进而陷入法理和伦理的冲突中而不能自拔，甚至被某些压倒性利益扭曲判断。[2]因此，探寻彩礼返还的法理基础不仅是必要步骤，也是应然要求，这是论证彩礼返还不仅是"命题"，还是一个"真命题"的关键所在。在某种程度上，法理基础才是真正意义上有说服力的正当性论据，因为其所隐含的国家意识和集体意识是使司法裁判具有强制力的根本所在。如果说前述内容是帮助我们理解彩礼返还问题的背景资料，那么接下来的内容便是引导我们运用法律思维去分析问题和解决争议的"准备活动"。

如前所述，就彩礼给予的法律性质而言，虽然学界和实务界的多数观点为附解除条件的赠与说，但更为妥适的应当为"基于婚姻之给予"。而且，现代社会崇尚自由平等，法律亦保障当事人的婚姻自由，包括悔婚在内的诸多过去所不能容忍的行为，如今已不再被视为不妥；加上"基于婚姻之给予"已经排除了彩礼给予方的任意撤销权，双方当事人其实处于势均力敌的状态。换言之，对彩礼返还案件的处理，不能简单地期望"挖掘"当事人的过错及其大小来加以评判。[3]即便当事人存在明显过错，比如婚前与他人发

---

〔1〕 孙海波：《司法裁判社会科学化的方法论反省》，载《法制与社会发展》2021年第2期，第54页。

〔2〕 劳东燕：《价值判断与刑法解释：对陆勇案的刑法困境与出路的思考》，载《清华法律评论》2016年第9卷第1辑，第145页。

〔3〕 实际上，即便是按照最高人民法院的意见以附解除条件的赠与认定彩礼，也排除了对当事人过错及过错程度的考量。一些学者主张根据当事人是否具有过错判定彩礼是否返还及返还的范围，是有失偏颇的。而一些婚姻家庭法学者一方面主张在夫妻财产协议问题中引入情事变更制度，另一方面又主张把对当事人的过错纳入考量，实际上是自相矛盾的。

生关系等，也并不会对彩礼返还产生直接影响，毕竟这种过错是否会导致婚姻无法缔结或维系因人而异。换言之，真正意义上的彩礼返还其实并不涉及当事人过错的问题。

既然无关过错，那么对彩礼返还问题的解决就需要另觅他途。在"基于婚姻之给予"的理解之下，彩礼并非单纯的无偿财产给予，而是包含了双方对婚姻的期待、对婚姻共同生活的安排以及对家庭财产的分配的含义，这符合当事人内心真意和客观实际。[1]在德国法上，"基于婚姻之给予"制度是情事变更在婚姻家庭领域的具体运用，其理论来源就是情事变更制度。在我国，情事变更制度在合同领域已普遍运用，但在婚姻家庭领域仍属新鲜事物。探求彩礼返还的法理基础，首先应打通婚姻家庭法与情事变更制度之间的"壁"，找寻彩礼返还与情事变更制度之间的逻辑联系。

（一）情事变更制度概述

情事变更制度，指的是在法律关系发生以后和完了之前，为其基础或环境之情事因不可归责于当事人之事由，致发生非当初所能预料之变更，若仍使法律行为发生效力将明显违背诚实信用原则而显失公平，可变更其法律效力之法理。[2]法学研究中的情事变更之表述，最早见于民国时期的学术文献，如吴学义先生的《事情变更原则与货币价值之变动》。[3]据学者考证，这一汉字表述应源于当时的学者对日本学术论著中"事情の变更"[4]用语的直接转译，而后者又源自留德日本学者对德国法上"情事不变条款"（Clausula rebus sic stantibus，原为拉丁法谚，字义为"情事如此发生"，亦称为"情事变更条款"）法理的本土移植。[5]情事变更制度的起源可追溯至远古时期，但与其他私法制度不同的是，情事变更制度命途多舛、数经浮沉，历经百余

---

〔1〕 田韶华：《夫妻间赠与的若干法律问题》，载《法学》2014 年第 2 期，第 77 页。

〔2〕 邱智聪：《新订民法债编通则（下）》，中国人民大学出版社 2004 年版，第 258 页。

〔3〕 此书于 1946 年 11 月由上海商务印书馆首次刊印。

〔4〕 代表性人物包括胜本正晃教授。胜本教授在其著作《民法に於ける事情变更の原则》（有斐阁 1926 年版）确立了"事情の变更"的表述，并对当时日本和中国的民法学界产生了巨大的影响。此外还有小町谷操教授的《货币价值の变动と契约》（有斐阁 1925 年版）和岩田新教授的《经济情事の变动と债权の效力》（同文馆 1926 年版）。

〔5〕 孙美兰：《情事变动与契约理论》，法律出版社 2004 年版，第 227 页。

年才最终得以被正式确立和普遍采用。[1]

1. 情事变更制度的产生、形成和发展

（1）法哲学的起源

任何一项法律制度都不是凭空而来，必然经历从无到有、从微到著的历史发展过程。法律制度得以确立并保持连续性，源于其自身所固有的理性本质，而这种理性本质以特定观念为基础。[2]情事变更的思想最早并非出现在法学领域，而是萌发于古代欧洲的哲学思想中。古希腊哲人亚里士多德指出，个人若在自身与他人之间进行分配，不使自己所得过多而使他人所得过少，或者不使自己所受损害过小而使他人所受损害过大，而是"达到比例的平衡"，此所表现出的品质就是公正。[3]在亚里士多德看来，公正就是"中间"，而法官的角色就是"中间人"。对此，他极为生动地解释为"就好比一条线段被截成两个不等长的部分，法官的职责便是把较长线段的超过一半的部分取下而接到较短的线段上去"；"当整条线段被分成了两个相等的部分，即双方都得到了平等的一份时，人们就说他们得到了自己的那一份"，争议消除，公正得以体现，因此法官实际上也是一个"平分者"[4]。亚里士多德的这一论述又被称为"交换正义理论"，后逐渐发展为亚里士多德哲学传统的基本内容，并成为后期经院哲学派构建其合同理论的基础理论，如托马斯·阿奎那的"交换正义和分配正义"理论[5]，因此也被誉为"现代合同理论的哲学起源"。[6]

古罗马哲人西塞罗认为，在某些情况下，"食言可能会更为高尚"[7]。他认为，即便是不受强制和没有恶意欺骗所订立的契约，"有的时候也应该

---

〔1〕　彭凤至：《情事变更原则之研究》，五南图书出版公司 1986 年版，第 1—3 页。

〔2〕　吕廷君：《论罗马法律制度的观念基础》，载《山东大学学报（哲学社会科学版）》2001 年第 6
期，第 33 页。

〔3〕　［古希腊］亚里士多德：《尼各马可伦理学》，廖申白译，商务印书馆 2003 年版，第 146 页。

〔4〕　同上，第 138 页。

〔5〕　［美］约翰·英格利斯：《最伟大的思想家：阿奎那》，刘中民译，中华书局 2014 年版，第
134—136 页。

〔6〕　［美］詹姆斯·戈德雷：《现代合同理论的哲学起源》，张家勇译，法律出版社 2006 年版，第
12—36 页。

〔7〕　［古罗马］西塞罗：《论义务》，王焕生译，中国政法大学出版社 1999 年版，第 335 页。

不履行，寄托之物也并非永远应当归还"，因为"很多事情按本质显然是高尚的，但由于情事（译文为'情势'）却变成为不高尚"，当履行诺言和信守契约的行为本身变得不再有利时，继续这么做"实则违背公正"[1]。另一位哲人塞涅卡亦指出，契约的履行必须排除恐惧和不可抗力，"如果把它们掺和进来，任何所谓的选择都是无稽之谈"[2]。他还指出，每个人都应该注意自己和对方的处境，量力而行，"不能付出太多或者太少"，对对方"不能让他有失体面，也不要超出他能接受的限度"[3]；如果个人是身不由己的，那么这便不再是接受某种东西或作出某项选择，而"只是在服从而已"[4]。诸如此类，不胜枚举。然而，相比之下，古罗马法学界就显得沉寂多了，"契约严守"被视为至理名言，不得违拗。甚至在相当长一段时间内，许多法学家不知情事变更为何物，直至古罗马落下时代帷幕时，情事变更仍未成为明确的法律制度。

（2）作为法律制度的兴衰浮沉

一般认为，情事变更作为一项法律制度，可追溯至 12 世纪初中叶的罗马教会法。[5]在教会法学者看来，尽管违反契约是错误的，但如果情事的变化足够巨大，个人便获得了拒绝履行的正当理由。教会法学家格拉提安在其著作《敕令集》（又称《歧异教规之协调》）中引用了圣·奥斯定对西塞罗关于"寄托之剑不应返还"[6]的追述，使这一法哲学思想得到了更广泛的关注。而该追述又被注释法学家进一步注释为"如果事情仍然保持同样的状态（则应当信守允诺）"[7]。根据这一注释，所有契约都隐含着一个未被明示的

---

[1] ［古罗马］西塞罗:《论义务》，王焕生译，中国政法大学出版社 1999 年版，第 337 页。

[2] ［古罗马］塞涅卡:《道德和政治论文集》，［美］约翰·M. 库珀、［英］J. F. 普洛佩斯编译，袁瑜琤译，北京大学出版社 2010 年版，第 297 页。

[3] 同上，第 292 页。

[4] 同上，第 297—298 页。

[5] 彭凤至:《情事变更原则之研究》，五南图书出版公司 1986 年版，第 18 页。［日］五十岚清:《契约と事情变更》，有斐阁 1969 年版，第 74 页。

[6] "寄托之剑不应返还"说的是，如果有人在其神智健康时把一把剑寄托于你，他在神智失常时要求你返还，此时你若按约定返还便是对国家的犯罪，不返还才是正确的，因为国家是最可贵的。参见［古罗马］西塞罗:《论义务》，王焕生译，中国政法大学出版社 1999 年版，第 337 页。

[7] Glossa ordinaria to Gratian, Decretum to furens to C. 2, c. 14. 转引自 ［美］詹姆斯·戈德雷:《现代合同理论的哲学起源》，张家勇译，法律出版社 2006 年版，第 573 页。

条款，即双方缔约时作为契约基础的情事应保持不变，直至契约履行完毕；如果缔约时的情事于缔约后发生变化或不复存在，契约的拘束力便随即丧失，当事人可据此条款请求变更或解除合同。[1]这个不被明示的条款便是"情事不变条款"。显然，注释法学者们希望借助"情事不变条款"来改变当时债法难以适用于商品经济的僵化局面。[2]这一条款得到了以阿奎那为代表的经院哲学派的支持，并逐渐被教会法院频频引用，作为处理包括高利贷、欺诈和胁迫交易、暴利行为等纠纷案件的法理依据。慢慢地，一些世俗法院也开始引用"情事不变条款"，作为解释意思表示的依据。

14世纪后期，"情事不变条款"开始进入民法领域。后期注释法学派（又称评注法学派）代表人物巴尔多鲁率先将"情事不变条款"运用于民事合同，而他的弟子巴尔杜斯则将之扩展至一切承诺。至16世纪与17世纪早期，经院主义法学派（又称托马斯主义法学派）在结合罗马法文本的基础上，对阿奎那的"交换正义和分配正义"理论作了进一步的发展，提出作为合同支点的"公正价格"，不仅应体现在合同缔结时，还须持续到合同履行时；如果法律调整合同缔结时的不公正价格是公平理念的体现，那么，法律也应当对合同履行时的不公正价格进行调整。[3]这一观念成为日后一项极为重要的制度——"显失公平"的理论来源。到了17世纪自然法时期，"情事不变条款"理论在近代自然法之父格劳秀斯以及古典自然法学派代表人物普芬道夫的推动下，逐渐发展为一项适用于私法行为的一般理论，成为"判例及学说的法律格言"[4]。其中，关于"嗣后履行困难"原因的论述已经初具德国法上行为基础障碍理论的雏形，[5]后者被认为是对"情事不变条款"的

〔1〕 ［日］五十岚清：《契约と事情变更》，有斐阁1969年版，第75页。

〔2〕 古罗马人视债为"法锁"，强调契约的神圣性，认为只要合同成立，不论出现何种异变均不影响合同的法律效力。这主要因为那段时间的罗马社会（乃至整个欧洲）处于缓慢而平稳的发展状态中，商品生产和交换的范围极为有限，人们对合同通常具有长远而稳定的预期。

〔3〕 Paolo Gallo, *Changed Conditions and Problems of Price Adjustment. An Historical and Comparative Analysis*, European Review of Private Law, Vol. 6. No. 3, 1998, pp. 285-286.

〔4〕 史尚宽：《债法总论》，中国政法大学出版社2000年版，第445页。

〔5〕 ［德］弗朗茨·维亚克尔：《近代私法史：以德意志的发展为观察重点》，陈爱娥、黄建辉译，五南图书出版股份有限公司2004年版，第285—286页。

复兴。[1]随着18世纪中叶自然法进入鼎盛时期，"情事不变条款"理论被极大地普及，逐渐成为一项"普遍适用的法律原则"[2]，并在自然法编纂运动的推动下被写入欧洲多部重要的自然法典之中。[3]

然而进入18世纪后期，法学界开始出现对"情事不变条款"的质疑，最终演变为一场前所未有的大批判。批评者认为，"情事不变条款"被过度宽泛地适用，加之其本身的不确定性，反而给交易带来了巨大的风险。特别是19世纪兴起的历史法学派对"情事不变条款"的评价甚低，乃至造成其一度在法学界销声匿迹。当时的大多数法学教科书，包括历史法学派代表人物弗里德里希·卡尔·冯·萨维尼的专著《现代罗马法体系》，均对"情事不变条款"只字不提。而这一时期颁布的颇具影响力的法典，如《拿破仑法典》，也都不涉及"情事不变条款"的内容。立法者甚至指出，法官作为宣扬法律的"喉舌"，不得随意干涉业已成立的法律关系，否则就是对"债权最高规范"——当事人意思自治的破坏。[4]于是，情事变更制度第一次由极盛转向极衰。对此，有学者评价，此时的"情事不变条款"仍只是一个"未经完全思考的概念"和"对解决问题的尝试"[5]，但这种尝试是不成功的，因为其"试图用道德辞令去解释法律学说"，这难以与罗马法规则协调一致。[6]这个时期的教会法尽管宣称"情事不变条款"的适用基于"人道主义及正义平衡立场"，但实际上却使之成为"忽略个人自由、干涉意思自治"的工具，故关于情事变更制度的理论和学说被理论界和立法者彻底摒弃也就在情理之中了。[7]

随着19世纪实证主义时代的到来，"契约严守"原则在法律和判例中被

---

[1] ［日］五十岚清：《契约と事情变更》，有斐阁1969年版，第75页。

[2] 韩世远：《民法的解释论与立法论》，法律出版社2015年版，第30页。

[3] 比如，1756年颁布的《巴伐利亚马克希米里安民法典》（Codex Maximinaneus Bavaricus Civilis）、1794年颁布的《普鲁士国家的一般邦法》（Allgemeines Landrecht für die Preußischen Staaten, ALR）和1811年颁布的《奥地利帝国普通民法典》（Allgemeines bürgerliches Gesetzbuch）等。

[4] 苏俊雄：《契约法原理及其应用》，台湾中华书局1978年版，第114页。

[5] 彭凤至：《情事变更原则之研究》，五南图书出版公司1986年版，第36—38页。

[6] ［美］詹姆斯·戈德雷：《现代合同理论的哲学起源》，张家勇译，法律出版社2006年版，第553—559页。

[7] 谢怀栻：《合同法原理》，法律出版社2000年版，第188—190页。

重新确立，[1]"维护法之安定性"成为席卷整个欧洲的法典化运动的思想主轴。19 世纪的民法学家们也完全拒绝情事变更制度理论，他们反对对责任作道德或哲学的解释，而希望明确表述一套法律赖以建立的终极概念。不可否认，基于当时的历史条件，重申"契约严守"和契约自由，对促进资本主义萌芽、构建近现代私法体系框架是厥功甚伟的。但这也最终把实证法学家们引向了与自然法学家相同的问题上，即使个人承担"不能"履行的义务在逻辑上是自相矛盾的，但为何这种"不能"只能是"自始"而非"嗣后"。对此，他们始终没能找到满意的答案。这在一定程度上也促成了 2002 年的德国债法现代化改革取消上述"自始"和"嗣后"的区分。当然，这一时期仍然有学者试图重振"情事不变条款"，如潘德克顿学派代表人物之一的温德夏伊德提出"前提假设理论"，并试图将之写入《德国民法典》，但遭到强调交易安全者的猛烈批评而以失败告终。[2]

（3）复兴

当历史的指针指向 20 世纪，人类在短短数十年间经历了两次世界大战、战后全球性大萧条、世界格局两极化下的冷战和滞胀以及东欧剧变所引发的局势动荡等。灾变时期的社会动荡和经济紊乱严重干扰了合同的平衡关系，导致大量合同难以继续履行，使各国的法院面临大量无法律可遵、无先例可循的案件。于是，各国司法开始寻找某种灵活的方式以回避立法者的立场。以德国为例。最初，德国法院出于维护法律体系的考虑，通过对《德国民法典》中意思表示错误、瑕疵担保和给付不能等制度的扩张解释，从而创设了"自然不能"和"经济不能"概念，用于处理各类纠纷案件。[3]这使得几乎被各国忘却了的"情事不变条款"法理重新被拾起。[4]特别是奥特曼在发展

---

[1] 比如，1863 年颁布的《萨克森民法典》明确否定了"合同订立时的情事发生变化或给付与对待给付变得不对等"可作为当事人变更或解除合同的理由。在法国，最高法院则以判例形式拒绝接受情事变更制度。

[2] 孙美兰：《情事变动与契约理论》，法律出版社 2004 年版，第 89—93 页。

[3] 所谓"自然不能"，是指绝对的、真正的不能，即任何人都不可能为的约定之给付。"经济不能"则指"给付无期待可能性"，即给付虽能实现，却需要给付人付出义务之外的牺牲，使给付的实现具有巨大困难。参见［日］五十岚清：《契约と事情变更》，有斐阁 1969 年版，第 84 页。

[4] Zweigert Konrad, et al., *Introduction to Comparative Law*, Oxford. Oxford University Press, 1998, pp. 557-558.

温德夏伊德"前提假设理论"基础上提出的"交易基础丧失理论"被法院在判决中反复引用，逐渐成为一项具有特定功能和含义的法律制度，情事变更理论也得以重新进入德国法视野，进而推动了情事变更制度在整个欧洲的发展。[1]

尽管仍然存在一定的争议，但欧洲的社会经济在不可想象的货币贬值、剧烈的价格波动和异常严重的通货膨胀下已濒临崩溃，各国要求立法者"主动干预"的呼声越来越强烈。1942 年，《意大利民法典》假以"过重负担规则"之名，率先在法典中规定了情事变更制度，在其之后的葡萄牙、荷兰等国也均采取了这一路径。[2]1946 年公布实施的《希腊民法典》也是将情事变更制度法典化的典范。德国则在战时颁布的数部单行法的基础上，结合判例做法，于 1952 年颁布了《法官协助契约法》，专门针对 1948 年币制改革之前发生的债务纠纷，允许法官协助当事人订立或径直订立新的契约，实际上就是对情事变更理论的贯彻。[3]"交易基础丧失理论"在经历了理论和实践的不断锤炼后，最终通过债法现代化改革被写入《德国民法典》，这是情事变更制度发展史上的一次伟大飞跃。在英美法系，"情事不变条款"理论在判例和学说的基础上逐步发展为契约受挫（又被称为合同落空）理论，并为法院所反复引用。1943 年，英国在吸收判例和学说的基础上颁布《法律改革（受挫合同）法》，此后维多利亚、哥伦比亚和澳大利亚等也纷纷颁布了各自的合同受挫法案。[4]日本学界关于情事变更制度的研究自太平洋战争后便进入活跃时期，几乎所有的债法教科书都有对情事变更理论的介绍，法院也多采取这一理论处理案件，日本在 1922 年颁布的《租地租房法》则明文规定了情事变更制度。在经历了短暂的稳定期后，学界对情事变更制度的研究于 20 世纪 70 年代后再次进入鼎盛时期，而修改后的《日本民法典》中有多个条款更是直接体现了情事变更制度。经过近百年的发展和演进，时至

---

〔1〕 ［德］卡斯腾·海尔斯特尔、许德风：《情事变更原则研究》，载《中外法学》2004 年第 4 期，第 387 页。

〔2〕 ［意］阿多尔·贝特鲁奇：《罗马法学与现代欧洲法中的情事变更制度》，肖俊译，载《环球法律评论》2016 年第 6 期，第 21 页。

〔3〕 梁慧星：《中国民法经济法诸问题》，中国法制出版社 1999 年版，第 181 页。

〔4〕 原蓉蓉：《英美法中的合同受挫制度研究》，法律出版社 2014 年版，第 2—3 页。

今日，情事变更制度已为大多数法治昌明国家和地区的学说、判例和立法所确认，其在债法制度中的地位已几乎无动摇之可能。[1]

2. 情事变更制度的比较考察

对情事变更制度的比较考察主要是在大陆法系和英美法系之间。在大陆法系中，法律行为生效后，如果出现了当事人在法律行为成立时不可预见的、可令法律效果发生原因之法律要件之基础或环境变更之情事，若仍使法律行为发生效力将明显背离诚实信用原则的要求，则应认为其法律行为有相当变更之规范。在英美法系中，情事变更制度则被视为在契约履行过程中遭遇不可预料之情事而导致履行发生极端之困难时的一项衡平措施，以避免不公正和不合理的结果。[2]其含义为"诸类契约仅于其各种条件在实质上保持不变的情况下，才具有拘束力"。[3]不难看出，大陆法系和英美法系对情事变更制度的定义其实并无实质性的差别，只是在效力基础上略有微差。兹就各自的主要理论、适用要件和范围以及法律效果，简要分述如下：

（1）大陆法系

大陆法系上的情事变更制度指的是行为基础丧失制度（或交易基础丧失制度）。前文关于情事变更制度的起源、兴衰沉浮和复兴，很大程度上也是行为基础制度在大陆法系上发展和演进的历程。行为基础丧失制度的产生和发展可分为奥特曼的行为基础丧失理论和拉伦茨的行为基础丧失理论两个阶段，其中，奥特曼的行为基础丧失理论阶段又称前史阶段，包括了前文所介绍的"情事不变条款"理论，以及对其进行改良的"前提假设理论"和"经济不能理论"。鉴于这些理论如今已几近消无，此处仅对近代大陆法系国家所普遍承认的行为基础丧失理论进行分析。

①奥特曼的行为基础丧失理论

鉴于对法律规定进行扩张解释的弊端，德国法学家开始探索"超越法律的法的续造"。1921 年，奥特曼在对"情事不变条款"理论和温德夏伊德

---

[1] 梁慧星：《合同法上的情事变更问题》，载《法学研究》1988 年第 6 期，第 35 页。

[2] 杨桢：《英美契约法论》，北京大学出版社 1997 年版，第 342—343 页。

[3] George W. Paton, *A Textbook of Jurisprudence*, Oxford, Oxford University Press, 1946, p. 401.

"前提假设理论"修正的基础上，提出了"行为基础说"，用其自己的话来说，这是"一个新的法律概念"。[1]此说很快便为法院判例所引用，并迅速成为司法裁判中的"固定见解"。[2]根据奥特曼的解说，所谓行为基础，指的是行为缔结之际所表现出的"前提观念"或"共同预想"，而当事人的行为意思就是基于这种观念或预想所形成的。但奥特曼同时强调，行为基础属于规范的法律范畴，而不是当事人作出意思及表示的主观基础，因此可以与动机相区分。奥特曼还指出，行为基础只有在现有的法律制度下才具有意义，法官应依据《德国民法典》第 157 条"构造"当事人的意愿，并依托第 242 条评价其效果。[3]与"情事不变条款"理论相比，"行为基础说"中的行为基础是明示而非默示，从而避免了对当事人实际意图的无意义的追问，而且处理问题的范围要广得多，适用性较高。[4]与"前提假设理论"相比，"行为基础说"中的行为基础不属于意思表示之范畴，因而并非法律行为的构成要件，尤其不必影响法律行为的效力，但其仍是依当事人的"预想"而定，而不是依旁人的观点。而且，"行为基础说"不仅要求双方当事人对行为基础是"知晓"的，还要求他们具有"共同"的观念，或明知行为基础的重要性而未表示反对。[5]此外，"行为基础说"对丧失行为基础的法律行为也并非一律视为无效，而是强调赋予蒙受不利益的一方以解除权或撤回权。

②拉伦茨的行为基础丧失理论

尽管奥特曼的行为基础丧失理论为多数学者所肯定，但同时也有人对其作出进一步的修正。其中，以拉伦茨的行为基础丧失理论为修正的通说。在拉伦茨看来，一方面奥特曼的行为基础丧失理论的缺陷在于其没有回答何种前提或预想可以构成行为基础，以及应采取何种判定标准。虽然奥特曼的行为基础丧失理论指出行为基础的判定标准是主观的，但若严格遵此而行，那就不得不承认动机依然能够影响法律行为的效力，因为其仍是以心理过程为

---

[1] 奥特曼提出"行为基础说"的著作之名就是《行为基础：一个新的法律概念》，该书也列举了很多因经济社会环境急剧变化所引发的合同案例。
[2] 韩世远：《民法的解释论与立法论》，法律出版社 2015 年版，第 34 页。
[3] 黄喆：《德国交易基础理论的变迁与发展》，载《私法研究》2010 年第 2 期，第 244 页。
[4] 梁慧星：《中国民法经济法诸问题》，中国法制出版社 1999 年版，第 182—183 页。
[5] [日] 桥本恭宏：《长期间契约》，信山社 2000 年版，第 147 页。

出发点的。[1]这使得其适用的范围过于宽泛而可能危害于交易安全。比如，滔滔不绝者可随意截取其所说的片段，作为拒绝履行义务的根据。另一方面，奥特曼的行为基础丧失理论又过于狭隘，其只关注当事人的预想而不考虑行为的客观环境，若当事人确无任何预想，则无法适用。因此，有必要对行为基础进行类型化，以明确其真正含义。基于此种考量，拉伦茨在综合"行为基础说"和"前提假设理论"，以及考夫曼等学者提出的主客观学说的基础上，提出了主客观二分的行为基础丧失理论。

根据拉伦茨的解说，行为基础包括主观行为基础和客观行为基础。主观行为基础类似于奥特曼的行为基础丧失理论中的"共同预想"，其区别在于主观行为基础必须足够确定，没有预料到情事的变化或一方当事人的预想均不构成；对主观行为基础的把握，须联系意思表示和动机错误的理论。但对动机错误，《德国民法典》的态度原则上是不予考虑。因此，主观行为基础除了强调对标的性质，对法律行为缔结中的重要情事，尤其是双方共同认定、共同受指引的行为基础发生错误，比如对收益的估计错误、计算错误等。如此一来，便可避免奥特曼的行为基础丧失理论过于宽泛的问题。客观行为基础指的是确保契约的履行具有意义的客观情事，客观行为基础的丧失意味着双方当事人共同认定的、具有决定性作用的价值基础丧失，契约的拘束力也宣告结束。对于客观行为基础丧失的适用，拉伦茨作了非常严格的限定，即"契约订立时完全未能预见的情事，只有在其完全丧失，双方当事人的利益平衡被完全打破时，才可根据诚实信用原则予以考虑"[2]。换言之，那些能够为当事人所预见的情事、可归责于当事人的情事变更以及蒙受不利益的当事人陷于迟延的，即便其严重程度足以摧毁契约，但也不构成客观行为基础的丧失。用拉伦茨自己的话来说，主观行为基础应归属于错误学说，而客观行为基础则属于给付障碍理论的范畴。[3]

拉伦茨的行为基础丧失理论极大地丰富和完善了奥特曼的行为基础丧失

---

[1]　孙美兰：《情事变动与契约理论》，法律出版社 2004 年版，第 100 页。

[2]　Larenz, *Geschäftsgrundlage und Vertragserfüllung*, Aufl. s. 164. 转引自黄喆：《德国交易基础理论的变迁与发展》，载《私法研究》2010 年第 2 期，第 247 页。

[3]　[德]卡尔·拉伦茨：《德国民法通论（下）》，王晓晔等译，法律出版社 2013 年版，第 535 页。

理论，为德国学界和司法实务界所普遍接受。当然，也有部分学者对拉伦茨的行为基础丧失理论提出了质疑，认为严格划分主观行为基础和客观行为基础并不现实、以双方"共同预想"确定主观行为基础不合理等。[1]甚至有学者批评道，法律行为基础丧失理论的作用不过是法院粉饰其真实考量的"辞令术语"而已。[2]但不论如何，经过拉伦茨修正后的行为基础丧失理论在经过理论和实践的反复锤炼后，已经演变为大陆法系中一个不可或缺的重要法律制度，即行为基础丧失制度。就适用要件而言，须同时满足行为基础发生障碍（包括自始的障碍和嗣后的障碍）、严格履行已无期待可能性、情事变化为不可预见以及不存在可归责于当事人的情况四个方面的要件。就适用效果而言，包括维持原法律行为、适当"调整"使之适应情事的客观性变化，以及终止或宣告法律行为无效。行为基础丧失制度在早期确立时，主要适用于债法领域，以金钱消费、借贷和买卖合同为主，晚近以来则逐渐扩展至婚姻家庭、继承以及征收补偿等领域，并呈现出进一步扩张之势。[3]

（2）英美法系

英美法系上的情事变更制度主要是契约受挫制度，其中的受挫（frustration）指的是契约订立后因情事变化导致契约履行不能、不实际或无意义（目的落空）。就性质而言，契约受挫制实为一种风险分配制度，即由法官确定因情事所产生的损失风险由哪一方当事人最终承担。[4]与大陆法系一样，英美法系也经历过奉行"绝对契约责任"和"契约神圣"的阶段，直至19世纪下半叶才在一系列颇具影响力的法院判决的推动下有所突破，[5]并促使契约受挫理论最终为《统一商法典》和两次《契约法重述》所采纳。

尽管契约受挫制度在英美法系上已得到了牢固的确立，但英美法系学

---

〔1〕 彭凤至：《情事变更原则之研究》，五南图书出版公司1986年版，第46—47页。
〔2〕 K. Zweigert, H. Kötz, An Introduction to Comparative Law, Translated by T. Weir. , Oxford, Oxford University Press, 1998, p. 522.
〔3〕 孙美兰：《情事变动与契约理论》，法律出版社2004年版，第108—111页。
〔4〕 ［英］P. S. 阿狄亚：《合同法导论（第五版）》，赵旭东、何帅、邓晓霞译，法律出版社2002年版，第251—255页。
〔5〕 比如，Taylor v. Caldwell、Krell v. Henry、British Movietonews Ltd. v. London and District Cinemas Ltd. 等。参见孙美兰：《英美法契约受挫制度的历史演进》，载《法学》2003年第1期，第121—124页。

者同样孜孜不倦地探寻着它的理论依据，以回答契约为什么受挫以及何时受挫的问题，从而解释法官宣布契约受挫的权力源自哪里、这种偏离"绝对契约责任"的正当性又何在。[1]学者们对这一问题的分歧较大，主要观点包括：

①默示条款说

这一学说源于洛雷伯恩勋爵在 F. A. Tamplin SS. Co. Ltd. v. Anglo – Mexican Petroleum Products Co. Ltd. 案中关于"契约中暗含一个使双方免于履行契约义务的默示条款"的经典阐述，此后常常被其他判例所援引。默示条款说包含两层意思，即主观上法院推断出一个关于当事人真正意图的条款，客观上当事人根据发生的情事在契约中引入这个条款。不难看出，默示条款理论下的合同受挫制度的基础仍是当事人的意思自治。然而，默示条款理论也招致了大量的反对。霍姆斯大法官曾质疑道："给合同添加一个默示条款……这么做的原因究竟是什么?"[2]著名合同法学家阿狄亚则指出，默示条款理论建立在"推定当事人意图"的基础之上，但任何以此为基础的理论都存在重大的缺陷：除了法律不应去探求当事人实际意图已成为公认之理，把一个当事人自己都不能预料的事件归入所谓的默示合意，这本身就不符合逻辑。[3]而拉德克里夫勋爵亦认为，当事人可能既没有任何预见，也没有任何期待，默示条款理论只是一种"纯粹的想象"。[4]随着 20 世纪后国家对经济领域的干预力度进一步加大，默示条款理论作为一种合同解释方法逐渐被法官们所抛弃和拒绝适用。

②义务根本改变说

拉德克里夫勋爵和里德勋爵在前述批判的基础上，重新探寻契约受挫制度的理论基础。他们认为，契约受挫理论应建立在与当事人无涉的客观规则

---

[1] Ewan Mcken – Drick, *Force Majeure and Frustration of Contract*, Arbitration international, Vol. 9. No. 1, 1993, pp. 118-119.

[2] I H P, *Defense of Impossibility*: *Frustration of the Commercial Venture*, California Law Review, Vol. 27, No. 4, 1939, p. 462.

[3] [英] P. S. 阿狄亚：《合同法导论（第五版）》，赵旭东等译，法律出版社 2002 年版，第 248 页。

[4] Davis Contractors Ltd. v. Fareham UDC. 转引自何宝玉：《英国合同法》，中国政法大学出版社 1999 年版，第 628—629 页。

之上，法官应根据契约的性质及缔约时的相关环境，解释契约条款，判断契约义务是否发生根本性改变。这便是义务根本改变说。在此说的理解下，导致契约受挫的情事变化必须"完全地"不同于契约原有的约定，使当事人的义务（而不是情事）发生"根本性"改变，因此那些商业范围内的费用或成本的上涨并不足以导致契约受挫。[1]义务根本改变说要求法官不去挖掘当事人的实际意图，而是立足于公平理念对契约加以干涉而达致公正的结果。目前，义务根本改变说为英美法系国家普遍接受。

③契约基础丧失说

此说针对默示条款说的不足，即法官如何在不依赖探求当事人实际意图的基础上判定契约受挫，提出一切契约均有其存在基础，若这一基础在嗣后因客观情事的变化而丧失，则契约受挫，自然也就失去了继续履行的意义。契约基础丧失说认为，判定契约受挫的决定性因素在于该情事变化是"本质性的"，且其变化程度已导致契约基础的丧失。[2]该学说的优点是不涉及对当事人实际意图的考察，因此尤其适用于契约的履行须依赖于特定物持续获得的情况。但在其他场合，却容易产生"什么是契约基础"的疑问，相当于又回到了对默示条款说的争议上。[3]不可避免地，契约基础丧失说也遭到了摒弃。

④优位风险负担人说

优位风险负担人说在美国颇具影响力，该学说的代表人物为波斯纳和罗斯菲尔德。优位风险负担人说基于经济学的视角，认为契约受挫制度实为风险分配制度，所有契约受挫案件的实质无一例外都是由哪一方当事人承担履行不经济的情事所造成的损失的争议。[4]根据这一理论，法官需要判断哪一方当事人更能减少情事所带来的损失，并以此明确风险承担者。这其实是对科斯定理（Coase theorem）的运用。然而，有学者指出，优位风险负担人说

---

[1] ［英］保罗·理查兹：《契约法》（英文影印版），法律出版社 2003 年版，第 308 页。

[2] 孙美兰：《情事变动与契约理论》，法律出版社 2004 年版，第 25 页。

[3] G H Treitel, *The Law of Contract*, The Modern Law Review, Vol. 26, No. 4, 1963, pp. 462-465.

[4] Ponser, Rosenfield, supra note 15. 转引自原蓉蓉：《英美法中的合同受挫制度研究》，法律出版社 2014 年版，第 37 页。

的判断标准并不明确，加之其不考虑当事人的意思，适用效果不见得好。[1]
而从客观事实的角度出发，即便是优位风险负担人自身也通常无法预知情事
变化及损失，使之承担风险并不公平。此外，由于这一理论在效果上缺乏可
预见性，因此也为一些法官所排斥。

此外，还有公正解决说、合同解释说等正当化理论学说。诚如阿狄亚所
言，在探求契约受挫制度理论依据的命题上，所有这些学说均不啻为"真知
灼见"，的确也存在"不能相互协调"的问题，从而使这一命题至今仍处于
"云遮雾绕"之中。[2]然而，上述这些理论的实际运用结果却几乎无差：从
构成要件上看，均须同时满足意外情事发生导致契约的目的实质性落空、该
意外情事不会发生是契约赖以缔结的基本假定、当事人对此并无过错且无须
承担额外的义务四项条件。[3]从适用效果上看，契约一旦被判定为受挫，将
自行发生全部终止的效果，当事人进一步的履行义务得以免除，并涉及附加
利益的返还以及相应的损失赔偿问题。因此，不妨把上述理论作为情事变
更制度适用于具体个案的方法，从而为我们分析和解决彩礼返还问题提供
借鉴。

（二）中国民法上的情事变更制度

1. 情事变更制度在中国民法上的确立

作为一个舶来品，情事变更制度在中国民法上的确立，最早可追溯至国
民政府时期。最初，国民政府《中华民国民法》承袭德国立法，在契约问题
上表现出了强烈的分析法学派立场，奉行严格的"契约严守"和意思自治原
则，不仅在法律上明确规定金钱债务为"名目之债"（不容有履行不能之观
念），在行政命令中也明令"禁止加水"，司法机关更是对当事人声称因"事
变"或"事故"等原因主张给付困难的一律不予支持。但随着战争的开启，

---

[1]　John Elofson, *The Dilemma of Changed Circumstances in Contract Law: An Economic Analysis of the Foreseeability and Superior Risk Bearer Tests*, Columbia Journal of Law and Social Problems, Vol. 30, No. 1, 1996, p. 8.

[2]　[英] P. S. 阿狄亚：《合同法导论（第五版）》，赵旭东、何帅、邓晓霞译，法律出版社 2002 年版，第 250—251 页。

[3]　孙美兰：《情事变动与契约理论》，法律出版社 2004 年版，第 30—39 页。

特别是"九一八"事变后抗日战争的爆发，中国的经济社会情事出现了急剧变化，导致大量契约无法履行，一方蒙受巨大损失而另一方坐收暴利的情况比比皆是，严重影响了社会安定。但法院却多趋于谨慎保守，不敢借鉴德日法的做法处理相关案件，引发了各界的强烈不满。[1]在学界和司法实务界的呼吁下，国民政府于1941年颁布了《非常时期民事诉讼补充条例》，其中的第20条第2款之规定被公认为情事变更制度在中国法上的首次成文化。[2]此后，国民政府陆续出台了一系列有关情事变更的法规。1945年颁布的《复员后办理民事诉讼补充条例》则以特别法的形式肯定了情事变更制度，而且未对情事变更制度适用的法律关系做任何限制，甚至不限于法律行为。[3]根据学者的考证，在这一阶段，中国民法上的情事变更情形主要表现为因社会经济紊乱导致货币贬值和物价上涨，使得金钱债权人受领不足。[4]因此，立法和司法也多关注于此。

（1）台湾地区

随着战争结束，上述战时特别法规也告失效。在1999年所谓的"民事诉讼法（修正案）"颁布之前，我国台湾地区司法实务对于情事变更问题主要是根据所谓的"民法"第219条的诚实信用原则进行裁判，此后则根据所谓的"民事诉讼法（修正案）"第397条"情事变更原则"处理，其中多数裁判均上升为指导性判例。但由于缺乏一般原则性的规定，法官在适用上述"情事变更原则"时常会产生困扰。[5]20世纪末，所谓的"民法"债编修订后，情事变更制度以一般性条款的形式被正式确立，即所谓的"民法"第227条之2项。[6]根据该条文之规定，情事变更制度的适用要件包括以下

---

[1] 吴学义：《事情变更原则与货币价值之变动：战时民事立法》，商务印书馆1944年版，第155页。

[2] 该条规定："前条情形，经当事人起诉或于调解前已经起诉者，法院应依左（下）列规定情形为裁判：（一）争议之法律关系，就其因战事所受影响，法律有规定者，依其规定。（二）无前款法律规定时，中央或省市政府，因战事就争议之法律关系，已以命令定有处理办法者，依其办法。（三）无前项法律及办法时，如该法律关系，因战事致情事剧变，非当时所得预料，而依原有关系发生效力，显失公平者，法院得斟酌社会经济情形、当事人生活状况及其因战事所受损失之程度，为增、减给付，延期或分期给付之裁判。"

[3] 该条例第13条规定，"前款规定于非因法律行为所生之法律关系准用之"。

[4] 彭凤至：《情事变更原则之研究》，五南图书出版公司1986年版，第211页。

[5] 黄立主编：《民法债编各论（下）》，中国政法大学出版社2003年版，第87页。

[6] 该条规定，"契约成立后，情事变更，非当时所得预料，而依其原有效果显失公平者，当事人得声请法院增、减其给付或变更其他原有之效果。前项规定，于非因契约所生之债，准用之"。

三项：①契约的行为基础不属于契约的内容；②情事变更非缔约时所能预见，若当事人能够预见，或对如何调整契约内容已有约定的，则不适用；③依契约原有效果将显失公平，即导致当事人的权利义务关系极端地不成比例。[1]不难看出，我国台湾地区的情事变更制度是以大陆法系，特别是德国法上的情事变更制度为蓝本的，强调对行为基础的考察。而且，上述规定并不排除情事变更制度可适用于契约之外的情形，从而大大提升了该制度的适用性。

（2）大陆

中华人民共和国成立以后，国家实行社会主义计划经济。所谓计划经济，即所有经济活动均由中央政府围绕着中央所确定的、具有最高效力的政治目标而统筹安排。[2]为了有序推进社会主义建设，中央政府颁布施行了一系列物资供应管理法规，[3]要求各类销售和购买活动都必须严格遵照计划签订和执行，一切物资都按照计划要求定量、定额供应。[4]在这种高度集中的经济体制下，所有个人或行业都不具有任何运用其自身主动性或增进其自身利益的空间，而这恰恰是契约的传统角色；约束双方当事人的与其说是契约，倒不如说是计划更为贴切，而他们之间的关系实际上也并非契约关系，而是计划调拨关系。实际上，契约本身也不再是当事人为增进其私人利益而自由交换商品的手段，而是"履行国家经济计划并使其具体化的工具"[5]。但这并不意味着就不存在情事变更问题，最典型的就是"计划变更"，即作为契约基础的指令性计划被修改或取消，其结果必然是既已生效的契约面临被调整、

〔1〕 黄立主编：《民法债编各论（下）》，中国政法大学出版社2003年版，第91—92页。
〔2〕 ［德］K. 茨威格特、［德］克茨：《比较法总论》，潘汉典等译，法律出版社2004年版，第603页。
〔3〕 比较重要的物资供应管理法规有1951年《关于统购棉纱的决定》，1953年《关于实行粮食的计划收购和计划供应的命令》，1954年《关于实行棉布计划收购和计划供应的命令》和《关于实行棉花计划收购的命令》，1956年《重工业部产品供应合同暂行基本条款》，1963年《关于工矿产品订货合同基本条款的暂行规定》，1964年《木材统一送货办法》，1966年《商业系统内部商品调拨若干规定试行办法》，1978年《国务院批转燃料、电力凭证定量供应办法的通知》，1979年《商业系统内部百货、文化用品、针织品调拨若干规定试行办法》等。
〔4〕 主要表现为工业产品的统购包销、农副产品的统购征购和日常消费品的凭票定量供应等，禁止私人之间的自由交易和买卖。
〔5〕 ［德］K. 茨威格特、［德］克茨：《比较法总论》，潘汉典等译，法律出版社2004年版，第604页。

被中止履行乃至被完全取消。[1]此外，各种接续不断的政治运动和军事战备活动等也属于较为常见的情事变更。在计划经济体制下，情事变更出现后通常不会对契约进行调整或磋商等，而一律由行政机关通过行政手段决定是继续履行，还是变更或解除等。[2]这种状况一直持续到 20 世纪 70 年代末至 80 年代初。随着经济体制向商品经济和市场经济的转型，情事变更的类型越来越多地表现为国际市场变化、外国货币波动和国内经济政策和行政管理措施调整以及物价波动等。但在相当长一段时期内，立法始终未考虑情事变更的问题，而是严格遵行着"契约严守"的原则。[3]

20 世纪 80 年代末，针对司法实务中不断出现的涉及情事变更问题的案件，以梁慧星为代表的部分民法学者率先开启了对情事变更制度的研究和介绍。[4]司法实务界亦尝试以"隐性适用"的方式突破立法的局限性。[5]1986 年 4 月 12 日颁布的《最高人民法院关于审理农村承包合同纠纷案件若干问题的意见》，其中第 4 条、第 7 条第 1 款、第 4 款，均是关于情事变更问题的规定。而后，最高人民法院陆续公布了适用情事变更制度的指导性案例，为全国法院处理此类案件提供了参考。[6]1993 年召开的全国经济审判工作座谈会议指出，对因不可归责于当事人的原因导致作为合同基础的客观情况发生不可预见的根本性变化时，若继续履行，原合同将显失公平，法院可以按照情

---

[1] 梁慧星：《合同法上的情事变更问题》，载《法学研究》1988 年第 6 期，第 38 页。

[2] 梁慧星：《合同法上的情事变更问题》，载《法学研究》1988 年第 6 期，第 38—39 页。

[3] 需要指出的是，1981 年 12 月 13 日第五届全国人民代表大会第四次会议通过的《中华人民共和国经济合同法》第 27 条第 1 款第 4 条规定"当事人虽无过失但无法防止的外因"可导致经济合同的变更或解除，但这一规定在 1993 年的修订中被删除。此外，1987 年 6 月 23 日第六届全国人民代表大会常务委员会第 21 次会议审议通过的《中华人民共和国技术合同法》第 24 条规定，被学界认为体现了一定的情事变更制度的思想。此外，在《中华人民共和国合同法》（以下简称《合同法》）制定过程中，草案的第三稿、第四稿和第五稿均有情事变更的内容，但最终因"条件尚不成熟"而没能出现在 1999 年 3 月 15 日第九届全国人民代表大会第二次会议通过的《合同法》中。

[4] 梁慧星教授早于 1988 年就发表了《合同法上的情事变更问题》一文，呼吁立法和司法关注情事变更制度，由此开启了民法学界对情事变更制度的研究。

[5] 华德波：《从一则案例看情事变更原则的隐性适用》，载《河南社会科学》2008 年第 2 期，第 90—93 页。

[6] 国内公认的情事变更第一案为"武汉市煤气公司诉重庆检测仪表厂合同纠纷案"。参见《人民法院案例选》第 6 辑，第 110 页。

事变更原则变更或解除合同。[1]司法实务上的"松绑"，极大地激起了学界对情事变更制度研究的热情，从而在事实上推动了立法的改革。2009 年颁布的《最高人民法院关于适用〈中华人民共和国合同法〉若干问题的解释（二）》（法释〔2009〕5 号），其中第 26 条明确了情事变更制度在司法实务中的适用。[2]该规定填补了《合同法》的制度空白，适用于一切民商事合同，且为学界和司法实务界所肯定。[3]如今，这一规定已被《民法典》第533 条所吸收，表明情事变更制度终于在法律规范中得以确立。早前一些司法解释规定的离奇不正之处，特别是与不可抗力制度之间的混淆和模糊，也基本得到了修正与厘清。不难发现，我国的情事变更制度呈现出对大陆法系的明显继受，这不仅有法制渊源方面的因素，还有英美法系契约受挫制度下对何为受挫的解释难以把握、适用的难度偏大以及论证过程较为漫长等方面的原因。[4]尤其是近年来学界对情事变更制度的理论依据的深挖，进一步促进了行为基础丧失理论被引入国内、逐步与中国的实际相结合的发展趋势。

　　根据民法学界的通说，情事变更制度被作为存在有悖诚实信用原则（显失公平）情况下允许变更或解除契约的法理。[5]一般认为，情事变更制度较之于诚实信用原则等更为具体，就规范顺序构造而言，情事变更制度属于诚实信用原则的下位概念之一，后者则处于"终极法宝"[6]的地位。因此在适用顺序上，应优先适用情事变更原则，"不得舍其适用而就诚实信用原则"。[7]情事变更制度的适用要件包括三个方面的内容：一是须有不可预见的情事变更发生，且变更必须达到"根本性"的程度，即与原有情事存在显著不同的实质性变化，且不是一时性、偶然性和局部性的变更。二是当事人对该情事变更的发生不具有可责难性，否则应承担此情事变更之结果；对当

〔1〕　参见《全国经济审判工作座谈会纪要》，载法律图书馆网，http：//www. law – lib. com/law/law_view. asp？id＝9510&page＝2。

〔2〕　参见《最高人民法院关于适用〈中华人民共和国合同法〉若干问题的解释（二）》，载法律图书馆网，http：//m. law – lib. com/law/law_view. asp？id＝280151&page＝3。

〔3〕　崔建远：《情事变更原则探微》，载《当代法学》2021 年第 3 期，第 4 页。

〔4〕　杨良宜：《合约的解释》，法律出版社 2007 年版，第 378—379 页。

〔5〕　韩世远：《民法的解释论与立法论》，法律出版社 2015 年版，第 29 页。

〔6〕　同上，第 52 页。

〔7〕　邱智聪：《新订民法债编通则（下）》，中国人民大学出版社 2004 年版，第 260 页。

事人是否具有可责难性，宜采取一般可期待者的立场加以判断。[1]三是继续维持法律行为的效力将产生显失公平的结果，违背社会的公平正义观念。这是情事变更与正常情况下的市场波动和商业风险的区别所在。在适用上，应允许双方当事人进行协商，协商无果的可以向法院请求变更或解除原法律行为。

2. 婚姻家庭法与情事变更制度之间的"破壁"

从前文对情事变更制度理论依据的介绍中可知，大陆法系中的情事变更制度脱胎于民法诚实信用原则，其目的在于缓和情事变化所造成的利益失衡，从而实现风险在双方当事人之间的公平分配。然而，风险不仅存在于交易的场合，也存在于婚姻家庭领域；夫妻之间不仅会出现利益失衡的情况，甚至还会出现利益的冲突和对立。特别是随着夫妻个人财产和共同财产大量地涌入市场、市场经济对婚姻家庭关系的影响不断增强，包括夫妻在内的家庭成员的行为模式产生了较大的变化，仅凭过去的经验已经难以有效地化解矛盾、调和纠纷。[2]司法实践曾尝试参照公司法和合伙企业法的有关规定处理夫妻之间的协议的效力、夫妻财产纠纷等问题，实际上却激化了性别之间的对立，产生了"足以摧毁婚姻家庭"的反效果，甚至有使婚姻家庭"再度被封建化"之虞，遭到了来自社会各界的猛烈抨击。[3]一时之间，司法实务界陷入了进退维谷的两难境地。

如前所述，德国法院已经在运用情事变更制度处理亲属或姻亲之间的"目的不达"的情况，比如夫妻之间的赠与、岳父母对女婿的赠与等，但这些问题适用英美法系的契约受挫制度却难以得到有效解决。[4]德国法院的做法也得到了德国法学界的普遍认可。[5]这至少说明，在婚姻家庭领域适用情

---

〔1〕 史尚宽：《债法总论》，中国政法大学出版社 2000 年版，第 454 页。

〔2〕 有学者分析指出，当前我国城市家庭的亲属之间呈现出空间距离增大，互动频次、亲密程度以及互助倾向降低的景象。参见唐灿等：《中国城市家庭的亲属关系——基于五城市家庭结构与家庭关系调查》，载《江苏社会科学》2012 年第 2 期，第 92—103 页。

〔3〕 强世功：《司法能动下的中国家庭——从最高法院关于〈婚姻法〉的司法解释谈起》，载《文化纵横》2011 年第 1 期，第 24—28 页。

〔4〕 ［德］卡斯腾·海尔斯特尔、许德风：《情事变更原则研究》，载《中外法学》2004 年第 4 期，第 402 页。

〔5〕 ［德］迪特尔·施瓦布：《德国家庭法》，王葆莳译，法律出版社 2010 年版，第 74—75 页。

事变更制度在实际操作上并非没有先例可循。或许有人会担心，婚姻家庭法自身的"民族性色彩或风土性"，使其"不能或很难像财产法那样实现法律的统一"[1]，这种情况即便是在同一法系的国家和地区之间也非常普遍。[2]故能否使情事变更制度适用于婚姻家庭领域仍需进一步检验。但不可否认的是，婚姻家庭法虽然具有"民族性色彩或风土性"的特征，但其往往也最容易受到社会变化的影响，这种社会变化既包括社会制度和结构的改变，也包括社会观念的变迁。[3]"如今，一种世俗的、实际的婚姻家庭观念正在蔓延"[4]，对域外婚姻家庭法的继受并非完全不可能，比如各国婚姻家庭法在夫妻财产、离婚和子女抚养、父母赡养等问题上就呈现明显的趋同。有学者指出，经济愈加进化，婚姻家庭法就愈有随着生活形态、关系和意识而逐渐统一化之倾向。[5]在此背景下，对域外法的继受是不可避免的。但也正因如此，这种继受必须以合乎目的性为前提，对理念和技术之优劣经过充分的比较后择其优者引进。[6]

分析情事变更制度能否运用于我国婚姻家庭领域，或者说，我国的婚姻家庭法与情事变更制度之间是否存在不可逾越的障碍，首先，应明确情事变更制度本身是否符合我国婚姻家庭法的价值取向，以排除价值判断在地域或人文上的局限性。[7]一方面，《民法典》婚姻家庭编作为新时代的婚姻家庭法，开宗明义地表明了我国婚姻家庭法自由、平等、公平和秩序的价值取向，要求树立优良家风、弘扬家庭美德和重视家庭文明建设，并力求在婚姻家庭

---

[1] ［日］田中耕太郎：《法律学概论》，学生社 1978 年版，第 77 页。

[2] ［德］K. 茨威格特、［德］克茨：《比较法总论》，潘汉典等译，法律出版社 2004 年版，第 327 页。

[3] ［德］迪特尔·施瓦布：《德国家庭法》，王葆莳译，法律出版社 2010 年版，第 2 页。

[4] ［英］哈里·D. 克劳斯：《比较家庭法：过去传统与未来趋势之相互竞争》，耿林译，载［德］马蒂亚斯·赖曼、［德］莱因哈德·齐默尔曼编：《牛津比较法手册》，高鸿钧等译，北京大学出版社 2019 年版，第 1101 页。

[5] ［日］中川善之助：《身份法の特殊性》，载《法学教室 2》，第 33 页。转引自林秀雄：《夫妻财产法之研究》，中国政法大学出版社 2001 年版，第 9 页。

[6] 杨玲玲：《中外夫妻财产立法比较研究——兼论我国〈民法典·婚姻家庭编〉中夫妻财产立法》，载《中外法学》2004 年第 2 期，第 172—174 页。

[7] 苏永钦：《寻找新民法》，北京大学出版社 2012 年版，第 243 页。

的道德伦理、传统文化和法律秩序之间寻找平衡点。另一方面，《民法典》婚姻家庭编继续保持"宜粗不宜细"的立法风格和"克制主义"的立法立场，这决定了对《民法典》婚姻家庭编之外的规范的吸纳是非常必要的，但必须在符合其价值取向的前提下进行。从情事变更制度的产生、形成和发展历程来看，其始终秉持实质正义的价值观念，强调根据法律关系的实际情况，审慎而又不失灵活地处理案件问题。最为重要的是，情事变更制度要求按照诚实信用原则履行法律行为，但对不诚信者的处理却相对温和，使其承担一定的风险但又不完全剥夺其利益，体现出一种"张弛有道"的法律行动逻辑。这些均与我国婚姻家庭法的价值取向不谋而合。

其次，还应考察情事变更制度在婚姻家庭领域的适用是否存在事实上的可能性，以及是否具有理论准备和实践支撑。事实证明，潘德克顿的民法学科体系是科学的体系，相较于其他民法技术科学，是最为彻底和最为完善的。[1]《民法典》编纂的立法技术向潘德克顿民法学科体系的转变，标志着我国婚姻家庭立法在摆脱对苏俄"维辛斯基的规范定义"的屈从依附、回归大陆法系传统以及实现中国民法体系化和科学化的道路上迈出了具有里程碑意义的一步。[2]在采取"提取公因式"立法技术编纂的法典框架下，民事法律制度之间的冲突和抵触被最大限度地消除，各分编之间不再是"各自为政"的"独立王国"，而是相互联系、相互照应的关系。根据"提取公因式"的立法逻辑，当婚姻家庭编的适用出现"法律不足"问题时，应当向总则编或其他分编寻找依据。而《民法典》合同编第464条第2款之规定，则进一步为涉及人身关系的协议参照适用包括该编第533条规定的情事变更制度在内的合同法规定提供了明确的规范基础。在这一背景下，已经有不少专家学者对情事变更制度适用于婚姻家庭领域的可行

---

[1] 孙宪忠：《中国民法继受潘德克顿法学：引进、衰落和复兴》，载《中国社会科学》2008年第2期，第102页。

[2] 虽然在中华人民共和国成立之初，我国民法由对德国法（大陆法系）的继受转向对苏联法的继受，但实际上，苏联的民法也是参考德国民法所制定。参见梁慧星主编：《中国民法典草案建议稿附理由：亲属编》，法律出版社2013年版，序言部分第4页。这决定了我国民事立法和民法理论研究始终未脱离大陆法系，也注定了我国民法向大陆法系回归是一种必然结果。

性作了大量调查和分析，亦有法院对夫妻间的财产给予适用情事变更规则予以处理。

就婚姻而言，纵使"不可解散性"是其"具有法的意义的伦理关系"的本质特征，[1]但这也只是"概念上"的推论[2]，现实世界里的婚姻会面临各种情事的变化。法律不能要求当事人必须在婚姻的路上"一条道走到黑"，也无法要求他们对可能出现的情事变化有所预想并作出安排。这既不符合法律对婚姻的期待，也有违婚姻的伦理本质。[3]实际上，我国法律运用情事变更制度处理婚姻家庭问题，并非没有先例可循。国民政府于 1943 年颁布的《出征抗敌军人婚姻保障条例》，虽然延续了《优待出征抗敌军人家属条例》[4]等战时法规严厉禁止离婚和禁止解除婚约的战时立场，甚至还大大加重了处罚[5]，但其中的第（三）项规定被我国台湾地区学者认为是关于情事变更下解除婚约的内容。因为该项规定，在抗战军人出征期内，"其未婚妻除依民法第九百七十六条第一款或第八款规定外，不得解除婚约"[6]，实际上就是允许抗战军人的未婚妻在对方另行订婚、结婚或受到徒刑宣告等情况下径直解除婚约，并免受处罚。[7]在 20 世纪末的夫妻财产法改革中，立法

---

〔1〕 ［德］黑格尔：《法哲学原理》，邓安庆译，人民出版社 2016 年版，第 301—305 页。

〔2〕 《马克思恩格斯全集（第 1 卷）》，人民出版社 1995 年版，第 348 页。

〔3〕 田韶华：《夫妻间赠与的若干法律问题》，载《法学》2014 年第 2 期，第 79 页。

〔4〕 比如《优待出征抗敌军人家属条例》中规定，"出征抗敌军人在服役期内，其妻或未婚妻无论持何理由，不得离婚或解除婚约"。参见《国民政府公报》（渝字第 424 号），1941 年 12 月刊。转引自江红英：《国民政府与抗战时期的军人优抚》，载《抗日战争研究》2012 年第 1 期，第 83 页。《出征抗敌军人婚姻保障条例》第（一）项则重申了这一原则，禁止抗战军人的妻子在丈夫出征期间请求离婚。

〔5〕 处罚包括："其妻与他人订婚者除婚约无效外，处六月以下有期徒刑、拘役，或一千元以下罚金；其妻与他人重行结婚者，除撤销其婚姻外，处七年以下有期徒刑，得并科五千元以下罚金；出征抗敌军人因伤成残废后，其妻或未婚妻非取得本人同意不得离婚或解除婚约，其以胁迫利诱或诈术取得本人同意离婚或解除婚约证据者，处三年以下有期徒刑或拘役；出征抗敌军人在出征期内，其妻与人通奸者，处三年以下有期徒刑，得并科三千元以下罚金；出征抗敌军人在出征期内，其未婚妻与人通奸者，处六月以下有期徒刑、拘役，或千元以下罚金。"相与订婚者、结婚者或通奸者亦同罚。转引自吴学义：《事情变更原则与货币价值之变动：战时民事立法》，商务印书馆 1944 年版，第 138 页。

〔6〕 转引自吴学义：《事情变更原则与货币价值之变动：战时民事立法》，商务印书馆 1944 年版，第 138 页。

〔7〕 参见黄源盛纂辑：《晚清民民国法史料辑注（二）》，犁斋社有限公司 2014 年版，第 1100 页。

者把德国的夫妻财产"增益共同制"引入"亲属法",实际上也将其背后的情事变更制度,即行为基础丧失制度一并引入。[1]

在中国共产党领导下的婚姻家庭立法中,也有情事变更思想的体现。比如,1942 年的《晋冀鲁豫边区婚约暂行条例实施细则》第 11 条规定,夫妻一方是荣誉军人的,"他方亦不能因残废提出离婚,但性器官残废,不能人道者,不在此限"[2]。1946 年陕甘宁边区政府公布的《陕甘宁边区婚姻条例》虽然严格限制离婚,但同时也规定,如果出现"患不治之恶疾"和"不能人道",以及"其他重大事由"的,当事人可以向乡政府申请离婚。[3]中华人民共和国成立之后,最高人民法院针对军婚问题,也出台了一些具有情事变更色彩的司法解释或规范性文件,以缓和那些过于刚性的军婚条款的适用效果。此外,相关司法解释中关于子女抚养费的规定亦体现出明显的情事变更思想。比如,《最高人民法院关于贯彻执行民事政策法律的意见》规定,离婚后"父母的经济情况有较大变化"时,双方可以改变原抚养费决定。[4]《最高人民法院〈关于贯彻执行民事政策法律若干问题的意见〉的通知》(〔1984〕法办字第 112 号)亦规定"父母一方的经济情况有较大的变化"时,法院可以根据实际情况予以调整。[5]《最高人民法院印发〈关于人民法院审理离婚案件处理子女抚养问题的若干具体意见〉的通知》(法发〔1993〕30 号)中关于变更抚养费和变更抚养关系的规定则属于典型的情事变更。[6]如此种种,不胜枚举,充分反映出情事变更制度在我国婚姻家庭法中并非没有适用的土壤。

法官的使命在于"发现真的法",而这一过程自然是以成文法作为媒介最为便利。然而,"判断法的真正价值,须审酌各个之具体事实",因此必然要受制于时间、空间的局限。然而,成文法不完全或未予以规定的情况时有

---

〔1〕 戴东雄:《亲属法论文集》,三民书局股份有限公司 1988 年版,第 138—139 页。

〔2〕 刘素萍主编:《婚姻法学参考资料》,中国人民大学出版社 1989 年版,第 39 页。

〔3〕 张晋藩主编:《中国民法通史》,福建人民出版社 2003 年版,第 1319—1320 页。

〔4〕 刘素萍主编:《婚姻法学参考资料》,中国人民大学出版社 1989 年版,第 153 页。

〔5〕 同上,第 161 页。

〔6〕 参见《最高人民法院关于人民法院审理离婚案件处理子女抚养问题的若干具体意见》,威科先行法律信息库,https://law.wkinfo.com.cn/legislation/detail/MTAwMDAwOTUyNDA%3D?searchId=b6648dd8e7514ae2a80f46e305b728bd&index=1&q=%E5%AD%90%E5%A5%B3%E6%8A%9A%E5%85%BB&module=。

发生，"但社会上有其活动之事实时，斯有法的存在"，"故适用法律，非于成文法本体中发现法，乃依成文法，即如何运用解释成文法，而发现真正的法"[1]。一方面，婚姻家庭关系具有复杂性和多变性，法院不能期望株守粗略的法律条文就能够解决所有问题，特别是在婚姻家庭的形态和结构都已发生了翻天覆地的变化的背景下。另一方面，情事变更制度在契约和法律行为领域都取得了长足的发展，对促进契约制度和法律行为制度的丰富完善也发挥了无可比拟的重要作用；而在这个过程中，情事变更制度表现出了向婚姻家庭领域扩张的趋势，尤其是在涉及财产相关的问题上。所谓"清官难断家务事"，婚姻家庭案件的复杂多变，每个案件都有其独特之处，对它们预先规定判断方法或标准是不切实际的。如不打破婚姻家庭法与情事变更制度之间的"壁"，法官的主观能动性就无法得到充分的发挥，只能陷于抽象和机械的咬文嚼字而株守文义主义之末枝，最终导致裁判的空泛贫乏，甚至与客观事实相悖。从某种意义上来说，婚姻家庭法与情事变更制度之间的"破壁"是民法体系化和婚姻家庭法近代化的必然结果，也是运用现代法律思维解决婚姻家庭事务的必然要求。

（三）在彩礼返还中引入情事变更制度的意义

现实生活中，因彩礼返还而产生的纠纷层出不穷，在学界和司法实务界引发了长久不息的争论。如前所述，附解除条件的赠与说仅能适用于部分彩礼返还情形，并不足以成为解决实际问题的最佳方案。对比之下，情事变更制度的理论依据（法律行为基础丧失说）更为贴合彩礼返还的问题实质。而《民法典》第 464 条第 2 款之规定，为"有关身份关系的协议"适用包括第 533 条的情事变更制度在内的合同法规则提供了"作为指示参照的法定拟制"[2]的规范基础。从情事变更制度的规范目的和彩礼返还案件本身所具有的特点来看，情事变更制度对彩礼返还具有较大的适用空间。

1. 在彩礼返还中引入情事变更制度的合理性和可行性

虽然情事变更制度产生于传统的契约领域，但随着契约理论的丰富和发

---

〔1〕 吴学义：《事情变更原则与货币价值之变动：战时民事立法》，商务印书馆 1944 年版，第 28 页。

〔2〕 所谓"法定拟制"，指的是立法者有意地将明知为不同的事物等同视之。参见［德］卡尔·拉伦茨：《法学方法论》，陈爱娥译，商务印书馆 2018 年版，第 142 页。

展，以及个人资产的流动性大幅增加，其适用范围早已跨出了契约法的框架，就像其法律思想最早源于古代欧洲大陆，而现今却早已遍及世界多数法系一样。对于在彩礼返还中引入情事变更制度的合理性和可行性分析，不妨首先来考察比较法中可资借鉴的经验和做法。

（1）比较法中可资借鉴的经验

①罗马法中的嫁资返还制度

在罗马法中，婚前的财产给予包括嫁资（妆奁，dos）和婚娶赠与（donatio propter nuptias）。前者指的是结婚时由女方带至男方家的财产，后者则指的是婚前由男方或其家长向女方作出的赠与。[1]不过由于女方在婚后往往会进入男方家庭生活，故婚娶赠与其实仍由男方实际拥有；除非双方另有约定，一般不发生财产权利的移转，因此通常不存在返还的问题。[2]而嫁资虽然是女方或女方父母向男方作出的财产给予，但其在传统文化和婚姻习俗中的意义和地位，以及在司法实践中所面临的现实问题等都与彩礼极为相似。在罗马法时期，城邦已经具备了较为完备的嫁资法，嫁资返还亦已形成较为完善的法律制度，其中不少内容，尤其是通过对情事变更制度的运用以实现对女方和子女利益的保护，即便置于当下的社会环境中仍是熠熠生辉。[3]目前，嫁资现象在许多传统大陆法系国家中依然存在，其中瑞士、葡萄牙和巴西等国家的婚姻家庭法还对嫁资制度有所规定。

嫁资返还制度是嫁资法的核心。嫁资是女方对男方的"婚姻赠与"，由于嫁资是以缔结婚姻为目的和前提，因此不同于一般意义上的赠与。[4]如乌尔比安所言，"如果婚姻不成立，也就没有嫁资一说，因为没有婚姻就不可能有嫁资"。[5]因此，婚姻的不成立自然构成了嫁资返还的正当理由。在罗

---

〔1〕 ［德］马克斯·卡泽尔、［德］罗尔夫·克努特尔：《罗马私法》，田士永译，法律出版社 2018年版，第 628—637 页。

〔2〕 周枏：《罗马法原论（上册）》，商务印书馆 2014 年版，第 231—232 页。

〔3〕 ［古罗马］优士丁尼：《罗马法民法大全翻译系列·学说汇纂（第二十三卷）：婚姻与嫁资》，罗冠男译，［意］腊兰校，中国政法大学出版社 2013 年版，序言部分第 9 页。

〔4〕 周枏：《罗马法原论（上册）》，商务印书馆 2014 年版，第 215 页。

〔5〕 ［古罗马］乌尔比安：《论告示》（第 63 卷），载［古罗马］优士丁尼：《罗马法民法大全翻译系列·学说汇纂：婚姻与嫁资（第二十三卷）》，罗冠男译，［意］腊兰校，中国政法大学出版社 2012 年版，第 67 页。

马法的历史中，嫁资返还制度不断地变化和演进。古典时期，嫁资一旦交付便归于男方所有，因此不存在返还的问题。[1]到了共和时期，随着"无夫权婚姻"日渐盛行，离婚现象增多，为了保护妇女利益，法律允许女方在婚姻破裂之际，通过"妻物之诉"（actio rei uxoriae）请求男方返还嫁资。[2]"妻物之诉"的指向是"对其更加善良公正"，因此法官具有较大的自由裁量空间，可根据案件的实际情况判定返还与否，以及返还的数量和范围。[3]至后古典时期，"嫁资作为女方在婚姻结束之后生存基础的规定性问题逐渐显现出来"，女方请求返还嫁资的诉讼逐渐成为一项法定的"返还嫁资之诉"（actio dotis）。在这一过程中，嫁资返还从最初仅适用于离婚情形，扩展至一切"因不可归责于女方的原因"导致婚姻破裂的情形；而即便女方确系存在过错，法官仍必须"以最公正之标准"斟酌客观情况以作出适当的裁判。[4]而在此过程中确立的"妻之嫁资优先受偿"和"受监护人优先受偿"更是成为现今大陆法系中"优先权"的雏形。[5]

罗马法中的嫁资返还，强调婚姻缔结这一目的和前提的丧失，并侧重于对女方施以特别保护。而对基础丧失的考察，虽以婚姻破裂为首要考量，但并非"全有或全无"标准，而须考察各种情事后再做评估。比如，如果丈夫的经济情况不佳，返还嫁资可能会导致其无法维持正常生活的，可以酌情减免。[6]此外，当事人还可就嫁资返还的时间、形式等自行协商确定。法律还规定，如果女方意外失去判断能力的，其父亲可代为提起"返还嫁资之诉"。即便在今天，嫁资依旧是一个颇具生命力的社会制度。尽管意大利在 1975 年的民法现代化改革中废除了罗马法上的嫁资制度，但嫁资在民间依旧沿用不

---

〔1〕　周枏：《罗马法原论（上册）》，商务印书馆 2014 年版，第 218—219 页。

〔2〕　在婚姻关系存续期间，女方仍无法享有对嫁资的管理和收益权利，这导致她们离婚后很难实际取回嫁资。参见崔兰琴：《古罗马法中的嫁资返还制》，载《中西法律传统》2006 年第 1 期，第 109 页。

〔3〕　[德] 马克斯·卡泽尔、[德] 罗尔夫·克努特尔：《罗马私法》，田士永译，法律出版社 2018 年版，第 632 页。

〔4〕　[意] 彼德罗·彭梵得：《罗马法教科书》，黄风译，中国政法大学出版社 2018 年版，第 135 页。

〔5〕　刘光：《优先权制度的历史考证与分析》，载《法学论坛》2002 年第 4 期，第 65 页。

〔6〕　叶英萍、禤丽琴：《罗马法嫁资制度及其现代启示》，载《外国法制史研究》2014 年第 17 卷，第 207 页。

息，而因嫁资返还所引发的纠纷也仍然普遍存在。对于嫁资返还案件，由于现行法律中较少规定如何处理，法院便在对罗马法上嫁资返还制度进行有益借鉴的基础上，进一步运用情事变更原则进行处理。[1]

②德国法中的行为基础丧失制度

德国法中对"基于婚姻之给予"的返还，是运用行为基础丧失制度（情事变更制度）最为典型的例子。如前所述，"基于婚姻之给予"是一种超出礼物意义的赠与，通常不适用于赠与规则。[2]一般认为，"婚姻破裂"[3]是"基于婚姻之给予"返还的前提，对于"婚姻破裂"之后的"基于婚姻之给予"的返还问题，德国联邦最高法院曾尝试根据《德国民法典》第722条和第730条认定为双方为"配偶内部合伙关系"，从而赋予配偶以合伙法上的合伙份额分割请求权。[4]但此举遭到了学界的猛烈批评，认为这是通过"虚构事实"的做法来认定法律关系。[5]而且，认定"配偶内部合伙关系"并非易事，需要双方确实存在"某种超越婚姻共同生活的合伙目的"，且"限于平等合作"的情形，仅查明这些情况就足以令法官头疼了。加上这一路径无法适用于公婆、岳父母等作出财产给予的情形，故在司法实践中的运用并不多，只有在尝试其他方法无果后，才作为一种公平矫正的救济手段。于是，德国法院转而以行为基础丧失理论解释夫妻之间的财产给予，认为这些给予是基于某种推定成立的家庭法上的合同而发生的，而婚姻的存续又构成了这些合同的行为基础。[6]财产给予的行为基础因婚姻的破裂而丧失，若不能期待给予方愿意继续维系婚姻关系，就将产生《德国民法典》第313条第1款之返还请求权。

---

〔1〕 意大利民法改革后废除嫁资制而改夫妻财产共同制为法定夫妻财产制，但也允许夫妻自行约定财产制，这实际上是一种复合的夫妻财产制度。其法定夫妻财产制其实带有"增益共同制"的色彩，因此也就在事实上采纳了情事变更的思想。参见罗冠男：《意大利夫妻财产制度的历史发展与现状》，载《比较法研究》2015年第6期，第86—87页。
〔2〕 ［德］迪特尔·施瓦布：《德国家庭法》，王葆莳译，法律出版社2010年版，第109页。
〔3〕 所谓"婚姻破裂"，即婚姻的共同生活已经不复存在，并且不能真正预期双方会恢复共同生活。参见《德国民法典》第1565条第1款。
〔4〕 ［德］迪特尔·施瓦布：《德国家庭法》，王葆莳译，法律出版社2010年版，第110页。
〔5〕 王葆莳：《德国婚姻赠与返还制度研究》，载《中国应用法学》2020年第3期，第146页。
〔6〕 ［德］迪特尔·施瓦布：《德国家庭法》，王葆莳译，法律出版社2010年版，第110页。

2012 年 6 月 27 日，德国联邦最高法院在一项重要判决中对行为基础作出极为详尽的阐释，并指出配偶之间可以基于行为基础丧失原则请求对方返还"基于婚姻之给予"的财产。联邦最高法院还进一步指出，即使某项给予并不构成"基于婚姻之给予"的赠与，也应当适用行为基础丧失理论，因为在双方当事人具有"共同预想"的情况下（即不能仅凭一方当事人的期待），实现婚姻共同生活也有可能构成这种给予的行为基础。[1]

德国法院对于"基于婚姻之给予"的返还，主要分为以下三种情形：一是配偶之间的返还。这是最为常见的类型。德国法院认为，配偶一方对另一方的给予，若是基于"实现、建立和维持或保障婚姻共同生活为目的，并且预想自己可以在婚姻共同生活中持续获益"的行为基础，就可构成"基于婚姻之给予"；若行为基础丧失，则接受给予方须返还财产。对于返还的范围和数额，法院应当在考察给予的类型范围以及时间、婚姻持续的时间、双方对给予财产共同享受的时间，以及接受给予方照顾家庭子女的情况、双方的收入和财产关系等具体情况的基础上加以判定。[2]二是对公婆（或岳父母）的返还。德国联邦最高法院在一项判决中指出，公婆（或岳父母）为自己子女结婚所作出的给予，可根据《德国民法典》第 313 条之规定请求返还。因为公婆（或岳父母）在作出给予时是设想子女的婚姻共同生活持续存在的，甚至可能预想从这种婚姻共同生活中持续获益，比如儿媳（或女婿）对自己的赡养和照顾等。那么，婚姻一旦破裂，这种财产给予的行为基础即告丧失，他们便可根据行为基础丧失规则要求儿媳（或女婿）返还所给予的财产。不过，联邦最高法院也同时指出，对于不具有上述预想的给予应认定为赠与，但这并不妨碍对行为基础丧失规则的适用。[3]三是未婚者之间的返还。德国法院认为，由于未婚者之间不具有法律上的联系，他们之间的财产给予通常应属于赠与；但若此种给予系建立在维护共同生活或实现婚姻的"共同预想"之上，则不属于赠与，而构成"无

---

〔1〕 王葆莳：《德国婚姻赠与返还制度研究》，载《中国应用法学》2020 年第 3 期，第 151—153 页。

〔2〕 ［德］迪特尔·施瓦布：《德国家庭法》，王葆莳译，法律出版社 2010 年版，第 111 页。

〔3〕 BGH Urteil vom 21. Juli 2010 – XII ZR 180/09, Fam RZ2010, 1626, Rn. 13. 转引自王葆莳：《德国婚姻赠与返还制度研究》，载《中国应用法学》2020 年第 3 期，第 154—155 页。

名给予"[1]。共同生活破裂之后，给予方可基于行为基础丧失规则请求对方返还所给予的财产。[2]此外，对于未婚者的父母给予财产的返还，类推适用对公婆（或岳父母）的返还规则。

总结而言，德国法中"基于婚姻之给予"适用的范围较为广泛，既包括配偶之间的给予，也包括父母对配偶一方以及未婚者之间的给予；既可以发生在婚前，也可以发生在婚姻关系存续期间。只要财产给予的行为基础丧失，法院就允许当事人在不违反诚实信用原则的前提下，要求对方返还财产。

③英美法系契约受挫制度下的"衡平救济"

英美法系中没有专门的嫁资或彩礼形式，但通过判例法或成文法构建了婚前财产给予的返还制度体系。在英美法系中，婚前财产给予被视为一项婚前契约，为了实现平等保护，法院多致力于在裁判中缩小其与婚后契约之间的差别。[3]婚前契约的目的在于实现和维持婚姻共同生活，而婚姻未能缔结或离婚就相当于契约受挫。其法律后果是契约未履行的部分无须再履行、已履行的部分可主张恢复原状。[4]由于契约受挫的后果是"自动、立即和毫不犹豫的"[5]，"当事人说什么和做什么仅仅是证据"[6]，因此可能有损公平正义，需要对当事人之间的权利义务关系作进一步的"衡平救济"。对此，英国法院除了审查婚前契约是否符合契约自由和当事人意思自治原则，还要求对契约本身作"实质公正审查"。所谓"实质公正审查"，就是根据客观情事的变化，对婚前契约的内容进行一定的调整，从而缓和契约受挫制度的上

---

[1] 在德国法上，"无名给予"与"基于婚姻之给予"的效果是一样的，两个概念也经常互用。

[2] 需要指出的是，德国法院的这一立场并非一以贯之，早先也曾明确否定未婚者之间可适用《德国民法典》第313条之规定请求返还给予，但在2008年7月9日的一项判决中，德国联邦最高法院改变了立场，认为在非婚共同体中也存在婚姻框架下的"基于婚姻之给予"情形。

[3] [德]妮娜·德特洛夫：《家事契约——自治权问题》，张敏等译，载[德]Katharina Boele-Woelki等主编，樊丽君等译：《欧洲婚姻财产法的未来》，法律出版社2017年版，第64—65页。

[4] 原蓉蓉：《论合同解除中的合同目的不能实现》，载《学术论坛》2012年第5期，第71—72页。

[5] Hirji Mulji v. Cheong Yue SS Co [1926] A. C. 497：505. 转引自原蓉蓉：《论合同解除中的合同目的不能实现》，载《学术论坛》2012年第5期，第71页。

[6] 同上。

述效果，进而矫正双方当事人利益不均衡的状态。Rix 勋爵在一项判决中指出，"实质审查的目的在于应对夫妻双方未知且无法预知的突发事件"，这种突发事件"会随着时间的变化而在形态或程度上有所变化"[1]。比如，双方当事人共同生活（不论是否已婚）持续的时间越长，他们就越不倾向于对情事的变化作预想，但实际上发生某种事情变化的概率却在不断增加。此时，法官对婚前契约可执行的把握就要更为慎重。

相较于英国，美国法院为缓和契约受挫后果所作出的努力则更为明显。在美国，婚前的财产给予同样被视为一种婚前契约，它与其他契约一样要求有一定的对价，但"通常只要双方当事人相互同意缔结婚姻就足够了"[2]。多数州法院认为，无论是在夫妻之间还是在未婚同居者之间，这类婚前契约都是可以被强制执行的，"只要不是明确建立在以提供性服务为对价的基础之上"[3]。一般情况下，婚前契约应书面签订，但"默示"同样具有法律效力，只要"双方能够清楚地理解二人的关系构成某种形式上的共担风险或合伙体"；若确实缺乏相关证据证明，法官也可以根据"平衡救济的原则而避免一方牺牲另一方的利益"[4]。鉴于婚前给予的财产常常与对一方的扶养和对子女的抚养密切联系，法官对此会表现得更为敏感，会通过双方同居的事实、保持同居关系的期限、双方共享资源和相互扶持等具体情况，力求在个案中寻求微妙的权衡。由于当事人作出婚前财产给予的背景通常是双方的共同生活在某种程度上已经像已婚夫妻那样在经济上不分彼此、行为举止亦与已婚夫妻并无二致，因此当这种关系破裂时，女方通常会在经济上遭受更大的损失，故有必要对女方给予特殊的保护。[5]在美国法律研究院（American Law Institute）于 2002 年出版的《家庭解体法律原则》（Principles of the Law

---

[1] Radmacher v. Granatino［2009］EWCA Civ 649. 转引自夏江皓：《情事变更制度在与离婚相关的财产协议中的参照适用——以婚前协议为例》，载《法制与社会发展》2022 年第 1 期，第 95 页。

[2] ［美］哈里·D. 格劳斯、［美］大卫·D. 梅耶：《美国家庭法精要（第五版，2007 年）》，陈苇等译，中国政法大学出版社 2010 年版，第 55 页。

[3] Joannal L Grossman, et al. , *Inside The Castle: Law and Family in 20th Century America*, Princeton, Princeton University Press, 2011, p. 131.

[4] Ibid, p. 131 - 132.

[5] Cynthia Grant Bowman, *Social Science and Legal Policy: The Case of Heterosexual Cohabitation.* Journal of law & Family Studies, Vol. 9. No. 1, 2007, pp. 20-26.

of Family Dissolution)中，提出对未婚者关系破裂之后的财产权利应与已婚者一视同仁，并力促各州将其纳入法律。尽管美国各界关于是否支持同居形态作为婚姻的有效替代品还存在争议，但法院已经基本形成了一种共识，即"事实承诺"和"礼义承诺"都具有合法性；在处理双方当事人之间财产给予的问题上，不必照搬契约法中的规则，而是有针对性地"移植"契约受挫制度，从而服务于公平价值。[1]

（2）我国在彩礼返还中引入情事变更制度的合理路径

上述比较法的经验证明，在与彩礼返还的类似问题上引入情事变更制度并非理论上的构想，而是已经在实践中得到检验的。那么，这一做法之于彩礼返还又是否可行呢？在我国，由于"法律不足"的情况长期存在，司法实务对纷繁复杂的彩礼返还案件不得不以"公平原则""诚实信用原则""公序良俗原则"等一般原则作为裁判依据。[2]但这显然有"向一般条款逃逸"的趋势，使得案件的处理过于依赖法官的主观判断，而法官个人的理论素养和专业水平参差不齐，导致恣意裁判的情况颇为普遍，有损司法权威和法制统一。在立法尚未提供一般性和兜底性的情事变更规则的情况下，从解释论上寻找"权益"路径成为一项必要和现实的选择。如本节开头所述，《民法典》第533条规定了情事变更制度，而《民法典》第464条第2款又为合同之外的契约等适用前述条款提供了规范基础。换言之，对《民法典》第464条第2款的解释论展开便是在彩礼返还中引入情事变更制度的前提条件。

根据《民法典》第464条第2款之规定，对于"有关身份关系的协议"，原则上适用有关该身份关系的法律规定；没有规定的，可以根据其性质参照适用合同编的相关规定。根据该规定之文义不难得出，"有关身份关系的协议"适用合同编相关规定的前提条件是：第一，法律对某一身份关系协议没有特别规定，若有，则直接适用该特别规定而不能适用其他规定；第二，该身份关系协议适用合同编须满足在"性质"上具有一致性或不存在障碍，否

---

[1] Joannal L Grossman, et al., *Inside The Castle: Law and Family in 20th Century America*, Princeton, Princeton University Press, 2011, pp. 140 – 141.

[2] 笔者在威科先行法律数据库通过关键词检索发现，在11 986件涉及彩礼返还的民事案件的裁判文书中，有1368件援引公平原则，有617件直接援引《民法通则》第29条或《民法总则》第7条关于"诚实信用原则"的规定裁判，有372件以"违反公序良俗"为由判决返还或不返还。

则一律不得适用；第三，适用为"参照适用"（即准用），而非类推适用，因此法官的自由裁量空间相对有限；第四，即便在满足前述条件的情况下，适用也非必然结果，需要法官承担"额外的论证负担"，以证明适用合同编的规定是最佳方案。[1]然而，在具体实践中法官首先要回答的问题是，关于身份关系协议依其"性质"可以参照适用《民法典》合同编相关规定，该"性质"应如何判定？对这一问题的回答攸关案件裁判结果的走向，但立法者却并未给出进一步的说明，相关司法解释亦未表明足够清晰的裁判立场。因此，在身份关系协议和财产法规则的衔接问题上，仍存在大量的模糊地带。

立法者在《民法典》第 464 条第 2 款之规定中使用的是"有关身份关系的协议"而非"身份关系协议"，这本身就饱含深意。详言之，"有关身份关系的协议"既包括纯粹的身份关系协议，也包括兼有身份关系内容和财产关系内容的"杂糅性"协议。就彩礼而言，其本质上虽然属于赠与，但很大程度上被作为婚约这类身份协议的组成部分却极少单独存在。而且，彩礼是男方有意识地以构建身份关系为目的而向女方作出的财产给予，并非纯粹的无偿移转财产为对方所有，故而无法完全归类于合同法上的赠与。显然，彩礼应属于"有关身份关系的协议"中的"杂糅性"协议，而这种"杂糅性"一方面为其适用合同编奠定了基础，[2]另一方面也决定了这种适用必然受到一定的限制。[3]与此类似的情形还包括夫妻财产协议、忠诚协议、意定监护协议、遗赠扶养协议和离婚协议等。由于"有关身份关系的协议"内涵的丰富多元，加之法律规定文义上的不明确性，故无法从概念和形式逻辑的角度推演得出一个统一的结论，有必要在对身份关系协议进行类型化的基础上分别加以分析。而伦理性的强弱则为"有关身份关系的协议"的类型化提供了一个颇具操作性的判断标准。

根据伦理性的由强渐弱，"有关身份关系的协议"可具体类型化为纯粹

---

[1] 申晨：《〈民法典〉视野下婚内协议的效力认定》，载《法学评论》2021 年第 6 期，第 181—182 页。

[2] 阚凯：《婚姻协议参照适用〈民法典（合同编）〉的困境与出路》，载《北方论丛》2021 年第 5 期，第 99 页。

[3] 王雷：《论身份关系协议对民法典合同编的参照适用》，载《法学家》2020 年第 1 期，第 33—34 页。

的身份关系协议（如结婚协议、收养协议等）、身份财产混合协议（如夫妻之间的忠诚协议、婚内财产分割协议等）和身份财产关联协议（如近亲属之间的意定监护协议、遗嘱和遗赠扶养协议等），其中身份财产混合协议与身份财产关联协议合称为身份财产协议。[1]由于伦理性所代表的"利他性"与契约（等价交换）所代表的"利己性"在本质上是相互排斥的，[2]而这造就了身份法与财产法之间依旧无法跨越的鸿沟。[3]因此，一份协议的伦理性越强，其适用于合同编的阻力就越大，反之则越小。显然，彩礼属于身份财产协议的范畴，而且以身份财产关联协议为主要形态。因此在所有"有关身份关系的协议"类型中，彩礼对合同编适用的条件是最为宽松的。而通过前文关于"婚姻家庭法与情事变更制度之间的'破壁'"的论述可知，情事变更制度与我国婚姻家庭法在价值取向上是并行不悖的，在理论和实践上均不存在实质性的障碍。因此，根据《民法典》第464条第2款之规定，对彩礼返还案件参照适用情事变更制度是完全可行的。当然，情事变更制度被引入彩礼返还，并非保持一成不变的形态，它可以根据彩礼返还的具体情形有所调整。这是因为，"作为指示参照的法定拟制"本质上仍是一种表达工具，既可以实现指示参照之作用，亦可以承担限制或说明的功能，这取决于法律意义脉络和法律目的。[4]

有学者指出，情事变更制度虽然发展于灾变时期，但其意义并非只适应特殊时期或特殊环境之需要，而是构造出一种"促进合理裁判的新标准"；而这种标准所追求的结果是"给予人们解决争点之一定规矩准绳"，同时"预防、杜绝不必要、不安分的讼争"[5]。这也是情事变更制度的两种机能之体现，即"相对的价值判断机能"和"预防争讼机能"。[6]总之，《民法

---

[1] 冉克平：《"身份关系协议"准用〈民法典〉合同编的体系化释论》，载《法制与社会发展》2021年第4期，第75页。

[2] [日]川岛武宜：《现代化与法》，申政武等译，中国政法大学出版社2004年版，第10—11页。

[3] [奥]卡尔·伦纳：《私法的制度及其社会功能》，王家国译，法律出版社2013年版，第72—73页。

[4] [德]卡尔·拉伦茨：《法学方法论》，陈爱娥译，商务印书馆2018年版，第143—144页。

[5] 吴学义：《事情变更原则与货币价值之变动（战时民事立法）》，商务印书馆1944年版，第28—29页。

[6] 同上，第29页。

典》第 464 条第 2 款通过"参照适用"弥补了我国民法体系化上的不足，不仅为"有关身份关系的协议"适用情事变更制度提供了规范基础，还为实现身份法与财产法之间的沟通联络创造了有利条件，因此也被学者称赞为"展现民法体系化的一把秘密钥匙"[1]。

2. 在彩礼返还中引入情事变更制度的必要性

上文分析了情事变更制度适用于彩礼返还的合理性和可行性，说明在彩礼返还中引入情事变更制度的道路是通畅的。但若无须借助情事变更制度、仅依现行法律规范便足以妥善处理彩礼返还案件，那么就完全没有必要再大费周章了。因此，必须进一步挖掘情事变更制度之于彩礼返还的特殊价值，从而明确在彩礼返还中引入情事变更制度具有充分的必要性。

首先，彩礼具有多面性和复杂性，决定了司法实践必须跳出"非此即彼"的定式思维框架，转而采取更具兼容性和调和性的理论路径。考察司法实践的相关案件不难发现，不同法院对彩礼返还案件从定性到定论，差异巨大。一方面是由于一些法官对相关概念的理解和认识存在误区，另一方面则是彩礼自身具有多面性和复杂性，仅确立某种固定的判断标准，难以达到一劳永逸的效果。彩礼兼具身份属性和财产属性，这两种属性既相互对立又相互联系，且二者的关系并非一成不变的，也许在某个场合中表现出强烈的身份属性，而在另外的环境下则更具财产协议的特质。可以说，彩礼本身就是一个"矛盾体"，需要司法实践跳出"非此即彼"的定式思维框架，以更高、更全面的站位去观察、理解、诠释和解析与彩礼相关的一系列问题。特别是在市场经济的冲击和欧风墨雨的浸润下，我国的婚姻家庭结构发生了前所未有的重大变化，具体表现包括家庭形态日趋多元、婚姻稳定性下降、人们对婚姻的期待降低以及个人主义的盛行等，甚至出现个别的"异化"倾向。[2]在这一背景下，彩礼习俗虽然在社会生活中得以延续，但其形式、内容、功能和效果等都迥然不同于过去。尤其是在婚姻自由和独立平等观念深入人心

---

〔1〕 王雷：《论身份关系协议对民法典合同编的参照适用》，载《法学家》2020 年第 1 期，第 36 页。
〔2〕 陈辉：《家庭因素在我国婚姻立法中的缺失、问题与解决》，载《宁夏社会科学》2018 年第 6 期，第 50—51 页。

的今天，婚约等传统婚姻习俗对人们的拘束力大大消退，彩礼给予的行为基础所赖以存在的现实条件在时刻变化着，而当事人对这种变化往往很难预知或根本无法预知。面对多元化的客观现实，法律只能以更加弹性动态的法律调控机制来回应，否则必然导致实质的不公平。[1]而情事变更制度恰好满足了这一需要。

其次，我国婚姻家庭法的制度供给不足决定了其必须突破在与民法体系长期分立环境下造成的自我封闭，主动同债法以及民法的一般规定融合。彩礼返还案件在司法实务中的困境，暴露出婚姻家庭法既有规范的严重不足，而这一状况不仅在彩礼返还上表现明显，在其他许多问题中也同样存在。究其根源，乃因我国婚姻家庭立法遵循"宜粗不宜细"的立法模式和追求"通俗化"的立法思维，从而失去了逻辑上的严谨和内容上的精细，甚至出现了大量的法律漏洞。[2]而对苏俄模式不加批判地全盘照搬，[3]则导致婚姻家庭法长期游离于民法体系之外，使其在理论发展和制度构建上均陷于孤立。虽然《民法典》的编纂大大推进了我国民法的体系化和科学化，但延续了半个多世纪的立法传统的影响依旧牢固，最突出的表现便是婚姻家庭编不仅在体量上过于单薄，[4]在内容上也基本沿袭原《婚姻法》，加上之后的《民法典婚姻家庭编司法解释（一）》基本上是对既有司法解释的整合，从而错失了从婚姻家庭法内部解决彩礼返还问题的宝贵机会。然而，矛盾纠纷的客观存在要求司法机关不能被动地等待新一轮的立法，而亟须在现有的法律制度框架下寻找妥善解决问题的最佳路径。

不可否认，在经济全球化和人类文明现代化的历史进程中，婚姻家庭的

---

[1] ［德］妮娜·德特洛夫：《家事契约——自治权问题》，张敏、樊丽君译，载［德］凯塔琳娜·博埃勒-韦尔基等主编：《欧洲婚姻财产法的未来》，樊丽君等译，法律出版社2017年版，第61页。

[2] 徐涤宇：《婚姻家庭法的入典再造：理念与细节》，载《中国法律评论》2019年第1期，第113—114页。

[3] 自十月革命后的"战时共产主义"时期开始，苏俄的婚姻家庭法便被置于民法典之外而单独立法，以体现配偶之间、父母子女之间的关系决然不同于资产阶级的财产关系。参见［德］K.茨威格特等：《比较法总论》，潘汉典等译，法律出版社2018年版，第544—553页。

[4] 《民法典》七个分编共1260个条文，其中婚姻家庭编（含原《中华人民共和国收养法》的内容）仅占79个条文，而大陆法系中具有代表性的民法典中的家庭编或亲属编，条文数量多的可至500余条，少的也在150条以上。

伦理性不断减弱而个体性不断增强，促使个体从身份的束缚中解放出来。但与此同时，也不可避免地出现了社会关系的松散化和个体化倾向。这对婚姻家庭和社会生活方式而言无疑是一场革命，不仅造成了婚姻家庭的"解构"，也促进了婚姻家庭的"重构"。[1]这同时也为婚姻家庭法与民法体系的进一步融合创造了价值基础。[2]赋予个人在身份法和财产法中以不同的法律人格，虽然是立法者为守护身份关系的伦理性不被市场理性所侵蚀的无奈之举，实际却造成了"法律人格上的分裂"，进而导致了个人法律人格的缺失和私法权利的受限，同时也增加了法院认定法律行为性质和效力的困难，导致司法效率的低下。《民法典》编纂下婚姻家庭法向民法体系的回归则为治愈这种"法律人格上的分裂"提供了客观条件。而情事变更制度可以成为弥补法律规范不足的有力抓手。

此外，从方法论的角度看，对彩礼返还问题的处理需要接受情事变更制度的指导。

第一，情事变更制度可以为当事人提供更全面的救济。前文已述，彩礼给予在法律性质上应属于"基于婚姻之给予"。作为"基于婚姻之给予"的彩礼与许多涉及婚姻家庭的契约一样，通常无法像其他财产契约中的标的那样是经过双方当事人的议价之后确定的，而是在综合考虑多重内部因素和外部因素的基础上，方能够确定。[3]比如，双方当事人的经济状况、受教育程度、彼此的感情投入和个性发展，以及对婚姻共同生活的安排、关系中涉及的子女或已经进行的投资等，均可构成影响。因此，促使和影响当事人作出彩礼给予的基础条件在事后发生变化的可能性非常大。此外，彩礼的价值和意义对不同的当事人而言会有较大的差别，是否可予返还以及对返还程度和范围的确定攸关当事人的切身利益，而且往往涉及父母、子女及其他亲属的重大利益。在情事变更制度的指导下，法院不应当仅凭婚姻是否缔结或婚姻共同生活是否持续认定彩礼应否予以返还，而是在综合考察诸内部因素和外

---

〔1〕 张伟：《转型期婚姻家庭法律问题研究》，法律出版社 2010 年版，第 3—4 页。

〔2〕 刘征峰：《论民法教义体系与家庭法的对立与融合：现代家庭法的谱系生成》，法律出版社 2018 年版，第 103—114 页。

〔3〕 Heather Mahar, *Why Are There So Few Pre - nuptial Agreements*? John M. Olin Center for Law, Economics, and Business. Harvard Law School, Discussion Paper No. 436, 2003, p. 11.

部因素的基础上，对彩礼返还的范围和数额作出判定，从而对双方当事人的利益关系进行平衡。对收受彩礼方而言，婚姻共同生活不能实现往往会对其造成情感和精神上的失落，甚至蒙受财产上的损失，一味要求退还彩礼对其难谓公平，应当允许其依据情事变更制度主张不予返还。[1]此外，其为实现和维系婚姻共同生活所做的努力或付出也会被法院所综合考虑，成为其保有全部或部分彩礼的根据。对给予彩礼方而言，尽管其作为赠与人的任意撤销权受到限制，却具有在不违背诚实信用原则的前提下，主动解除婚约或婚姻关系后仍可以请求返还彩礼的权利，而不论彩礼是否已经实际交付给对方。这甚至是任意撤销权都不具有的"优势"。

第二，情事变更制度可以对法官的自由裁量权进行必要的限制。如前所述，司法实践对彩礼返还案件的处理存在较为普遍的恣意裁判问题，这是法官自由裁量权的边界不清晰所致。然而，我国婚姻家庭法"宜粗不宜细"的立法风格、立法者有意作出的大量"立法留白"以及民事法律规范的自身特点、语言文字的开放性等因素都决定了"对法官进行授权"是立法的必然选择。[2]毕竟，对制定法未予规定的问题，法官必须依自己的判断，自行寻找"适当且理由充分的答案"。[3]因此，为了杜绝法官的恣意裁判，有必要对自由裁量权的行使进行规范和限制。在制定法的法理框架下，自由裁量是以演绎推理为精髓的司法活动，须以法律论证的一致性和融贯性为必要限度。[4]而演绎推理的基本特征在于重视形式要件和弘扬形式正义（即追求"类案类判"），但这并不意味着自由裁量就是"唯演绎主义"的，而是把演绎推理作为一种"最低限度的立场"。[5]换言之，法官作出裁判不仅要"回顾"先例，

---

〔1〕 费安玲主编：《委托、赠与、行纪、居间合同实务指南》，知识产权出版社2002年版，第175页。

〔2〕 王成：《〈民法典〉与法官自由裁量的规范》，载《清华法学》2020年第3期，第21—26页。

〔3〕 [日]长谷部恭男：《法律是什么？法哲学的思辨旅程》，郭怡青译，商周出版社股份有限公司2012年版，第140页。

〔4〕 陈伟：《自由裁量的理性限度：为演绎主义辩护》，载《中国社会科学评价》2021年第4期，第10—11页。

〔5〕 即便在强调"遵循先例"的英美法系国家，对法官也绝不要求"唯演绎主义"的演绎推理，而是具有相当的弹性，如美国联邦最高法院所言，"只有绝对具有说服力的过场语，才可遵循，但也不是必须遵循"。换言之，法官在自由裁量上的"前瞻"比"回顾"要更为重要。参见胡国平：《美国判例：自由挑战风化》，中国政法大学出版社2014年版，序言部分第37—41页。

还应"前瞻"对未来类似案件的影响，而后者的必要性丝毫不亚于前者。[1]
而这也需要法官审慎决定对当下的案件作出何种判决，否则其作出的裁判文
书很可能成为一个"实质不正义、不合时宜或不可欲的理由"[2]。由于情事
变更制度具有较为明确的适用场域和适用要件，亦可被作为一种"评价尺
度"而发挥作用，因此能够为法官的自由裁量提供一种可视化的工具，从而
使得法律论证不仅可以为理性所控制，其过程亦可被预见。[3]这符合法治的
基本信条，即法律不仅要实现正义，还要以"看得见的方式"实现正义。

　　当然，也有观点提出是否可以适用不可抗力制度解决彩礼返还问题，比
如，新冠疫情暴发后许多地区临时施行隔离管控且持续时间难以确定，导致
一些当事人不得不取消婚约。再比如，因地震、水灾、燃气管道爆炸等灾变
导致一方当事人伤残甚至死亡的，也有可能产生彩礼返还的问题。这些情形
似乎也都符合不可抗力规则的适用条件。然而，不可抗力制度与情事变更制
度所解决的问题、适用的效果都是不同的，尤其是情事变更制度要求不得在
本质上违背当事人的意思自治，而不是骤而消灭义务和责任。而且，不可抗
力导致债务人不能履行的，不论是自始不能还是嗣后不能，亦不论是主观不
能还是客观不能，甚至是可归责于债务人的不能，债权人的给付请求权均被
排除。[4]此外，不可抗力所引发的权利为形成权，而情事变更所引发的权利
为请求权，只有对于后者，法院才具有自由裁量的空间。[5]两相对比，显然
是情事变更制度的补充性和调和性更符合彩礼返还的特性和要求。

　　（四）情事变更制度在彩礼返还中的参照适用

　　根据《民法典》第533条之规定，合同法上的情事变更制度的适用要件
包括：合同的基础条件发生重大变化、该重大变化不可预见且不属于商业风
险、继续履行合同将对当事人明显不公平等三个方面的内容。适用的结果为

---

〔1〕 ［英］尼尔·麦考密克：《法律推理与法律理论》，姜峰译，法律出版社2005年版，第71页。

〔2〕 同上，第72页。

〔3〕 ［德］乌尔弗里德·诺伊曼：《法律论证学》，张青波译，法律出版社2014年版，第112—
113页。

〔4〕 崔建远：《情事变更原则探微》，载《当代法学》2021年第3期，第5页。

〔5〕 姚辉：《情事变更重述——以5·12震灾为视角》，载《中州学刊》2008年第5期，第90—
92页。

受不利影响的当事人可以要求与对方进行重新协商，协商不成的，当事人可以请求变更或解除合同，即再交涉和变更或解除合同。从法律规范之合目的性的角度来看，虽然意思表示之潜在效果意思是情事变更制度的基础观念，但这并不意味着情事变更制度只适用于以意思表示为基础法律关系（即合同关系）的情形。合同以外的债权债务关系，比如侵权之损害赔偿、不当得利之返还、无因管理、扶养，以及因准法律行为所发生的债权债务关系，均可适用情事变更制度。这是因为，情事变更制度之基本，在于"对法律效果有一定的影响"，而由于"为其原则之事实，在由法律行为以外之原因而生之法律状态，亦可存在，故有扩充适用之可能"[1]。只不过，在对合同以外的情形进行"扩充适用"时，对情事变更制度的适用要件和适用结果"应稍变更其内容"，"以适应其社会生活之需要"[2]。

1. 情事变更制度适用要件在彩礼返还中的参照适用

（1）作为行为基础的客观情事发生不可预见的重大变化

情事变更制度中的"情事"，既非法律行为的内容，也非当事人的内心动机，而是指法律行为基础，泛指一切与法律行为缔结有关的客观事实（特定的环境或一般关系），如法律秩序、经济秩序等。[3]因此，情事变更实质上就是行为基础变更。[4]由《民法典》第533条之规定可知，这种行为基础的变更必须同时满足"不可预见性"和"重大性"的条件。但首先需要明确的是，能够构成情事变更制度的行为基础的变更，必须是一种"异常变动"。从字义上理解，所谓"异常"即异乎寻常，而"异常变动"则是指那些异乎寻常、不符合客观规律和正常秩序的情事变化。正是这种"异常"，导致当事人无法对情事变化形成思想准备，从而未将之纳入影响法律行为效力的条款。[5]而这种"异常"，也是导致情事变更无法被预见的根本原因。如果仅

---

〔1〕 吴学义：《事情变更原则与货币价值之变动（战时民事立法）》，商务印书馆1944年版，第30页。

〔2〕 同上。

〔3〕 韩世远：《履行障碍法的体系：新青年法学文丛》，法律出版社2006年版，第44页。[德]卡斯腾·海尔斯特尔、许德风：《情事变更原则研究》，载《中外法学》2004年第4期，第404页。

〔4〕 韩世远：《天下·法学原理合同法总论（第四版）》，法律出版社2018年版，第499页。

〔5〕 张建军：《合同"异常条款"之探究》，载《法学评论》2008年第4期，第148页。

仅是因为当事人自己的疏忽大意、神志不清或心智不健全等原因导致其未能形成思想准备的，哪怕再严重、再突发的情事变化也都不应当归于"异常"之列，自然也不属于情事变更。判断情事变化是否"异常"，应当采取客观评价标准。主观评价标准指向的主要是错误情形，并不在情事变更制度所管辖的范围之内。[1]

所谓"不可预见性"，是指根据法律行为的外部表象，当事人根本无法预想、不能预计某种情事变化的发生。如果情事变化是可预见的，只是因为当事人自己的不慎重未能将之纳入考量，由此产生的风险就应由当事人自行承担。[2]如前所述，大陆法系中的情事变更制度源于"分配正义"的法哲学思想，其所体现的也是一种对风险的均衡分配。因此，情事变更制度也被定义为一种"风险分配制度"[3]，应当遵循"分配正义原则"[4]。基于"理性人"的假设，我们可以认为除了意思不自由，双方当事人对彩礼的约定，本质上是符合"分配正义"的要求的。因此，情事变更的出现归根结底是对"分配正义"的破坏，需要诉诸"分配正义原则"加以补救和矫正。只有当事人未予约定且不可预见的客观变化才能够诉诸"分配正义原则"。[5]即使当事人对客观变化的预见并不完全，只要仍为法律行为，也应当承担由此产生的风险。这类似于投机行为或危险交易行为，一般不得适用情事变更制度。研究证实，导致婚姻破裂的客观变化远比离婚法律制度本身要更为复杂。[6]婚前契约的破裂则更甚于此。法官对"不可预见性"的判定，须采取客观标准，即把当事人作为"理性人"对待，而不是"婚姻大师"。为了避免双方

---

〔1〕　谢鸿飞、陈甦编：《合同法学的新发展》，中国社会科学出版社 2014 年版，第 354—355 页。

〔2〕　[日] 山本敬三：《民法讲义 IV—契约》，有斐阁 2010 年版，第 102 页。

〔3〕　尚连杰：《风险分配视角下情事变更法效果的重塑——对〈民法典〉第 533 条的解读》，载《法制与社会发展》2021 年第 1 期，第 169—188 页。

〔4〕　季卫东：《社会正义与差别原则——财富与风险分配公平的互惠性思考实验》，载《现代法学》2021 年第 1 期，第 33—50 页。李卓、齐昌聪：《司法裁判中的风险责任分配审思》，载《湖南社会科学》2021 年第 4 期，第 124—130 页。张晒：《风险分配何以公正？——基于新冠肺炎疫情的哲学审思》，载《北京理工大学学报（社会科学版）》2020 年第 3 期，第 57—64 页。

〔5〕　[法] 莫里斯·奥里乌：《法源：权力、秩序和自由》，鲁仁译，商务印书馆 2015 年版，第 136 页。

〔6〕　Douglas W Allen, *The Impact of Legal Reforms On Marriage and Divorce*, in Dnes, Antony W. Rowthorn, Robert (eds.) The Law and Economics of Marriage and Divorce, London, Cambridge University Press, 2002, p. 11.

当事人过于陷入不确定的状态之中，一些国家的法律明确特定事由的发生可以排除情事变更制度的适用。比如，子女的出生可被视为婚前契约履行完成的标志，双方当事人不得再以情事变更为由要求解除婚前契约和返还给予的财产。[1]这一点可为我国司法实践所借鉴。此外，尽管情事变化确实超出了当事人最初的预计，但其过程却是缓慢和循序渐进的，同样也不适用于情事变更制度。[2]其原因在于，在这一过程中，当事人能够合理预见客观变化的发展趋势，因此不符合"不可预见性"的要求。

所谓"重大性"，是指缔结法律行为所依赖的行为基础发生了根本性的变化。根据大陆法系的通行理论，法官通过斟酌案件具体的情况，并对当事人利益进行权衡，认为继续维持系争法律行为"对终止之一方已无期待之可能性"，该情事变化便可判定为"重大"而适用情事变更制度。[3]换言之，情事变化之所以为"重大性"的，盖因其对双方当事人的利益均衡关系造成了严重的破坏，使得一方当事人对继续履行法律行为彻底失去期待（或对其已无任何意义）。当然，如果该方当事人对双方关系的破裂负有主要责任，或者存在"不诚实"的行为，则通常不会被认定为满足"重大性"的要求。[4]英美法系对"重大性"则表述为"令人信服之事由"（compelling reason），可谓深得法意之精髓。置至彩礼返还的情形，婚姻不能缔结或婚姻共同生活不能持续自然属于"重大性"的情事变化，足以动摇整个彩礼给予的行为基础，而这也是导致下文中"显失公平"结果的重要因素之一。但同样，这种"重大性"可能因特定事由的发生而被削弱，比如子女的出生等。而某些重大事由则具有两面性，既可作为情事变更的依据，又可作为削弱"重大性"从而排除适用情事变更制度的依据，比如

---

[1] 此类条款又称"自动日落条款"（Automatic Sunset Clause）。See Elizabeth Cooke, *The Law Commission's Consultation on Marital Property Agreements*, in Jens M. Scherpe（eds.）, Marital Agreements and Private Autonomy in Comparative Perspective, London, Bloomsbury Publishing Plc, 2012, pp. 153-154.

[2] 崔建远：《情事变更原则探微》，载《当代法学》2021年第3期，第7页。

[3] 韩世远：《继续性合同的解除：违约方解除抑或重大事由解除》，载《中外法学》2020年第1期，第109页。

[4] 同上，第109—110页。

当事人突发疾病或遭遇意外事故等，需要法官在个案中根据实际情况斟酌审定。

（2）当事人不具有可责难性

所谓当事人不具有可责难性，是指导致情事变更的客观变化的出现，并不可归责于双方当事人自身，也就是说双方当事人都不具有过错。因为，就可排除风险的情况而言，"可责难性"与"过错"其实是同义词，是指对情事变更的酿成和发生负有责任。[1]我国司法实践亦持此观点。[2]换言之，是否适用情事变更制度是以过错归责为分界点的：过错之内，由过错方承担责任而排除情事变更制度的适用；过错之外，则均为风险，可由情事变更制度对双方当事人的利益进行平衡。而且，过错是对双方当事人而言的，任何一方具有过错都将排除情事变更制度的适用。[3]这与前文关于真正意义上的彩礼返还其实并不涉及当事人过错的分析是一致的。另外，若情事变化可以为当事人（特别是受不利影响的一方当事人）所控制，该当事人却有意不施加控制，或可以采取必要的救济措施而无故未采取的，亦属于有过错而不适用情事变更制度。[4]

对于当事人是否具有过错，可以根据"理性人"的一般观念加以判断。比如，在"赵某与李某、杨某婚约财产纠纷"一案中，双方当事人订婚后，赵某擅自将婚房办理抵押，后因资不抵债而被迫变卖该房屋，导致双方婚事告吹。[5]显然，赵某对酿成情事变化具有过错，因此本案不适用情事变更制度。若当事人虽然确有一定的过错，但其能够证明自己以彩礼给予所要求的关心和注意态度为缔结婚姻或维持婚姻共同生活而采取了积极和必要的措施，则同样可以认为其不具有可责难性，进而免于其承受相应的风险。由此可

---

[1] 吴香香：《〈合同法〉第 142 条（交付移转风险）评注》，载《法学家》2019 年第 3 期，第 172—173 页。崔建远：《情事变更原则探微》，载《当代法学》2021 年第 3 期，第 8 页。

[2] 最高人民法院民事审判第一庭编：《最高人民法院关于审理商品房买卖合同纠纷案件司法解释的理解与适用》，人民法院出版社 2015 年版，第 145—148 页。

[3] 于定明：《也谈情事变更制度的构成要件》，载《法学杂志》2005 年第 2 期，第 105 页。

[4] 韩世远：《天下·法学原论合同法总论（第四版）》，法律出版社 2018 年版，第 506 页。崔建远：《情事变更原则探微》，载《当代法学》2021 年第 3 期，第 8—9 页。

[5] 参见安徽省六安市裕安区人民法院（2020）皖 1503 民初 4824 号民事判决书。

见，对于当事人是否具有可责难性，情事变更制度施行的是过错责任（风险）原则，因此在操作技术上采取过错推定的方法，即主张情事变更的一方当事人须证明自己对情事变更的发生不具有过错；而其一旦能够证明自己不具有过错，就可以主张情事变更制度而使自己免于承担情事变化所造成的不利益。

然而，考察彩礼返还的相关案件不难发现，大量引起情事变更的情事变化往往直接涉及当事人的行为、生理和心理状态等，似乎与财产法语境下的自然灾害、意外事件、重大经济政策调整、社会经济环境剧变和货币价值异常波动等相去甚远。比如，除前文所列举的突发疾病、遭受意外事故等以外，当事人创业或投资失败、失业或失去经济来源、因实施或参与违法犯罪活动而被拘捕等，都与其本人直接相关，从合同法的角度来看似乎很难认为"不具有可责难性"。这是由彩礼给予和婚姻家庭制度的特殊性质所决定的，是情事变更制度对合同以外情形"扩充适用"下"应稍变更其内容"的必然结果，从另一个角度也展现出情事变更制度的身段之柔软。如前所述，彩礼给予并非市场交易行为，而是一种身份财产行为，是以实现和维护婚姻共同生活为目的的，因此能够对彩礼给予的行为基础产生影响的更多的是与婚姻缔结和婚姻共同生活有关的情事变化。尽管男女双方在彩礼授受时尚未成为法律意义上的夫妻，但他们之间已经形成了一定的信赖关系，而这种信赖关系使他们对双方共同承担原本仅应由一方承担的风险产生了合理期待。[1]实际上，即便上述所列举的情事变化都可能归因于当事人自身，但他们对彩礼给予的行为基础所产生的影响却并不可归责于当事人。因为，这些情况在婚姻家庭领域时有发生，却必然会对婚姻缔结、婚姻共同生活的维系产生影响，二者之间的因果关系其实是很模糊的。如果法律要求男女双方在结婚前须对各种情况都尽到审慎注意，否则就可能要承担相应的不利后果，不仅在事实上难以实现，对当事人而言亦难谓公平，甚至还与婚姻家庭法和婚姻家庭制度的本质要求相违背。换言之，与合同领域的情事变更相比，法官对婚姻家

---

[1] Ian R Macneil, *Presentation and Adjustments Along the Spectrum of Contracts*, in David Campbell (eds.), The Relational Theory of Contract: Selected Works of Ian Macneil (Modern Legal Studies), London, Sweet & Maxwell, 2001, pp. 181-194.

庭领域的情事变更的判定更需要具体案件具体分析，而不是依赖于某种程式化的标准。这也是为什么有学者主张在婚姻家庭领域适用情事变更制度时，应对"不具有可责难性"进行目的性限缩。[1]笔者亦持此观点，认为应将其范围限制在"不具有主动或故意促成情事变更的发生"之内，从而尽可能地克服可能出现的法律滥用和肆意裁判问题。比如，双方当事人都打算继续全职工作而约定不生育子女，订婚后男方向女方给予彩礼；后因女方意外怀孕，双方产生激烈矛盾而无法继续履行婚约。在这种情况下，虽然意外怀孕确实符合情事变更的外观，但男方显然具有可责难性，[2]因此其不能主张情事变更而要求对方返还彩礼。

（3）继续维持法律行为的效力将产生显失公平的结果

所谓显失公平，据其文义理解即"显著的不公平"，《民法典》第533条的表述为"明显不公平"，强调双方当事人利益平衡的状态遭到了严重的破坏。在这种情况下，法律行为虽然仍有继续履行的可能，但若坚持照原样履行，不仅在事实上不合理，亦构成对一方当事人的权利滥用，与整个社会的正义观念相冲突。[3]然而，不公平的状态须达到何种程度方可谓之"显著"或"明显"，却是难以准确界定的，需要根据案件的具体情况作出判定。显失公平是情事变更制度得以适用的关键所在，只有双方当事人之间的利益确实呈现出显著的不公平状态，法官才可使用相关定性和定量分析。但问题是，显失公平在概念上的抽象性和概括性，在具体操作上亦缺乏统一的判断标准，因此不可避免地导致法官对情事变更的认定带有较大的主观因素，进而出现了大量"同案不同判"的情况，在一定程度上损害了司法裁判的公信力和权威性。[4]对此，最高人民法院通过一系列指导性案例确立了包括当事人的履行负担显著增加、履约价值显著下降、一方当事人因此获取暴利或对方当事人因此发生严重亏损等判定标准。值得注意的是，与《民法典》总则编第

---

[1] 夏江皓：《情事变更制度在与离婚相关的财产协议中的参照适用——以婚前协议为例》，载《法制与社会发展》2022年第1期，第103页。

[2] 最高人民法院认为，虽然男方不想生育子女，但在性关系中没有采取有效的避孕措施，其对子女的出生而言应认为具有"过错"。

[3] 彭凤至：《情事变更原则之研究》，五南图书公司1986年版，第53页。

[4] 王德山：《情势变更原则中显失公平认定研究》，载《法律适用》2010年第11期，第81页。

151 条中关于显失公平制度的"双重要件"[1] 不同,情事变更制度下的显失公平并不要求一方当事人存在"利用对方处于危困状态、缺乏判断能力等情形",而是只要求客观上显失公平即可。换言之,《民法典》第 151 条关于显失公平的规定,并不能适用于对《民法典》第 533 条情事变更的判定。实际上,这两个条文针对的是完全不同的问题。

使彩礼返还参照适用情事变更制度时,对显失公平的判定则更为复杂。尽管男女平等是婚姻家庭法的基本原则和根本价值取向,但基于男女双方性别的差异和社会分工的不同,决定了法官不能简单地以一般观念中的权利义务对等作为衡量双方利益的标尺。[2] 而彩礼给予并非单纯的财产给予行为,具有人身和财产的双重属性和强烈的聘定性,故无法直接援引合同法上的单一判断标准。在德国,法官对包括婚前协议在内的一系列涉及亲密关系的协议,一方面通过契约自由保护当事人的个人利益,另一方面通过对公序良俗和诚实信用原则的并重适用,避免"对一方造成明显不合理的负担"。[3] 有鉴于此,不妨采取对公序良俗和诚实信用原则的双重考察方法,对情事变更是否导致显失公平的结果加以判断。其所包含的法理依据在于,如果情事的变化导致一方当事人的利益严重受损,以至于其不得不依靠社会的救济,即由社会来承担其不利益的后果,那么该法律行为的缔结便是违背公序良俗的。[4] 一般而言,如果情事变化越接近或直接涉及婚姻缔结或婚姻共同生活的核心领域,对双方当事人的利益均衡所造成的破坏就越明显和严重,也就越具有适用情事变更制度的必要性。当然,这也意味着法官的审查会更为严格,需要综合考察双方当事人的个人情况,包括各自的收入和财产状况、双方的感情发展阶段、彩礼对双方及子女的影响、是否对给予方构成重大负

---

[1] 王磊:《论显失公平规则的内在体系——以〈民法总则〉第 151 条的解释论为中心》,载《法律科学(西北政法大学学报)》2018 年第 2 期,第 91—92 页。

[2] 有学者指出,在婚姻家庭领域,双方当事人权利义务对等不仅难以在真正意义上实现,而且即便能够勉强达到,也往往并不能带来男女实质意义上的平等。这是因为,亲密关系背后的依赖性因素被忽略了,而无过错离婚便是典型。参见[美]玛萨·艾伯森·法曼:《虚幻的平等:离婚法改革的修辞与现实》,王新宇等译,中国政法大学出版社 2014 年版,第 82—124 页。

[3] 王葆莳、方小敏等主编:《德国联邦最高法院典型判例研究:家庭法篇》,法律出版社 2019 年版,第 67—83 页。

[4] 同上,第 81 页。

担以及双方当事人的动机和目的等。特别是在双方当事人地位本就存在不平等的情况下，比如女方因怀孕而失去工作或收入来源等，法官有义务根据上述原则对法律行为的内容加以调整和修正。

需要注意的是，显失公平的结果必须是直接由该情事变化所造成的，二者之间具有因果关系。[1]比如，在"冯某与梅某婚约财产纠纷"一案中，双方当事人订婚之后，梅某以疫情防控为由一再要求推迟婚期，最终导致双方不欢而散。[2]虽然双方当事人的订婚确实正值新冠疫情肆虐之时，但婚姻不能缔结实际上却与疫情无关，而是缘于梅某的一再推托。因此，梅某不能主张情事变更而拒绝返还彩礼。还应当指出的是，尽管情事变更制度处于诚实信用原则和公平原则等一般原则的下位，但其本质上仍属于法律原则的范畴，故在具体适用上仍应以"穷尽法律规制而不得"为基本前提，以维护法律适用的稳定性。[3]详言之，法官在处理彩礼返还案件时，第一，需要考虑当事人的意思自治，如果当事人对相关情事变化已经作出了明确约定，则排除情事变更制度的适用。第二，法律中已经规定风险分配原则应优先适用，只有在适用了这些规则后仍无法实现公平正义的结果，才能够进一步适用情事变更制度。[4]

2. 情事变更制度法律效果在彩礼返还中的适用

构成行为基础的情事变化本身并不能对当事人的权利义务关系造成任何影响，只有当事人主张适用情事变更条款时，它才会对当事人的利益平衡和风险分配产生作用。当事人主张适用情事变更条款时，首先须论证情事变更是现实存在的，若这一论证得以成立，当事人便可以就法律行为的履行提出再交涉和变更或解除的主张。[5]前者的目的不在于使法律行为失去效力，而是使其内容发生变化，以适应变化了的行为基础；后者的目的则是使法律行为终止，双方权利义务关系恢复到法律行为作出之前的状态。

---

〔1〕　崔建远:《情事变更原则探微》，载《当代法学》2021年第3期，第9—10页。
〔2〕　参见浙江省宁波市中级人民法院（2022）浙02民终319号民事判决书。
〔3〕　谢鸿飞、陈甦编:《合同法学的新发展》，中国社会科学出版社2014年版，第346—347页。
〔4〕　杜景林:《德国新债法法律行为基础障碍制度的法典化及其借鉴》，载《比较法研究》2005年第3期，第27—29页。
〔5〕　焦富民等:《合同履行障碍及其救济制度研究》，中国法制出版社2011年版，第209页。

（1）再交涉

根据《民法典》第533条第1款之规定，情事变更发生后，"受不利影响的当事人可以与对方重新协商"，有学者称之为"再交涉义务（或权利）"，甚至还进一步将之分解为提出再交涉方案义务、遵守再交涉程序义务和诚实再交涉义务等。但对比《国际商事合同通则》（Principles of International Commercial Contracts，PICC）和《欧洲合同法通则》（The Principles of European Contract Law，PECL）等国际商事条约的规定可以发现，《民法典》第533条第1款对并未采取前者"有权""应当"等较为刚性的措辞，而是使用了"可以"这一较为温和的表述，表明我国的情事变更制度下的再交涉并非强制性的要求，也绝非寻求司法救济的前置程序。详言之，再交涉既不是法律为未受不利影响的一方当事人所设定的义务，也不是对受不利影响的一方当事人所赋予的权利；未受不利影响的一方当事人可以拒绝再交涉，法律并不因其拒绝再交涉就使其承担任何不利。[1]有学者指出，基于情事变更的复杂性，当事人拒绝再交涉的原因是多种多样的，很难对其是否具有主观恶性进行量化判断。[2]强迫当事人接受再交涉，不仅有违私法自治的精神，也难以达到预期效果，反而容易使交涉陷入僵局。[3]实际上，再交涉只是一个"导向合意分配风险的工具"，旨在通过引导当事人就相关问题先予交涉，从而尽可能地实现私法自治和节约交易成本的目的，其核心功能在于"低成本地实现风险的合理分配"[4]。在司法实践中，未受不利影响的一方当事人

---

[1] 拒绝再交涉与在情事变更发生后"明知"对方将遭受不利益还坚持继续履行原法律行为不同，前者只是"放弃对原法律行为进行重塑的可能性"，而后者则带有明显的乘人之危性质，属于"不诚实"的行为。参见杨宏晖：《论情事变更原则下重新协商义务之建构》，载《台北大学法学论丛》2016年总第97期，第50—51页。

[2] ［德］英格博格·施文策尔、杨娟：《国际货物销售合同中的不可抗力和艰难情势》，载《清华法学》2010年第3期，第174页。

[3] 有学者指出，强迫当事人接受再交涉或把再交涉作为司法救济的前置程序，其背后体现的是"当事人是弱且愚的""国家比个人更清楚自己利益"的"超父爱主义关怀"思想。但这不仅不科学，也有违现代社会的法治精神。参见张素华、宁园：《论情势变更原则中的再交涉权利》，载《清华法学》2019年第3期，第152—153页。而即便是采取"不真正义务说"，也仍然无法有效地避免公权力对当事人意思自治的过度干预。参见陈洁蕾：《〈民法典〉情势变更规则的教义学解释》，载《中国政法大学学报》2022年第3期，第209—210页。

[4] 尚连杰：《风险分配视角下情事变更法效果的重塑——对〈民法典〉第533条的解读》，载《法制与社会发展》2021年第1期，第176页。

同样可以提出再交涉的要求，而所谓"合理期限内"也只是一项提示性规定，并非当事人寻求司法救济的前提条件。[1]即便在诉讼过程中，也仍然不排除双方当事人可以继续进行交涉的可能。无论是"权利说"还是"义务说"，实际上大多是照搬德日法的观点学说，却忽略了其与我国法的理论基础的不同，[2]因而过于拔高了再交涉之于我国法的意义。而即便是在一些明确了再交涉义务的国家和地区，也基于实际需要对再交涉义务作了不同程度的"软化"处理，以尊重当事人的意思自治。[3]因此，在情事变更制度的适用结果上，法院不应将再交涉作为当事人的义务或提升诉讼的前置程序。

再交涉是一个以重新达成合意为目标的过程，要求双方当事人居于同等权利的地位，享有自由选择和不被强制的权利。[4]再交涉的最终目的在于"促进和扩张私法的自治"[5]，这对彩礼返还的意义重大。一方面，彩礼与双方当事人之间的特殊身份密切相关，直接涉及他们对婚姻缔结和婚姻共同生活的个性化安排，这决定了当事人的意思自治对彩礼具有极其重要的意义。他们作为彩礼授受的亲历者和情事变化的直接承受者，对各个环节的各个事项具有最直观的感受。正所谓"解铃还须系铃人"，当事人之间充分地再交涉，并在此基础上形成新的合意，确实有助于促进纠纷矛盾的化解和个人之间乃至整个社会的和谐稳定。另一方面，尽管彩礼返还问题的核心是财产的归属，但其本质上仍属于婚姻家庭领域的问题。而在现代婚姻家庭法的理念中，国家所扮演的角色是"守夜人"，应保持"后撤"的立场和态度。[6]这是因为，婚姻家庭中的情感、伦理和道德具有"自我修复、调整和维护"的

---

〔1〕　孙文：《情势变更下再交涉之解构》，载《法治社会》2020 年第 2 期，第 18—19 页。

〔2〕　具体比较参见刘善华：《日本和德国法上的再交涉义务及对我国合同法的启示》，载《山东大学学报（哲学社会科学版）》2013 年第 6 期，第 145—152 页。

〔3〕　比如，在德国法上，虽然"再交涉"被普遍视为一种程序法上的义务，但联邦最高法院只是强调"当事人不得完全拒绝"，即只要没有明确地表示拒绝再交涉，就不构成对该项义务的违反。这其实是一个非常宽松的要求，当事人完全可以仅做一些"漫不经心"的形式上的询问，而实质上却拒绝与对方进行交涉。

〔4〕　[德]乌尔弗里德·诺伊曼：《法律论证学》，张青波译，法律出版社 2014 年版，第 82—88 页。

〔5〕　[日]石田喜久夫：《再交涉義務論についての覚書：マルティネックの所説に即して》，载《京都学園法学》2000 年卷，第 129 页。

〔6〕　Sonia Harris - Short, et al., *Family law: Text, Cases, and Materials*, Oxford, Oxford University Press, 2011, pp. 10-12.

独立机能,[1]在通常情况下并不需要某种权威性的根据或指示作为价值准则。而一味地将婚姻家庭问题诉诸法律也未必能取得更好的效果,毕竟财产可以要回,但"已经疏远了的爱情"和"被侵犯了的精神安宁"却再也无法恢复了。[2]这也是现代法治社会对"恢复关系之诉"普遍不予承认的原因之一。[3]

毋庸置疑,我国法律对情事变更发生后的再交涉持肯定和鼓励态度。然而,就有学者所指出,造成情事变更的原因多种多样,具有较大的不确定性,导致当事人在获取交涉的必要信息上往往存在一定的困难;即使能够获取相关信息,产生错误判断的可能性也会比较高。[4]因此,在情事发生变化之后双方当事人通常并不易达成新的合意;特别是在已经出现正面冲突的情况下,双方当事人往往急于脱离既有的关系,因此多难以容忍可能会非常漫长的再交涉过程,甚至会相互避而不见。这种情况在彩礼返还案件中尤为明显,可以从双方当事人参与诉讼的形式中窥豹一斑。笔者随机选取了近三年间江西省各级法院受理的 389 件彩礼返还案件,其中仅有 5.65% 的案件属于双方当事人都亲自到庭,一方当事人亲自到庭的比例为 35.22%,而双方当事人均不到庭、由委托代理人参与诉讼的比例则高达 59.13%。对比之下,在涉及财产返还的合同和准合同纠纷案件中,双方当事人均亲自到庭的比例为 67.11%,均不亲自到庭、由委托代理人参与诉讼的比例则为 10.31%。[5]其中或许有维护个人隐私、"家丑不外扬"传统观念等多方面因素的影响,但至少反映出,彩礼返还的纠纷产生后,期望双方当事人通过自行协商来化解矛盾是不大现实的。因此,在具体案件中,法院可以鼓励和引导当事人再交涉,但不应当把再交涉作为法院裁判的前置程序,更不能苛求双方一定要形成一致的意见;对于未经再交涉而径直起诉的,法院应当依法立案、审理并作出裁决。至于一些学者所主张的"违反再交涉义务的

---

[1] 方乐:《法律实践如何面对"家庭"?》,载《法制和社会发展》2011 年第 4 期,第 56 页。

[2] [美] 罗斯科·庞德:《通过法律的社会控制》,沈宗灵译,商务印书馆 2011 年版,第 35 页。

[3] 同上,第 34 页。

[4] [日] 能见善久:《履行障碍:日本法改正的课题与方向》,于敏、韩世远译,载韩世远、[日] 下森定主编:《履行障碍法研究》,法律出版社 2006 年版,第 35 页。

[5] 相关案例及数据来源于威科先行法律数据库的关键词检索。

法律后果"，是不存在且不成立的，当事人无须就拒绝再交涉而承担任何法律责任。[1]

（2）变更或解除

《民法典》第533条第1款后半句规定，于"合理期限内"再交涉无果的，当事人可以向法院请求变更或解除合同；第533条第2款规定，法院应当结合案件的实际情况，根据公平原则作出变更或解除合同的裁判。[2]根据上文分析可知，"合理期限内"是一项提示性规定，意在提醒双方当事人不要陷入无休止的谈判中而不能自拔。需要注意的是，与《民法典》第533条第1款中当事人"可以"再交涉的规定不同，《民法典》第533条第2款对法院作出裁判的要求是"应当"。换言之，变更或解除合同或许才是真正意义上的适用情事变更制度的法律效果。对此，有学者将再交涉和变更或解除分别称为情事变更制度的"第一次效力"和"第二次效力"，以阐释法律规范与"契约神圣"原则之间的关联。因此，只要合同的目的因情事变更而无法实现，或者合同的履行因情事变更而无法期待或失去意义，当事人就可以要求对合同予以变更或解除，法院无须考察双方当事人是否再交涉无果。[3]

如前所述，双方当事人缔结某一法律行为是基于特定的"共同预想"，而这种"共同预想"构成了法律行为发生或具有法律效力的行为基础。更确切地说，当事人在实施某项法律行为时，正是基于"认为肯定在过去发生了、现在正在发生或在将来最终会发生或继续"的认识，"否则便绝不会缔约"[4]。只有在"共同预想"不能成就的情况下，才会引发争议。一般认为，若"共同预想"落空，行为基础即告丧失，法律行为被解除是"符合当

---

〔1〕 孙文：《情势变更下再交涉之解构》，载《法治社会》2020年第2期，第24—25页。王利明：《情事变更制度若干问题探讨——兼评〈民法典合同编（草案）〉（二审稿）第323条》，载《法商研究》2019年第3期，第10页。

〔2〕 需要说明的是，《民法典》第533条规定的是当事人可以向"人民法院或仲裁机构"请求变更或解除合同，但考虑到仲裁程序并不适用于婚姻家庭案件，故此处及以下内容中均只以"法院"表述。

〔3〕 韩世远：《履行障碍法的体系：新青年法学文丛》，法律出版社2006年版，第60页。

〔4〕 ［葡］曼努埃尔·德·安德拉德：《法律关系总论（第二卷）》，吴奇琦译，法律出版社2018年版，第440页。

事人的利益的,而且不会使相对人遭受不公正的牺牲"[1]。但在另一些情况下,当事人的利益并不需要必须解除法律行为才能得到实现或维持,而只需作出一定的变更和调整,使当事人所关心的利益或对待给付合乎比例即可。因此,法院在确定双方当事人对缔约的行为基础所包含的"共同预想"已无期待的同时,也"必须承认"一方当事人可以反对解除,"只要他愿意对其对待给付加以更新修正,使它能适合当前的新情况即可"[2]。而基于民法意思自治原则和私人自治精神,法律应当根据当事人的意愿优先考虑变更,而不是径直解除。《民法典》在立法精神上体现了对过去"超职权主义"立法的回避,更多地转向了"当事人主义"。[3]因而,对情事变更制度的适用也应当采用"当事人主义",即由双方当事人先自行协商,协商不成的,再由法院裁判。[4]但不论是前文的再交涉,还是此处的自行协商,均非法律强制性的要求,故法院不得以当事人未予协商为由拒绝裁判。

就变更而言,在合同法中通常是指对合同标的的种类、数量、价款和履行方式等的变更,在彩礼返还中则是指对返还财产的类型、价值和范围等的变更。考察司法实践可知,彩礼多表现为一定数额金钱的形式,而且通常是"具有特定寓意的数字"[5]。除了金钱,一些价值较大的财产,如贵重的珠宝首饰、奢侈品牌的服饰箱包、国际名表、高端手机或电子产品等,都成为

---

[1] [葡]曼努埃尔·德·安德拉德:《法律关系总论(第二卷)》,吴奇琦译,法律出版社2018年版,第444页。

[2] 同上。

[3] 具体例子包括对法律行为的撤销须基于当事人的请求(《民法典》第147条、第148条、第149条、第150条和第151条);债权人的代位权(《民法典》第535条、第536条)和撤销权(《民法典》第538条、第539条)的行使须基于债权人的请求;对违约责任内容的选择(《民法典》第582条)和对违约金的调整(《民法典》第585条)须基于债权人的请求;对婚姻的撤销须基于当事人的请求(《民法典》第1052条、第1053条);等等。

[4] 韩世远:《履行障碍法的体系:新青年法学文丛》,法律出版社2006年版,第61页。

[5] 以江西省为例。虽然全省不同地区的"彩礼行情"大不相同,个人情况也复杂多变,但人们多以数字6、8和9为尾数,包含男女双方婚后家庭兴旺、感情长长久久的寓意。比如,根据民间调查机构的调查数据,上饶各县市区的彩礼金额从6.8万元到28.8万元不等;赣州地区的彩礼金额平均值为17万元,其中以16.8万元和19.8万元最多,个别县高出50万元以上;九江地区的彩礼平均值略低,许多受访者给出了9.8万元的数额。详情参见蚂蚁虫:《研究了近一个月,我来说说江西彩礼为什么这么高》,载钛媒网,https://www.tmtpost.com/5201186.html。

现代彩礼的主要形式。需要指出的是，一些学者把汽车、房屋或购车款、购房款等排除在彩礼之外，认为这些财产的返还应按照赠与规则或其他司法解释的规定处理。[1]但笔者认为，是否属于彩礼并不能以司法解释有无特别规定为判断，而应当以当事人的意思为准。如果双方当事人明确了汽车或购车款、房屋或购房款为彩礼，就不宜再认定为普通赠与或其他形式的赠与。由于彩礼给予并非市场交易，即便存在所谓的“彩礼行情”，也只能作为一种酌定因素，而不宜直接援引。法院应当尽可能地探求双方当事人在彩礼授受时的真实意图，并从当事人的视角判断情事变更发生后，当事人会作出何种反应，再基于此种判断作出相应的变更裁决，以实现双方当事人利益的平衡。

如果变更仍无法消除双方当事人之间的显失公平状态，法院就应该进一步考虑解除，使双方当事人之间的财产状态完全恢复到彩礼授受（订婚）之前的状态。在解除的情况下，女方须向男方返还全部彩礼，包括金钱的返还和原物的返还；原物不存在时，则须折价返还，但女方一般无须承担损害赔偿责任。这是因为，情事变更制度与不可抗力制度一样，本质上是一种“免除责任的制度”[2]，由于法律不认为当事人具有过错，自然也不存在过错责任。当然，如果原物的损毁系当事人故意或者过失造成，比如因无故延迟返还、未予妥善保管等，应予承担损害赔偿责任，但这已经不属于情事变更制度的范畴了。需要注意的是，虽然彩礼给予的法律行为被解除，但对于已经消耗的金钱或原物，若是符合双方当事人的约定和缔结婚姻的目的，比如购置母婴用品、支付共同生活的水电开支、宴请双方亲友等，需要将其于返还之列剔除。[3]对于这部分金钱或原物的消耗，

---

〔1〕 马忆南、庄双澧：《彩礼返还的司法实践研究》，载《中华女子学院学报》2019年第4期，第11—13页。

〔2〕 陈自强：《民法典草案违约归责原则评析》，载《环球法律评论》2019年第1期，第68—71页。［德］卡斯腾·海尔斯特尔、许德风：《情事变更原则研究》，载《中外法学》2004年第4期，第409—410页。

〔3〕 有观点认为这部分财物不属于彩礼。参见王林清、杨心忠、赵蕾：《婚姻家庭纠纷裁判精要与规则适用》，北京大学出版社2014年版，第13页。但笔者认为，是否属于彩礼，应先根据当事人之间的约定判断。如果当事人明确约定这部分财物就是彩礼，不论其是否用于婚宴酒席或日常开支，都应当认定为彩礼，只是应当剔除出可予返还的范围之列。

法院亦不宜简单地判定由双方共同分担，而应当考察其与可能存在的同居财产分割、经济帮扶以及损害赔偿等问题之间的关联性，作整体和通盘的处理。此外，如果一方当事人死亡的，附着于彩礼上的权利消灭，原则上不予返还。这符合我国传统婚姻观念和通行的彩礼习俗，也为人们所普遍理解。

需要指出的是，根据相关立法解释，不论是变更还是解除，均非当事人的实体权利，而需要在程序上向法院提出变更或解除的请求。[1]一方面，当事人只能通过诉讼程序主张适用情事变更制度，而无法直接作为抗辩的理由；另一方面，当事人未主张适用情事变更制度的，法院不得依职权适用。[2]这与《民法典》第563条规定的法定解除权和第564条规定的约定解除权在性质上是完全不同的，需要在司法实践中加以区分。

在中国社会中，由订婚、彩礼和仪式所组成的婚姻缔结程序，是男女双方成为完整意义上的夫妻所普遍经历的过程，若在此过程中出现了不公平的情况而法律却不予救济，则有违社会公平正义。就彩礼而言，其虽然是一种自发形成的社会秩序，但在具体运行过程中可能会损害个人利益，甚至引发个体理性与集体理性之间的冲突，从而产生不公平的结果。情事变更制度为矫正这种不公平、维护个体的利益和双方利益的平衡提供了法理支撑和规范依据。随着我国进入民法典时代，婚姻家庭法与财产法、婚姻家庭保护与意思自治和交易安全之间的张力需要进一步弥合。[3]情事变更制度作为一项法律制度，其适用的根本依据在于"正义以及社会价值的共识"[4]，根本目的在于使当事人在关系基础出现实质性的变化时能够不被已失去履行价值的法

---

〔1〕 黄薇主编：《中华人民共和国民法典合同编解读》，中国法制出版社2020年版，第460—461页。

〔2〕 谭佐财：《〈民法典〉情势变更制度的体系构造与程序要义》，载《华南理工大学学报（社会科学版）》2021年第5期，第95—96页。

〔3〕 贺剑：《夫妻财产法的精神——民法典夫妻共同债务和财产规则释论》，载《法学》2020年第7期，第21—22页。

〔4〕 姚辉、阙梓冰：《论情事变更与不可抗力的交融及界分——以新型肺炎疫情防控与疫后重建为契机》，载《中国政法大学学报》2020年第3期，第148页。

律行为所约束,[1]这与彩礼返还的内在需要和外部逻辑是完全一致的。对于情事变更制度在彩礼返还中的适用，法院应当在准确把握和科学阐释情事变更制度理论的基础上，关注彩礼的身份属性和伦理道德性，在诠释法律规范的技术性的同时又充分体现法律的人文关怀，从而为当事人提供全面而实际的司法救济。

---

[1] ［德］卡斯腾·海尔斯特尔、许德风:《情事变更原则研究》，载《中外法学》2004 年第 4 期，第 386 页。

第四章

彩礼返还的请求权

    法律不仅确认权利，还为权利的保障提供法律救济，而请求权便是实现这一目的的法律技术工具，其与民法体系中的各项权利相互对应。[1]所谓请求权，是指民事主体要求其他特定主体作出或不作出一定行为的权利。[2]自首次被温德沙伊德从"诉"的概念中提取出来，请求权已经成为大陆法系中通行且罕有争议的概念工具，在整个私法救济体系中处于枢纽地位，可适用于债法、物权法、婚姻家庭法和继承法等领域。[3]如今，请求权已经成为连接实体权利和给付之诉的媒介。[4]彩礼返还是对他人取得利益的要求返还，本质上是要求（支配）他人行为，其效果表现为打破既已形成的利益关系而回到初始状态，在某种意义上构成了对他人利益的"剥夺"，因此应当明确当事人的请求权为何。这么做的意义在于防止"当事人无根据地起诉"和"法官过度地帮助一方当事人"[5]，从而实现避

---

[1] 曹治国：《请求权的本质之探析——兼论物上请求权的性质》，载《法律科学（西北政法学院学报）》2005 年第 1 期，第 57 页。

[2] 崔建远等：《民法总论（第二版）》，清华大学出版社 2013 年版，第 66 页。

[3] 金可可：《论温德沙伊德的请求权概念》，载《比较法研究》2005 年第 3 期，第 112—121 页。

[4] [日] 四宫和夫：《日本民法总则》，唐晖等译，五南图书出版有限公司 1995 年版，第 31 页。

[5] [德] 迪特尔·梅迪库斯：《请求权基础》，陈卫佐等译，法律出版社 2012 年版，第 2 页。

免滥诉和确保裁判结果之公允的效果。

在性质上，彩礼给予属于"基于婚姻之给予"，情事变更的发生导致当事人给予彩礼的目的不达或预期结果不能实现，对方当事人不再具有获取彩礼的正当理由，彩礼给予方可以要求返还。从类型化的角度来看，这显然属于传统民法中"因给付目的不达"所致的不当得利返还，即给付型不当得利返还。其中，"给付"指当事人"有意识""基于一定目的"而作出的"增加他人财产"的行为，"给付目的"是针对"所存在或约定的法律关系而为之"〔1〕。《民法典婚姻家庭编司法解释（一）》第 5 条第 1 款中的第 1 项和第 2 项内容均印证了这一定性。至于该款第 3 项，则类似于《德国民法典》第 528 条关于"赠与后陷入贫困"的规定，属于"基于公平之考量对双方利益所作的平衡"，可以归为特殊的不当得利情形而准用不当得利返还的一般规则。〔2〕当然，因对方当事人存在骗婚欺诈等情形引起的彩礼返还，虽然不在本书讨论之列，但其同样属于不当得利返还的情形，即因侵权行为引发的权益侵害型不当得利返还。〔3〕

不当得利返还的请求权须服务于"矫正正义"的要求，通过使"不正当的财产移动恢复原状"而排除不公正的结果。〔4〕有学者指出，不当得利返还请求权犹如法律体系中的潜流，几乎可以涵盖所有不具有法律原因之得利的返还问题，因此必须对其内涵加以限定。〔5〕作为不当得利返还的彩礼返还的请求权之边界何在，取决于彩礼返还的请求权基础在现行法律制度框架下的构建及其具体适用。

---

〔1〕 王泽鉴：《不当得利（第二版）》，北京大学出版社 2015 年版，第 40 页。

〔2〕 傅广宇：《"中国民法典"与不当得利：回顾与前瞻》，载《华东政法大学学报》2019 年第 1 期，第 130 页。

〔3〕 此外，如果彩礼的给予是出于"违反法律或者社会公共利益"，比如明知对方为未成年女性或因被胁迫等处于意思不自由状态的，则构成不法原因之给付，彩礼不予返还。

〔4〕 王洪亮：《〈民法典〉中得利返还请求权基础的体系与适用》，载《法学家》2021 年第 3 期，第 30 页。

〔5〕 李永军：《"准合同"概念之外延考——对我国〈民法典〉第 985 条的理论与实证分析》，载《政治与法律》2022 年第 5 期，第 91 页。

一、彩礼返还的请求权基础的规范体系

有学者指出，运用法律思维解决争议的基本逻辑为"谁得向谁依据什么请求什么"。[1]其中，"谁得向谁"解决的是权利人和义务人的问题，"请求什么"则是审查权利人主张的是什么，"依据什么"则要求权利人的主张必须具有"能够确立请求权的法律规范"。[2]而这种"能够确立请求权的法律规范"就是请求权基础。任何请求权都必须具有请求权基础，否则就难以获得法院的支持。[3]请求权基础的寻找，是一个"法之发现"的过程，[4]是运用法律思维解决争议的核心步骤和关键环节，甚至可以认为，解决争议就在于请求权基础的寻找。[5]因此，解决彩礼返还问题的主要工作，便是寻找彩礼返还的请求权基础。从规范体系上看，彩礼返还的请求权基础包括已条文化的请求权基础和未条文化的请求权基础两个方面的内容。

（一）已条文化的请求权基础

就法典编纂的层面来说，已条文化的请求权基础显然更具现实意义。但如前所述，不论是国家层面的立法还是地方性法规中，均无直接针对彩礼及彩礼返还的内容，目前仅有最高人民法院制定出台的司法解释和部分司法文件中存在较为粗略的规定。然而，在"提取公因式"的法典编纂逻辑和不当得利返还的理解下，《民法典》总则编和合同编中的有关内容，以及相关司法解释的规定，均可构成彩礼返还的请求权基础。对这些已条文化的请求权基础的析取，须以对规范的识别为前提，以系统的梳理为路径，在方法论上则须诉诸解释论。

---

[1] Heinemann, Übungen im bügerlichen Recht, De Gruyter, 2008, p. 6. 转引自［德］克劳斯·菲韦格、［德］安娜·勒特尔：《德国物权法案例研习》，王立栋、任倩霄译，中国法制出版社 2019 年版，第 2 页。

[2] ［德］克劳斯·菲韦格、［德］安娜·勒特尔：《德国物权法案例研习》，王立栋、任倩霄译，中国法制出版社 2019 年版，第 3 页。

[3] 李永军：《论〈民法典〉人格权编的请求权基础规范——能否以及如何区别于侵权责任规范?》，载《当代法学》2022 年第 2 期，第 22—23 页。

[4] 王泽鉴：《民法思维：请求权基础理论体系》，北京大学出版社 2009 年版，第 148 页。

[5] 同上，第 41 页。

1. 请求权基础的规范识别

请求权基础的规范识别指判断某一项规范是否属于请求权基础的过程需要借助于请求权方法，以法律效果为切入点。[1]就结构而言，一个完整意义上的请求权基础规范须由构成要件和法律效果组成，这类请求权基础规范被称为完全性法条的请求权基础规范，可以成为请求权的发生依据。[2]此外，还有大量或是指出某项具体构成要件，或是提示某种法律效果的条文，属于起辅助性或防御性作用的不完全性法条的请求权基础规范，其功能在于更准确地定义或补充请求权基础，或作为对请求权的抗辩。[3]在民法中，由于同一案件可能涉及多种法律关系，因此法律效果所对应的请求权规范可能不止一个，需要按照一定的审查顺序进行检视。这一顺序通常为：合同请求权—缔约上过错的请求权—无因管理请求权—物权法上的请求权—侵权及严格责任的请求权—不当得利请求权。[4]但这并不适用于包括彩礼返还在内的涉及婚姻家庭关系的问题。其原因在于，一方面，婚姻家庭领域不同法律关系的请求权基础之间的差异巨大，难以形成一个统一的审查顺序；另一方面，在婚姻家庭领域也极少出现一个法律效果对应多个请求权基础的情况，而是以法条竞合、请求权聚合等情况居多。[5]因此，在运用请求权方法寻找彩礼返还的请求权基础时，应当主要关注婚姻家庭法上的请求权基础与民法上的请求权基础之间的法律适用关系，遵循"越特别，越尽早审查"[6]的原则。

《民法典》第 122 条对不当得利的返还作了纲领性的规定，这是不当得利返还请求权的一般基础。此外，《民法典》在合同编中专设"不当得利"章，以四个条文规定了不当得利返还及相关法律责任。其中，第 985 条是针对"因给付目的不达"引发的不当得利返还的规定，是给付型不当得利返还

---

[1] 吴香香：《请求权基础：方法、体系与实例》，北京大学出版社 2021 年版，第 62 页。

[2] 黄茂荣：《法学方法与现代民法》，中国政法大学出版社 2001 年版，第 293 页。

[3] 胡坚明：《请求权基础规则与法典化立法》，载《华东政法大学学报》2016 年第 6 期，第 41 页。

[4] ［德］迪特尔·梅迪库斯：《请求权基础》，陈卫佐等译，法律出版社 2012 年版，第 13—14 页。

[5] 高丰美：《以请求权基础为中心的家事法案例教学创新性实践》，载《法学教育研究》2020 年第 2 期，第 195 页。

[6] 此处的"特别"指的是，某一项请求权基础规范"自身或以之为基础的法律制度可能影响其他请求权基础规范"。参见［德］迪特尔·梅迪库斯：《请求权基础》，陈卫佐等译，法律出版社 2012 年版，第 13 页。

请求权的一般基础。[1]需要指出的是，《民法典》第 157 条、第 235 条、第 462 条也是关于不当得利返还的规定，分别针对法律行为无效或撤销情况下的返还请求权、物上返还请求权和占有返还请求权等情形，但由于彩礼返还既不是因为法律行为被撤销或宣告无效所产生的，也不属于对原物或占有物的返还，因此不应将上述这些条文作为彩礼返还的请求权基础。司法实践中，一些法院在处理彩礼返还案件时援引这些条文的做法是不正确的。从结构上分析，《民法典》第 985 条属于完全性法条的请求权基础规范，即在条文结构上同时具备构成要件和法律效果。其中，得利人"没有法律根据取得不当利益"和另一方的"受损"是构成要件，"可以请求得利人返还取得的利益"为法律效果。从属性上看，《民法典》第 985 条属于主要请求权基础规范，又称主要规范；与之对应的是辅助请求权基础规范，也称为辅助规范。从效果上看，《民法典》第 985 条属于攻击性请求权基础规范，旨在使请求权人不应当失去的利益得以确实获得；[2]与此相对应的是防御性请求权基础规范，包括涉及排除妨害、消除危险等内容的规定。

《民法典婚姻家庭编司法解释（一）》第 5 条列举了法院应当支持彩礼返还的三种情形，分别为未办理结婚登记、虽然办理结婚登记但未实际共同生活和给予彩礼导致生活困难，后两项以双方离婚为前提条件。这一条文同样也构成了彩礼返还的请求权基础。从结构上分析，该规定亦属于完全性法条的请求权基础规范，其中，"未办理结婚登记""办理结婚登记手续但确未共同生活""导致给付人生活困难"是构成要件。照此规定，双方当事人没有结婚的，彩礼应返还；结婚后又离婚的，除确未实际共同生活和造成给予人生活困难的情形外，彩礼原则上不予返还。对此，婚姻家庭法学界不乏批评之声，认为该规定是"完全以西方规则去解决中国问题的路径"，既不符合"彩礼的文化意义"，也有悖于"中国人内存于彩礼之中的生活原理"，不仅造成了司法裁判与我国的历史传统和民众生活相脱节，还进一步加剧了

---

[1] 王洪亮：《〈民法典〉中得利返还请求权基础的体系与适用》，载《法学家》2021 年第 3 期，第 31 页。

[2] 范雪飞：《请求权的一种新的类型化方法：攻击性请求权与防御性请求权》，载《学海》2020 年第 1 期，第 181 页。

当事人之间的利益失衡。甚至有尖锐者，称此规定促使婚姻走向功利化、诱发道德危机。[1]不可否认，该司法解释所考虑的返还情形和返还规则的确过于狭窄，上述批评不无道理。但仔细分析却可发现，这些批评其实有过于"拔高"司法解释的功能和价值定位之嫌。

与《民法典》第985条不同，《民法典婚姻家庭编司法解释（一）》第5条属于辅助请求权基础规范。辅助请求权基础规范分为两类，一类是比主要请求权基础规范适用范围更广、更具抽象性的"公因式"类规则，另一类则仅针对特定的请求权基础。显然，《民法典婚姻家庭编司法解释（一）》第5条属于后者。[2]从法律与司法解释的关系来看，司法解释是对法律条文"具体应用的解释性规定"，其功能在于填补法律漏洞、细化程序规则，只有在极为必要的情况下才创设新的规则。[3]而即便是创设新的规则，也仍须符合法律的基本原则和精神，谨慎地根据审判经验和理论通说等进行。[4]从内容上来看，《民法典婚姻家庭编司法解释（一）》第5条之规定属于就事论事的权宜性规定，针对的是某个时期司法实践中较为常见的问题，而并非"放诸四海而皆准"的普遍性规定。根据潘德克顿体系"从后向前"的法律适用顺序，对彩礼返还问题首先应在《民法典》婚姻家庭编中寻找依据，婚姻家庭编未予规定的，则退到总则编或其他分编中寻找依性质可为适用的规定。在此过程中，司法解释的价值和功能定位在于帮助法官更为精确地锚定某一具体情形，而不是让法官脱离法律规定本身进行裁判。也就是说，司法解释应当在法律规定的框架内进行，不能脱离法律原文独立解释。[5]这一点，亦可

---

[1] 相关批评观点，参见李姗萍：《论婚约及其解除之损害赔偿》，载《法律科学（西北政法大学学报）》2021年第5期，第172—173页；李付雷：《论彩礼的功能转化与规则重构》，载《中国社会科学院研究生院学报》2021年第1期，第69—70页；金眉：《论彩礼返还的请求权基础重建》，载《政法论坛》2019年第5期，第156页；黄小筝：《彩礼返还纠纷司法裁判的"法"与"理"》，载《湘潭大学学报（哲学社会科学版）》2015年第3期，第62—64页；杨大文、龙翼飞主编：《婚姻家庭法学》，中国人民大学出版社2007年版，第109—110页；等等。

[2] 吴香香：《请求权基础：方法、体系与实例》，北京大学出版社2021年版，第7页。

[3] 王保民、祁琦媛：《最高人民法院的法律续造：问题与对策》，载《理论探索》2018年第2期，第122—128页。

[4] 苗炎：《司法解释制度之法理反思与结构优化》，载《法制与社会发展》2019年第2期，第92—93页。

[5] 刘作翔：《司法中弥补法律漏洞的途径及其方法》，载《法学》2017年第4期，第54—55页。

从 2021 年颁布的《最高人民法院关于司法解释工作的规定》（法发〔2021〕20 号）中得到印证。[1]因此，法院对《民法典婚姻家庭编司法解释（一）》第 5 条的适用必须以《民法典》第 985 条的适用为前提，而不是完全以《民法典婚姻家庭编司法解释（一）》第 5 条所列举的三种情形去处理所有的彩礼返还案件。但遗憾的是，这种"一叶障目"的做法在司法实践中颇为常见。究其根源，还是在于许多法官对请求权基础规范的识别不够准确，甚至对请求权思维缺乏必要的了解。

2. 请求权基础规范的系统梳理

在完成了对请求权基础规范的识别之后，便需要对请求权基础规范进行梳理，目的在于明确不同请求权基础规范之间的层级和体系关联。上文中已提及，《民法典》第 985 条属于主要请求权基础规范，而《民法典婚姻家庭编司法解释（一）》第 5 条属于辅助请求权基础规范，二者都属于攻击性请求权基础规范。此外，还有作为权利抗辩的防御性请求权基础规范。这是基于请求权方法，以请求与抗辩的对抗性考量为基础的体系划分。不同的请求权基础规范之间存在层级之分，一般表现为主要请求权基础规范高于辅助请求权基础规范，辅助请求权基础规范高于防御性请求权基础规范，同一层级的请求权基础规范内部又可进一步划分更细的层级。层级越高的请求权基础规范，体系位置越在先，则越应优先适用。[2]

检索《民法典》的诸条文可以发现，体量最大的是辅助请求权基础规范，防御性请求权基础规范次之，主要请求权基础规范最少。这是采取"提取公因式"的立法技术的必然结果，即尽可能地体现法律规范的周延性的同时，也达到简化条文、避免冗赘和错位的目的。比如，对于在构成要件和法律效果上具有同一性或相似性的问题，通过指示参照性或拟制性的不完全条文就足以解决法律适用的问题，而不需要对构成要件和法律效果做面面俱到的描述。[3]可以说，不完全条文是体系化的法典的必然结果，是立法技术科

---

[1] 该规定第 27 条第 2 款指出，"人民法院同时引用法律和司法解释作为裁判依据的，应当先援引法律，后援引司法解释。"参见《最高人民法院关于司法解释工作的规定》（2021 年修正）。

[2] 吴香香：《请求权基础：方法、体系与实例》，北京大学出版社 2021 年版，第 6—9 页。

[3] ［德］卡尔·拉伦茨：《法学方法论》，陈爱娥译，商务印书馆 2003 年版，第 141—142 页。

学化的体现。[1]当然，这也对法官的理论水平和专业素养提出了更高的要求，需要他们对各层级的请求权基础规范进行全面而细致的检视。尤其需要注意的是，彩礼返还作为不当得利的返还，本质上是一种债，但由于《民法典》欠缺债法总则，有关债的请求权基础规范散见于合同编中，因此需要逐一加以甄别，避免混淆和错用合同、类似合同、物、侵权和无因管理等请求权基础规范。

此外，最高人民法院发布的一些规范性文件，比如前文提到的相关审判工作会议纪要、复函、批复和决议等，虽然不是司法解释，却同样基于释法目的所制定，且同样具有拘束各级法院的事实性效力和影响司法实践的规范效果，故又被称为"司法解释性质文件"。[2]关于司法解释性质文件中涉及彩礼返还的内容能否作为彩礼返还的请求权基础规范，不应一概而论，需要进一步甄别。首先，从制定主体来看，司法解释性质文件的制定主体可能包含最高人民法院、最高人民检察院以及其他部门。[3]对于最高人民法院、最高人民检察院以外的其他部门制定的司法解释性质文件，原则上不应当作为请求权基础规范，否则就相当于变相授权其他部门制定司法解释了。其次，从制定程序来看，司法解释性质文件的起草制定相对随意，不具有法律制定较为严格的形式和程序要求，且无须向全国人民代表大会常务委员会备案，这决定了其作为"非正式法源"的性质和地位。[4]对于"非正式法源"的规范性文件，虽然具有某种事实上的权威性，但毕竟不具有法律基础，因此不

---

〔1〕 Rüthers, Fischer, Birk, Rechtstheorie, 11. Aufl. 2020, Rn. 129-130.

〔2〕 关于"司法解释性质文件"的表述最早见于 1987 年最高人民法院发布的《关于地方各级法院不宜制定司法解释性质文件问题的批复》中，此后 2012 年最高人民法院和最高人民检察院发布《关于废止 1979 年底以前制发的部分司法解释性质文件的决定》和《关于废止 1979 年底以前发布的部分司法解释和司法解释性质文件（第八批）的决定》中，则对"司法解释性质文件"的范围作了进一步的界定，明确将之与司法解释相区别。

〔3〕 比如，最高人民法院、最高人民检察院联合公安部、民政部共同制定发布的《关于妥善处理以冒名顶替或者弄虚作假的方式办理婚姻登记问题的指导意见》，其中要求民政部门在收到公安机关、司法等部门的相关情况后对"符合条件的及时撤销婚姻登记"，从某种意义上相当于"授权"法院以外的部门对婚姻效力问题作出处理。该指导意见属于司法解释性质文件，但其内容与相关法律及司法解释之间存在一定的冲突，需要谨慎适用。

〔4〕 聂友伦：《司法解释性质文件的法源地位、规范效果与法治调控》，载《法制与社会发展》2020年第 4 期，第 212—217 页。

宜在裁判文书中直接援引。换言之，对于司法解释性质文件，法院并非必须完全遵照执行，而是可以根据"实质理由"做选择性的适用。比如，1951年发布的《最高人民法院、司法部关于婚姻案件中聘金或聘礼处理原则问题的函》（法编字第9577号），随着新法的出台和法律政策的调整，其内容大多已不合时宜，如今已较少被直接引用。

综上，从系统梳理的角度来看，彩礼返还的请求权基础规范包括主要请求权基础规范即《民法典》第985条、辅助请求权基础规范即《民法典婚姻家庭编司法解释（一）》第5条。对于那些制定主体和制定程序符合司法解释要求，且内容不与法律和司法解释相抵触的司法解释性质文件，可以作为次级辅助请求权基础规范。在具体适用上，辅助请求权基础规范应依附于主要请求权基础规范而不得单独适用。通过对请求权基础的规范识别和系统梳理，一方面可对各类请求权基础规范依其体系上的关联性加以整合，另一方面可帮助发现和标注出各式各样的法律漏洞，再借助未条文化的请求权基础加以填补，进而实现法律内部体系意义上的规范目的。[1]

（二）未条文化的请求权基础

由于私法领域奉行"禁止法官拒绝裁判原则"，法官负有"妥当裁判义务"，不得以"法律没有规定、规定不明确或不完善"为由拒绝裁判，体现了法官的职业伦理和法律职责的基本要求。[2]在此背景下，当法律对某一问题并未给出答案时，法官就必须发展出某项法规则来适用于该法律问题并作出妥当裁判，这一过程又被称为法律漏洞填补。[3]法无明文规定时法官应当发展法规则以填补法律漏洞，决定了私法法源必然包含未被条文化的规范，而这些未被条文化的规范中也必然包含作为请求权基础的内容，即未条文化的请求权基础。需要指出的是，法律漏洞毫无疑问是一种"立法沉默"，但并非所有的"立法沉默"都会构成法律漏洞，只有那些不属于"法外空

---

[1] 吴香香：《请求权基础：方法、体系与实例》，北京大学出版社2021年版，第67—68页。

[2] 雷槟硕、张斌峰：《"禁止法官拒绝裁判"义务的规范构造》，载《南京社会科学》2020年第10期，第95—97页。

[3] 纪海龙：《法律漏洞类型化及其补充——以物权相邻关系为例》，载《法律科学（西北政法大学学报）》2014年第4期，第79页。

间"[1]的法律规制的欠缺，才有"漏洞"可言。因为，"法外空间"实际上就是法律的"禁入之地"，是法律不应当、也不能够规范的领域；对于属于"法外空间"的问题，立法者通过"有意义的沉默"表达了"明确的拒绝"。[2]在此情况下，法官可以拒绝裁判，而不构成对"妥当裁判义务"的违反。

从类型化的角度来看，未条文化的请求权基础包括已经成熟表述的请求权基础和仍需进一步检验的请求权基础。

1. 具有成熟表述的请求权基础

所谓成熟表述，是指理论界和司法实务界已经就某一问题的处理达成了专业共识，从而使相关表述具有相对固定的形式和内容。具有成熟表述的请求权基础通常表现为学界共识、具有影响力的司法案例（比如，最高人民法院发布的指导性案例等）以及普遍接受的法律规则。事实上，具有成熟表述是请求权基础得以条文化的基本前提，几乎所有的法律条文都是从既有的成熟表述中提炼而来的。这也意味着，具有成熟表述的请求权基础是可以直接适用于具体案件的。比如，在法律和司法解释明确规定之前，情事变更制度就已经在司法实践中普遍适用了。此外，故意悖俗的侵权、违反保护性法律的侵权以及物权法领域的间接占有制度等，都属于具有成熟表述的请求权基础，不仅在司法裁判中被反复适用，甚至在相关立法释义中也被多次提及。[3]

具有成熟表述的请求权基础毫无疑问具有"不辩自明"的性质特征，但并非所有"不辩自明"的表述都可以构成请求权基础。进言之，识别是否为具有成熟表述的请求权基础，除了考察该表述是否在理论和实践中得到了普遍认可，仍应当借助请求权方法并遵循请求权基础的审查步骤或要求，而且需要更为谨慎地把握。在此基础上，还须根据构成要件和法律效果的完整与

---

[1] "法外空间"，是指基于实体或程序方面的原因，导致法律不能或不应规制。前者如纯粹的心灵事项、礼仪规范和道德问题等，后者如因程序法的特殊规定导致案件无法进入审理程序的问题，表现为不能被立案或立案后被依法驳回。参见［德］卡尔·拉伦茨：《法学方法论》，陈爱娥译，商务印书馆 2003 年版，第 250 页。

[2] 于飞：《民法总则法源条款的缺失与补充》，载《法学研究》2018 年第 1 期，第 48 页。

[3] 比如，立法者在对占有改定制度进行立法解释时就使用了间接占有的概念。参见黄薇主编：《中华人民共和国民法典物权编释义》，法律出版社 2020 年版，第 40—41 页。

否，进一步划分具有成熟表述的主要请求权基础规范与相对应的辅助请求权基础规范等，以及检视待解决的法律问题是否可归属于该表述的构成要件之下，以明确适用的层级和顺序。以同居关系破裂情况下的彩礼返还问题为例。在我国，尽管同居关系并不受法律保护，当事人亦不能期待他人避免，但学界和司法实务界普遍认为，在双方当事人具有缔结婚姻意愿的情况下，同居关系可视为一种"准婚姻关系"，同居的事实亦应当作为影响彩礼返还的因素加以考量。[1]对于其中的彩礼返还问题，法院应当参照彩礼返还的规则加以处理，而不是作为一般赠与对待。这属于具有成熟表述的主要请求权基础规范。另有，虽然法律和司法解释均未有关于何为彩礼的明确表述，但学界和司法实务界普遍认为法院需要考察"当地是否具有彩礼习俗"：若有，则相关财产给予可以被认定为彩礼而适用彩礼返还规则；若无，则一般不予适用。由此可见，"当地具有（或不具有）彩礼习俗"实际上构成了对彩礼进行界定的辅助请求权基础规范。此外，对于离婚案件中的彩礼返还问题，虽然男方的确因为给予女方彩礼造成了自身的生活困难，但若婚姻关系持续时间较长的，法院往往就不会支持男方要求女方返还彩礼的诉讼请求。其原因在于：一方面，在大多数情况下，一方当事人于婚前从对方当事人处获得的财产往往会在婚后转化为对婚姻共同生活的资助，财产给予方也从中实际受益，而这种受益随着婚姻共同生活状态的持续而愈加明显。另一方面，法律对婚姻中女性"未来性"的丧失缺乏有效的补偿机制，不考虑男女双方共同生活的事实而一味要求女方返还彩礼，可能会加剧对女性"未来性"的剥夺，与社会公平正义的要求相去甚远。这一理念在许多未办理结婚登记但共同生活时间较长的彩礼返还案件中也得到了体现。[2]因此，"双方共

[1] 相关观点参见金眉：《论彩礼返还的请求权基础重建》，载《政法论坛》2019年第5期，第156页；李萌：《我国移植归复信托制度的现实路径分析》，载《湖南科技大学学报（社会科学版）》2014年第1期，第69—70页；吴国平：《非婚同居的概念与性质》，载《南通大学学报（社会科学版）》2009年第4期，第51—52页；杨立新：《完善我国亲属法律制度的六个基本问题》，载《浙江工商大学学报》2008年第6期，第17页。

[2] 比如，在"郑某与黄某等婚约财产纠纷"一案中，法院认为，虽然郑某与黄某至今未办理结婚登记，但双方以夫妻名义的同居持续时间较长，且已生育子女，郑某要求黄某返还彩礼有违公平，故判决驳回其诉讼请求。参见福建省莆田市城厢区人民法院（2018）闽0302民初3967号民事判决书。

同生活的持续时间较长"实际上构成了具有成熟表述的防御请求权基础规范。

有观点认为，基于对法之安定性的维护，对某一法律问题若具有已条文化的请求权基础，那么就不必再考虑未条文化的请求权基础了。这种观点颇具争议性。对当事人的某一诉求而言，不同的请求权基础实质上只是不同的法律理由，所涉及的并非当事人的权利行使问题，而是法官的法律适用问题。[1]换言之，"谁得向谁依据什么请求什么"这一问题所预设的"提问对象"是法官而并非当事人。当事人既无权利也无义务选择作为裁判依据的请求权基础，为其诉求寻找规范支持是法官的职责和任务。[2]这就要求法官全面审查当事人诉求所涉及的一切请求权基础，以确保法律适用的完整性和公正性。其中当然也包括未条文化的请求权基础，特别是已经具有成熟表述的部分。因为这部分请求权基础在理论和实践中都得到了充分的检验，许多甚至已经成为社会一般观念，如不加以考虑，就极有可能产生背离社会公平正义、损害当事人利益的结果。

2. 仍需进一步检验的请求权基础

仍需进一步检验的请求权基础，是指某一请求权基础虽然在学界和司法实务界得到了较普遍的支持，但同时也存在鲜明的反对意见；或者虽然在政策决断甚至法律规范中已有所体现，却仍然无法消弭争议。[3]对于这一类请求权基础的适用，应当在充分论证的前提之下谨慎为之。

造成某一请求权基础仍需进一步检验的原因，除了理论研究尚在不断发展之中，更多的便是立法的"留白"。立法的"留白"区别于"空白"，排除了立法者存在主观上的疏忽和立法技术及法律政策上的失误之可能，是立法者"有意为之"的结果。有学者指出，对一个只能运用科学来加以解释的问题，只要科学的解释还在酝酿之中、结论还未形成，立法者就只能保持

---

[1] 吴香香：《请求权基础：方法、体系与实例》，北京大学出版社 2021 年版，第 28 页。

[2] 朱庆育：《民法总论》，北京大学出版社 2016 年版，第 564 页。

[3] 《民法典》关于土地承包经营权的规定便是一个颇为典型的例子。根据《民法典》第 341 条之规定，流转期限为 5 年以上的土地经营权，一经登记便可产生对抗效力，而流转期限为 5 年以下者，无登记能力，只能体现为债权。这一规定是以《中华人民共和国农村土地承包法》相关规定为蓝本的，更多地体现为政策考量而欠缺法理根据，在学界和司法实务界均有较大争议。

"沉默"。[1]而这一情况在婚姻家庭领域尤为显著。究其原因，在于婚姻家庭制度的变革受传统文化的深远影响，地缘政治的复杂性和经济社会发展水平的掣肘，因此常常会表现出与民法体系不协调、不相匹配的迟滞性。[2]对此，我们不能归咎于婚姻家庭立法的"因循守旧"[3]，事实上，婚姻家庭立法往往是新旧思潮斗争最为激烈、争议焦点最为集中的领域。以《民法典》婚姻家庭编为例。较之于其他分编，婚姻家庭编的体例和篇幅均不大，仅占 4 章79 个条文。[4]但在整个《民法典》的编纂过程中，婚姻家庭编却收到了大量的社会公众意见和建议，仅《民法典婚姻家庭编（草案三次审议）征求意见稿》就收到了"198 891 位社会公众网上提出的 237 057 条意见和 5635 封群众来信"[5]，数量远高于其他各分编草案，甚至远高于其他各分编草案意见和建议的总和。然而，在经历了多次反复的研究和论证之后，婚姻家庭编最终还是以一种整体上"波澜不惊"的样貌呈现在世人面前。难道是立法者已经冥顽不化、油盐不进了吗？恰恰相反，立法者的"沉默"体现的是深思熟虑的结果，因为任何一项婚姻家庭法改革必然会对社会生活产生巨大而深远的影响，尤其是在整个社会正处于"百年未有之大变局"的当下，立法者以一种不变应万变的姿态，为理论和实践提供进一步发展的空间，不失为一项"良策"。

法律之于彩礼，就是典型的立法"留白"的做法。一方面，彩礼在社会生活中非常普遍，引发了诸多矛盾纠纷，需要法律介入予以调和；另一方面，

---

[1] ［德］霍尔斯特·海因里希·雅科布斯：《十九世纪德国民法科学与立法》，王娜译，法律出版社 2004 年版，第 171 页。

[2] 邓丽：《论民法总则与婚姻法的协调立法——宏观涵摄与微观留白》，载《北方法学》2015 年第 4 期，第 67—68 页。

[3] 这恰恰是很多民法学者，甚至婚姻家庭法学者对目前我国婚姻家庭立法最为主要的批判意见。

[4] 《民法典》其他分编的情况分别为：总则编占 10 章 204 个条文，物权编占 20 章 258 个条文，合同编占 29 章 526 个条文，人格权编占 6 章 51 个条文，继承编占 4 章 45 个条文，侵权编占 10 章95 个条文。婚姻家庭编的体例和篇幅仅高于新法人格权编和同样属于婚姻家庭法范畴的继承编。

[5] 参见《全国人大常委会法制工作委员会发言人第三次记者会》，载中国人大网，http：//www.npc. gov. cn/wszb/zb7/zzzb7. shtml；《民法典婚姻家庭编的立法价值：尊重婚姻主体与维护社会稳定发展需要》，载正义网，https：//wap. peopleapp. com/article/rmh14236692/rmh14236692? luicode = 10000011&lfid = 1076032740601780&u = https% 3A% 2F% 2Fwap. peopleapp. com% 2Farticle% 2Frmh14236692% 2Frmh14236692。

在以继受为主的现有民法学理论和婚姻家庭法学理论中，尚未发展出能够全面解释彩礼的性质及运作规则的理论路径，司法实践中亦未形成相对固定的案型。考察相关彩礼返还案件可知，法院往往会借助于"习惯"来加以判定，甚至不乏把彩礼习俗直接表述为"习惯法"的情况。[1]但这是值得商榷的。根据《民法典》第 10 条之规定，"习惯"可以成为法院裁判的依据，但并不是说所有事实上的惯行都可构成该条所称的"习惯"，而需要经过严格的筛选才能够进入司法实践。只有那些"由社会各组成分子所反复实施，且具有法的确信"的惯行才可被视为法律意义上的"习惯"，才有可能具备法源产生补充法律之效用。[2]不可否认，由于传统婚俗在婚姻家庭领域的地位相对稳固，加上民俗惯行本就容易为人们所依归，借助"习惯"处理彩礼返还案件，不仅在具体操作上更为便捷，还能增加裁判结果的可接受性，往往能够取得较好的社会效果。[3]然而，"习惯"毕竟是一个不确定的概念，强调对"习惯"的适用固然有其积极意义，但也有"超越法律"之嫌，甚至可能发展为对法律的规避和对立法权的僭越。对此，法官应当保持足够清醒的认识。

　　判断某一"习惯"能否作为彩礼返还的请求权基础，除了考察该"习惯"本身是否具备法律论证大前提的"法之确信"，还须检视其是否符合公序良俗，是否具有适用于具体案件的正当性和合理性；若加以适用，能否得到社会公众的有效认可，抑或对既已形成的社会稳定构成破坏。[4]比如，在一些少数民族地区的婚姻习俗中，男方可以因为女方不能生育或未能生育男性后代而解除婚约并索回彩礼。但这显然与现代社会所倡导的男女平等和反对性别歧视等价值观念不符，不应作为"习惯"而加以适用。

---

〔1〕 这类表述在涉及少数民族当事人的彩礼返还案件中颇为常见。比如，在"罗某、拉某 1、拉某 2 婚约财产纠纷"一案中，法院就在判决书中直接指出，"按彝族的婚姻习惯法，如女方想离婚，需要翻倍赔偿男方已支付的彩礼金，如男方想离婚，不仅不能退还彩礼金，还需对女方进行一定的精神抚慰"。参见四川省越西县人民法院（2018）川 3434 民初 365 号民事判决书。

〔2〕 施启扬：《民法总则》，三民书局股份有限公司 2011 年版，第 81 页。

〔3〕 于晶：《订婚习惯法与国家制定法冲突的实证研究——我国西北农村地区订婚习惯法透视》，载《黑龙江社会科学》2006 年第 1 期，第 170—173 页。

〔4〕 王聪、陈吉栋：《论习惯法与事实上习惯的区分》，载《上海政法学院学报（法治论丛）》2017 年第 6 期，第 107—109 页。

比较和分析未条文化的请求权基础可知，具有成熟表述的请求权基础是从仍需进一步检验的请求权基础发展而来，后者只有经过大量理论和实践的锤炼，才可形成较为固定的表述和案型，从而为法官所适用。然而，客观事物是不断变化的，人们的社会实践也处于不断发展之中，这决定了理论研究和司法实践同样处于变化和发展之中，今天的真理可能在明天就被证明为谬论。不难想象，即便是当下具有成熟表述的请求权基础，也可能因理论和实践的发展而退回到仍需进一步检验的阶段，甚至因为被证伪而遭到弃用。因此，法官在对具有成熟表述的请求权基础和仍需进一步检验的请求权基础进行识别和适用时，应当以整体思维全面体察已获承认的规则和仍无法准确适用的规则，避免受制于惯性思维和既定认识而陷入"技术禁锢想象"的困境。

（三）"法外空间"的识别与请求权基础的开放性

"法外空间"的客观存在，已经成为民法学界，乃至整个法学界的共识。有学者指出，"法外空间"指的是"法律不予评价"的领域；[1]在此领域，"个人有自由去做自己的理性认为最有利于自己的事情"[2]。与"法外空间"相对应的概念是"法内空间"，即法律应当且能够调整的领域。对"法外空间"进行识别之于请求权基础的意义在于，明确法律不应跨越的调整边界，避免公权力对非法律纠纷的不当介入，从而一方面确保有限的司法资源得到有效和充分的利用，另一方面则可避免法律的"家长主义"和道德审判倾向，保障私人在纯粹的生活事实领域具有足够的自由空间。显然，法律漏洞属于"法内空间"的范畴，因为其并非"法律依其自身属性而无法企及的领域"，法官不得以"法无明文规定"为由而拒绝裁判。[3]可见，"法外空间"的识别本质上是价值判断的问题，在一定程度上反映了法律对纯粹的生活事实的介入程度。

识别"法外空间"的难点之一就是对情谊行为的甄别，而这在彩礼返还

---

〔1〕　［德］阿图尔·考夫曼：《法律哲学（第二版）》，刘幸义译，法律出版社2011年版，第221页。
〔2〕　［英］托马斯·霍布斯：《利维坦》，黎思复、黎廷弼译，商务印书馆2020年版，第162页。
〔3〕　周辉斌：《论法外空间的司法认定》，载《现代法学》2020年第4期，第7页。

问题上尤为突出。比如，不乏观点认为，彩礼是当事人以表达和增进感情为目的的财产给予，具有无偿性、无私性和不受法律拘束的意思，在性质上属于情谊行为；既然当事人没有受法律约束的意思，自然也不会赋予对方以给付请求权的意愿，一旦当事人改变了初衷，就可以无负担地取回彩礼。[1]而这类观点正在被一些基层地方政府部门作为用于打击和取缔彩礼的"理论依据"。然而，并不是说某一行为具有浓厚的情感色彩，就应当被认定为情谊行为而排除法律的管辖。关于这一点，笔者在第二章"关于彩礼给予法律性质的学说及评析"的部分已有分析，此处不再赘述。况且，情谊行为本身也会发生性质上的变化，包括从纯粹的情谊行为转化为情谊合同、情谊无因管理、情谊侵权行为等，而从"法外空间"进入法律具有管辖权的"法内空间"。这也充分说明，所谓"法外空间"并非凛然不可动，其具有相对的模糊性和可转化性（"法内空间"亦同）。而这就决定了请求权基础必须保持体系上的开放性。

法律原则可谓是担当着使请求权基础体系具有开放性的"股肱之力"。有学者指出，法律原则并不针对明确和具体的行为模式，而只对某些概括性的要求或标准进行设定，因此其外延必然呈现出扩张的态势。[2]根据是否被凝聚成法律条文形式的标准，法律原则可划分为"开放式"原则和"法条式"原则，后者实质上已经成为法律本身，可以直接作为请求权基础而予以适用。但这一界分并非完全固定不变，"开放式"原则和"法条式"原则之间可以相互转化。[3]可见，法律原则本身就是一个开放性的概念，它确保了请求权基础具有不断演进的可能。

在婚姻家庭法中，法律原则所占的比重较高，而且所针对的多是宏观层面的问题，比如婚姻自由、男女平等、一夫一妻、夫妻应当相互忠实、结婚应当完全自愿、夫妻之间平等享有对子女的抚养教育和保护权利等。这些法

---

〔1〕　相关观点参见王雷：《情谊行为基础理论研究》，载《法学评论》2014年第3期，第60—62页；王雷：《论身份情谊行为》，载《北方法学》2014年第4期，第23页。

〔2〕　胡君：《原则裁判论——基于当代中国司法实践的理论反思》，中国政法大学出版社2012年版，第59页。

〔3〕　[德]卡尔·拉伦茨：《法学方法论》，陈爱娥译，商务印书馆2003年版，第353页。

律原则规定没有明确的构成要件和法律效果，无法直接作为个案裁判的基准，因此需要"借助立法和司法（特别是司法）而不断具体化"[1]。比如，《民法典》首次把"儿童利益最大化原则"作为处理涉及未成年子女的监护、收养和抚养等案件的裁判标准和基本原则。然而该原则在概念上的抽象性和不确定性使得其非但不能为法官提供明确的裁判标准，反而平添诸多疑惑，包括以何种标准判断"利益最大化"以及如何检验裁判结果符合"利益最大化"的要求等。[2]因此，对于"儿童利益最大化原则"的适用，必须结合个案情况，通过"具体化以及构建类型、类型系列及规定功能的概念"[3]的途径展开始能济事，否则将这一原则写入《民法典》的意义就只能停留在宣示层面了。考察司法实践可知，法院主要通过对父或母的抚养能力、与子女共同生活、父或母自身行为以及子女年龄等要素的考察综合判定有利于子女的最佳方案，体现了一种动态体系思想，因此不妨借助《民法典》确立的动态系统论思想，构建一套由相对固定的要素和原则性示例所组成的动态评价体系，使"儿童利益最大化原则"得以具体化和可操作化。[4]

请求权基础蕴含着法律思考的精义。[5]如果说法官通过对已条文化的请求权基础的适用进行裁判是"反求诸己"的方法，那么对未条文化的请求权基础的适用就体现了"礼失而求诸野"的思想，二者之间是对立统一的辩证关系。无论是采用具有成熟表述的请求权基础，还是采用仍需进一步检验的请求权基础，都是法官对法规则的自由发展，因此必须在概念或分类上满足"术语上的合目的性"的要求。[6]有学者指出，请求权基础本身并无目的，

〔1〕 ［德］卡尔·拉伦茨：《法学方法论》，陈爱娥译，商务印书馆2003年版，第348页。

〔2〕 罗师：《动态系统论视角下"儿童利益最大化原则"的适用——以离婚后未成年子女抚养权归属问题为例》，载《大连海事大学学报（社会科学版）》2022年第2期，第45页。

〔3〕 ［德］卡尔·拉伦茨：《法学方法论》，陈爱娥译，商务印书馆2003年版，第362页。

〔4〕 相关论述，请参见罗师：《动态系统论视角下"儿童利益最大化原则"的适用——以离婚后未成年子女抚养权归属问题为例》，载《大连海事大学学报（社会科学版）》2022年第2期，第44—55页。

〔5〕 王泽鉴：《民法思维：请求权基础理论体系》，北京大学出版社2009年版，第41页。

〔6〕 纪海龙：《法律漏洞类型化及其补充——以物权相邻关系为例》，载《法律科学（西北政法大学学报）》2014年第4期，第79页。

真正的基础在于实体法自身，具有避免矛盾、去伪辅正的体系价值。[1]当然，请求权基础的思维方式绝非法律人的唯一思维方式，但相较于其他路径，请求权基础的思维方式在贴近事实、简化过程和避免主客观因素的干扰等方面却有着无可比拟的优越性。[2]法官依据请求权基础审查法律问题，是对民法内在体系的映照和呈现，对个案的解决和类案的形成，以及民法规范的类型构建和体系发展具有重大意义。

二、彩礼返还请求权的结构分析

所谓结构，是指事物的构造形式和构成方式。一切事物都必须以一定的结构而存在，结构就是事物存在的形式。[3]有学者指出，事物的结构是与其功能和"生命"直接相关的，结构是功能的基础，而功能则使事物得以成为具体的存在。[4]任何一种结构都是由若干个"服从于某种能说明体系之成为体系特点的一些规律"的成分所组成，而这些规律又将各种成分"种种性质的整体性赋予作为全体的全体"。[5]分析事物的结构，需要从某种"立体"的视角出发，将一个具有整体性的事物进行"实质性的解剖"以展现其内部的逻辑构成。[6]

同样，权利也必须以其特定的结构而存在。所谓权利的结构，就是构成权利的一系列参数，包括主体、客体、内容和行使要件等，这些参数共同决定了权利的性质。如前所述，请求权在私法体系中具有举足轻重的地位，对建立实体法与程序法之间的逻辑联络、保障个人权利得到有效救济具有重要意义。但同时，请求权作为一种权利类型，其本身是一个集合性的权利概念。[7]由

---

〔1〕 Jen Petersen, *Anspruchsgrundlageg und Anspruchsaufbau als Abbildung des inneren Systems der Privatrechtsordnung.* 转引自金晶：《请求权基础思维：案例研习的法教义学"引擎"》，载《政治与法律》2021 年第 3 期，第 96 页。

〔2〕 蓝承烈：《民法专题研究与应用》，群众出版社 2002 年版，第 5—7 页。

〔3〕 陈醇：《权利的结构：以商法为例》，载《法学研究》2010 年第 4 期，第 90 页。

〔4〕 ［法］高宣扬：《结构主义》，上海交通大学出版社 2017 年版，第 71—72 页。

〔5〕 ［瑞士］皮亚杰：《结构主义》，倪连生、王琳译，商务印书馆 1984 年版，第 3 页。

〔6〕 叶立周：《试论权利的逻辑构成》，载《河北法学》2005 年第 2 期，第 91 页。

〔7〕 辜明安：《对"请求权概念批判"的反对》，载《西南民族大学学报（人文社科版）》2007 年第 8 期，第 76 页。

于请求权天然地与主观权利相联系，故对请求权的界定主要是在自由意志层面进行。[1]对彩礼返还请求权的结构进行分析，不仅可以在理论上提供分析性的概念体系，还可以帮助法官透过权利结构体系的视角更好地处理双方当事人之间的权利义务关系。

（一）彩礼返还请求权的主体

彩礼返还请求权的主体包括权利主体和义务主体，即彩礼返还案件的当事人。考察司法实践可知，关于彩礼返还请求权的主体为何，不同法院在主体认定上存在一定的分歧。例如，有的法院认为，由于婚姻缔结是男女双方自己的事务，不受他人干涉，也与他人无关，因此只有男女双方个人才可作为彩礼返还请求权的主体。有的法院基于彩礼授受的实际情况，认为男女双方的父母也可作为彩礼返还请求权的主体，甚至允许提供彩礼的男方父母单独提起彩礼返还之诉，或者只把实际收取彩礼的女方父母列为被告。部分法院则认为，虽然男女双方的父母可能实际参与彩礼授受，但毕竟不是婚姻缔结的当事人，因此只能作为第三人参与诉讼。此外，也有法院认为除男女双方父母外的其他亲属，如果实际参与了彩礼授受，同样属于彩礼返还请求权的主体。甚至还出现了把男方的债权人列为彩礼返还案件的原告的做法，理由为系争彩礼的钱款系男方向他人借贷所得。如此乱象，严重地影响了司法公信力和法治的统一。根据我国民法关于民事主体和诉讼主体的理论通说，只有对诉讼标的具有独立请求权之人，才能够以自己的名义参加诉讼；对于不具有独立请求权之人，法律并不禁止其加入诉讼程序，更不会限制其行使诉讼权利，但只能以无独立请求权的第三人身份进行诉讼活动。[2]因此，对于彩礼返还具有请求权的主体，原则上就是彩礼返还案件的诉讼主体。具体分析如下：

1. 彩礼返还请求权的主体不应当仅限于男女双方个人

如前所述，《民法典婚姻家庭编司法解释（一）》第5条关于彩礼返还的

---

〔1〕 马京平、邵连民：《解读请求权的本质》，载《河北学刊》2008年第3期，第174页。

〔2〕 谭启平：《民事主体与民事诉讼主体有限分离论之反思》，载《现代法学》2007年第5期，第143—152页。

规定系对《婚姻法司法解释（二）》第 10 条的几乎完整继承，而该规定的局限性却非常明显。除了对彩礼返还的情形考虑过于狭窄，最突出的问题便是对彩礼返还请求权主体的界定语焉不详。该条第 1 款前半句规定"当事人请求返还按照习俗给付的彩礼的……"，后半句中则以男女"双方"作为主语。从立法技术的角度来看，在没有特别说明的情况下，一个法律条文中的主语（或宾语）所指代的对象应当是前后一致的。由于该条后半句中关于"办理结婚登记手续""共同生活"以及第二款中"离婚"的行为，显然仅能由男女双方自己作出而不能由他人代劳，故该条中的"当事人"仅指男女双方个人。而且，该条文处于该司法解释的"一般规定"章节中，该章节其他条款中的"当事人"亦指男女双方，如同居关系的当事人。基于此种理解，一些专家学者便得出了彩礼返还请求权的主体只限于男方个人的结论。在他们看来，男女双方的父母"只是彩礼交接的代理人或经手人"，并不直接参与婚姻缔结事务，把双方父母列为当事人是仅考虑执行而罔顾彩礼传统的"不睿智的做法"，"不利于法律实施的统一"[1]。但这是值得商榷的。

第一，在现实生活中，男女双方的父母对彩礼授受的参与往往是直接而深刻的。就男方而言，彩礼通常由其父母所承担，或者其与父母共同承担，或包括其他亲属。[2]根据相关调查数据，超过九成的彩礼源自男方父母的积蓄，只有不足二成的彩礼完全来自男方个人的财产。[3]很多情况下，彩礼都是由男方父母直接交给女方，即便是通过男方个人交给女方，也不能简单地认为彩礼在从男方父母流转到男方个人的过程中发生了财产权利的移转。就女方而言，通常是由女方父母对收到的彩礼进行"保管"，也可能会作出处

---

〔1〕　王林清、杨心忠、赵蕾：《婚姻家庭纠纷裁判精要与规则适用》，北京大学出版社 2014 年版，第 14—15 页。

〔2〕　这里主要指的是男方的胞姐、叔舅、祖父等近亲属，特别是胞姐。在中国传统文化中，家族中的成年胞姐往往需要在弟妹的扶养、教育和成家立业等问题上竭力协助父母，甚至直接担当家长角色，正所谓"长姐如母"。

〔3〕　程向仅：《近十年来农村彩礼的演变及其影响探析——基于山东省 C 村的考察》，载《社会科学动态》2019 年第 4 期，第 51—52 页；赵代博、程令伟、鄂盛明：《农村高彩礼婚姻中资金转移路径分析》，载《西北农林科技大学学报（社会科学版）》2017 年第 5 期，第 134—135 页；康娜：《婚约彩礼习惯与制定法的冲突与协调——以山东省为例》，载《民俗研究》2013 年第 1 期，第 126 页。

分，比如支出了部分彩礼用于置办嫁妆或婚后用品等。尽管越来越普遍的趋势是彩礼会在男女双方结婚之后"返回"到小家庭中，成为对小家庭的"资助"，但确实仍然有许多女方父母会出于各种原因将彩礼"据为己有"。[1]由此可见，认为双方父母"只是彩礼交接的代理人或经手人"的观点与事实并不符，因此难以具有说服力。而且，这一观点无视父母对子女婚姻作出的巨大牺牲和贡献，反将其视作一种理所当然的工具般的存在，这无疑会极大地伤害父母们的感情，同时也是对借婚姻"啃老"现象的变相鼓励，既不利于优良家风的树立和良好家庭关系的建立，也无益于积极向上的社会整体氛围的形成和持续。

第二，尽管男女双方是婚姻缔结的当事人，但并不是说在婚姻缔结过程中所产生的社会关系和法律关系就完全不涉及其他主体了。在否定父母可作为彩礼返还请求权主体的观点看来，由于男女双方的父母并不是婚姻缔结的当事人，因此即便他们实际支付或收受了彩礼，也不能作为彩礼返还案件的当事人。[2]换言之，彩礼仍是发生在男方个人和女方之间的财产给予。那么，就必须对男方与男方父母之间、女方与女方父母之间的财产关系作出解释，甚至还要在男方父母直接向女方或女方父母给予彩礼的情况下，拟制出实际上并不存在的男方向女方给予彩礼的事实。且不论这种解释能否在逻辑上自洽，是否有此必要也很值得怀疑。这就如同硬要把婚姻关系存续期间夫妻一方的父母对另一方作出的财产给予，解释为夫妻之间的财产给予，这显然是没有任何意义的。如果只有这样才能够实现所谓的"法律实施的统一"，那么这个"法律"就很难说是合格的"法律"。

在民法体系之下，婚姻关系尚不能成为"独立王国"，更何况并未缔结婚姻关系的准配偶之间。仅以父母不是婚姻缔结的当事人就否定其作为彩礼返还请求权的主体，是非常牵强的解释。既然彩礼实际来源于（或交付至）父母，就应当尊重这一事实，而不是以某些虚无缥缈的理由去剥夺他们参与诉讼、提出诉讼主张的资格和权利。

---

〔1〕 何倩倩：《农村彩礼变动的两重分析：婚配性别比结构与代际责任》，载《华中农业大学学报（社会科学版）》2021年第2期，第123页。

〔2〕 赵敬贤、宣璇：《婚姻家庭、继承案件审判参考》，人民法院出版社2018年版，第46—47页。

第三，彩礼作为"基于婚姻之给予"，其所关注的是作出财产给予的目的，即缔结、实现、维护和保障婚姻共同生活的主观目的，而不是作出财产给予的个人的身份。也就是说，除了男方个人，他的父母，甚至他的父母之外的其他亲属，只要对男女双方缔结婚姻或维持婚姻共同生活具有期待，且基于这种期待向女方作出了彩礼给予，理论上就可以成为彩礼返还请求权的主体。司法实践中已经出现大量的此类判决。比如，在"田某等与郑某婚约财产纠纷"一案中，法院判定被告郑某向田某的祖父母和姑姑返还彩礼。[1]再如，在"吉某与阿某等婚约财产纠纷"一案中，法院根据彩礼收受的事实，认定女方的祖父母为彩礼返还请求权的义务人。[2]需要指出的是，个人基于礼节或增进感情等向女方亲属馈赠的礼物或小额金钱，属于正常的人情往来，应认定为普通的赠与而不是彩礼。认定相关财产是否可作为彩礼而被返还，还是要回到对彩礼界定的问题上去。这与判定婚约当事人之间和夫妻之间普通赠与的思路一致，学界和实务界亦无较大的分歧，此处不复赘言。

综上所述，男女双方是彩礼返还请求权的主体，但并非唯一的适格主体。随着近年来各地的彩礼数额呈现出"跳跃式"攀升，来自双方父母以及其他亲属的"帮衬"越来越突出，甚至不乏"举全家族之力"促成子女个人婚姻的情况。[3]如果一味强调只有男女双方个人才是彩礼返还请求权的主体，不仅与客观事实不符，也容易激化矛盾纠纷。

2. 彩礼返还请求权主体的具体分析

（1）男女双方个人

从婚姻缔结的角度来看，男女双方个人作为彩礼返还请求权的主体是不

---

〔1〕 该案中，原告田某自幼父母离异跟随祖父母长大，彩礼系由其祖父母及姑姑实际支付。原告田某与被告郑某虽办理了结婚登记，但并未共同生活。参见内蒙古自治区赤峰市松山区人民法院（2018）内 0404 民初 7981 号民事判决书。

〔2〕 该案中，女方自幼丧父，母亲改嫁，由祖母抚养长大。原告吉某与女方按当地风俗举办了婚礼，并向被告阿某及其丈夫给付了 15 万元的彩礼金。双方未办理结婚登记，也未共同生活。后女方不慎溺水死亡，原告起诉要求被告返还彩礼。参见四川省凉山彝族自治州中级人民法院（2021）川 34 民终 2094 号民事判决书。

〔3〕 陈秋盼、王海平、康丽颖：《家庭帮衬：农村青年婚姻中高额彩礼的形成机制分析》，载《当代青年研究》2018 年第 5 期，第 49 页。

具有任何疑问的。一方面，彩礼根本上是因男女双方个人，特别是男方个人的婚姻需求所产生，他们不仅是行为和结果的直接承受人，同时也是最终的受益人。[1]尽管在婚姻的促成上，可能确实存在许多其他方面力量的影响，但是否缔结婚姻最终还是取决于当事人自己的意愿。[2]可以说，没有男女双方个人对婚姻的现实需要，也就没有彩礼的"用武之地"。另一方面，从利益变动的角度来看，男女双方个人也是因婚姻不能缔结或婚姻共同生活无法维系而遭受不利的直接承受者，也就是不当得利返还的权利主体和义务主体。站在法院审理案件的立场上，男女双方个人显然也是最符合诉讼主体和当事人概念定义的主体，因为其与案件最具实质的利害关系。而且，导致彩礼返还纠纷产生的原因往往也与男女双方个人的行为直接相关，彩礼返还案件的审理很大程度上围绕男女双方个人的诉求而展开。因此，男女双方个人同时满足实体适格和程序适格的要求，符合相关司法解释中"当事人"的定义，其能够以自己的名义提起或参与诉讼。

（2）男女双方的父母

"婚姻者，兹事体大。"在中国传统文化中，父母对子女的婚姻大事所给予物质上的资助（社会学上称为"婚姻代际资助"），不仅被视为道义上的应然之举，更被视作对民族和社会的责任。反过来，这也导致子女在婚姻缔结问题上对父母存在依赖，而且这种依赖随着社会竞争的加剧和婚姻成本的提升而不断强化。有学者指出，尽管婚姻的缔结从根本上说是男女双方自己的事情，理应由他们自己来完成，但中国的社会现实导致大部分适婚男女青年在经济上不具有独立性，无法靠自己为婚姻提供物质保障，而必须依赖于父母的协助，甚至完全由父母包揽操办。[3]这种情况在男性适婚人群中尤为突

---

〔1〕 李永萍：《北方农村高额彩礼的动力机制——基于"婚姻市场"的实践分析》，载《青年研究》2018年第2期，第24—34页。

〔2〕 林晓珊：《改革开放四十年来的中国家庭变迁：轨迹、逻辑与趋势》，载《妇女研究论丛》2018年第5期，第56页。

〔3〕 许琪、彭湃：《代际经济支持与婚姻的同质性匹配》，载《青年研究》2021年第6期，第28页；曲文勇、王慧：《彩礼对当代婚姻稳定性的影响》，载《黑龙江社会科学》2019年第4期，第88页。

出。在很大程度上，彩礼就是一个财产由男方父母转移至女方或女方父母，再最终转移至未来小家庭的过程。[1]不难看出，无论是实现婚姻缔结还是维系婚姻家庭共同生活，男方个人都是直接的受益方。因此，也就不难理解在现实生活中为什么会有很多男子主动帮助女方向他自己的父母"索要"彩礼了。[2]在这一过程中，男女双方之间、男女个人与对方父母之间、男女双方父母之间的纠纷矛盾自然也就无法避免。特别是现代婚姻家庭的结构形态呈现出明显的原子化、核心化特征，导致对适婚男女的"婚姻代际资助"几乎完全由父母承担，而彩礼数额的不断提高则为各方之间矛盾的激化埋下伏笔。在此背景下，法律的介入就显得尤为必要了。

（3）其他主体

在"基于婚姻之给予"的理解下，除男女双方个人及其父母外的其他人同样可以成为彩礼返还请求权的主体。在现实生活中，最常见的是男女双方父母之外的其他亲属。男女双方的祖父母、外祖父母、姑舅叔嫂等，这些亲属参与彩礼授受的情况并不罕见。比如，在许多地方的婚姻习俗中，当男方没有父母或父母不具备相应的条件的，通常由其兄姐或祖父母给予彩礼；没有兄姐和祖父母或兄姐和祖父母不具备条件的，则由其他亲属给予彩礼。而女方其他亲属接受彩礼的情况就更为常见了。这些亲属与当事人之间并无直系血缘关系（即出生关系），但却主动地担当了本应由当事人父母来担当的角色。对此，我们不能简单地以"亲属之间的互帮互助"作为解释，更不能径直以情谊行为加以定性。导致这一现象的原因是深层次的，除了我国的婚姻传统中重视仪式的"礼"之观念的影响犹在，[3]在很大程度上也是对中国人集体本位的价值导向和深入骨髓的家族使命感的真实写照。[4]

---

[1]　康娜：《婚约彩礼习惯与制定法的冲突与协调——以山东省为例》，载《民俗研究》2013年第1期，第126页。

[2]　对此，其他学者的调研中也有类似论述。参见刁统菊：《婚姻偿付制度的地方实践——以红山峪村为例》，载《民俗研究》2006年第4期，第201页；李银河：《生育与村落文化》，中国社会科学出版社1994年版，第39页。

[3]　[日]滋贺秀三：《中国家族法原理》，张建国、李力译，商务印书馆2020年版，第479页。

[4]　付红梅：《中国婚姻伦理之"源""原"探究》，载《兰州学刊》2010年第3期，第125—126页。

此外，还有另一类主体也值得关注，包括"干亲"（即"干父母"和"干子女"）、师生（徒）、患难之交等。这些主体之间虽然并无血缘或婚姻关系，但却基于一定民间习俗或特定事实建立起了非常深厚的情感。以"干亲"为例。"干亲"主要指的是"干父母"和"干子女"，是一种在民间非常盛行的"拟制亲属关系"。[1]这种"干亲"所拟制的是父母子女关系，其目的也是产生类似父母子女之间的权利义务关系，比如一定程度的抚养教育和赡养扶助等。根据学者的考证，"干父母"与"干子女"之间的关系主要是以"礼"来体现和维系的，且以"红白喜事"之"礼"为最重。[2]其中，"红"指的就是"干子女"的婚姻大事。如果"干父母"实际参与了彩礼授受，那么他们也应当成为彩礼返还请求权的主体。相关司法解释在表述上的模糊也确实提供了此种解释空间。但需要明确的是，不论是哪一类主体，之所以能够成为彩礼返还请求权的主体，在于他们是按照当地的婚姻习俗或双方的约定而给予或接受彩礼的。换言之，这些主体作为彩礼授受的直接参与者，是不可或缺、不能被替代的；没有他们的认可和实际参与，男女双方的婚姻就无法得到双方的家庭乃至家族成员的祝福。在中国社会，不被亲人祝福的婚姻是很难维系下去的，因为这意味着婚姻当事人几乎无法获取用来支持婚姻共同生活的物质资助和人文关怀。这与那些仅参与"随礼"或通过借贷方式帮助当事人筹措彩礼的个人存在根本上的不同。因此，一些法院把男方的债权人列为彩礼返还案件当事人的做法是不妥当的，应予纠正。

（二）彩礼返还请求权的客体与对象

长期以来，我国民法学界普遍把权利的客体与权利的对象视为同义词。比如，史尚宽教授就认为，"权利以有形或无形之社会利益为其内容或目的，为此内容或目的之成立所必要之一定对象，为权利之客体"[3]。胡长清教授

---

[1] 尚会鹏：《中原地区的干亲关系研究——以西村为例》，载《社会学研究》1997年第6期，第90—92页。
[2] 李静、戴宁宁：《文化人类学视野下的回汉民族"干亲交往"——以宁夏固原市为例》，载《宁夏社会科学》2010年第5期，第70—74页。
[3] 史尚宽：《民法总论》，中国政法大学出版社2000年版，第248页。

亦认为，"……对象，即此所谓私权之客体"〔1〕。晚近以来，受大陆法系，特别是德国法对概念精确区分、对体系精致推理的理念的影响，越来越多的学者开始重新审视二者的关系。从概念和构词法的角度来看，客体是一个高度抽象化的表述，"属于抽象范畴的集合"，而对象则属于"具象范畴的集合"，其直接面对的是更为具体和实在的内容，这一点在德国法中亦很明确。〔2〕严格来说，只有客体才能够决定权利的性质，而对象并无此功能，这也决定了二者之间有着本质的区别。此外，法典下的权利体系是在可以对客体进行"提取公因式"的基础上构建的，但在对象上几乎无法实现这一操作。有学者指出，客体是思维层面的抽象结果，而对象是物理层面的总结，二者是不同层级的概念，不应等同视之。〔3〕

区分客体和对象的意义在于有助于更为科学地划分民事权利体系，使同一对象上可能承载不同的利益、产生的不同法益，都能够获得法律的保护和救济，既不会导致利益失衡，也不会造成重复保护。〔4〕有学者指出，区分权利的客体和对象是"揭示权利的真谛"的必然要求。〔5〕现兹就彩礼返还请求权的客体和对象，分述如下：

1. 彩礼返还请求权的客体

作为权利和义务的载体，权利主体的存在意味着存在权利客体。〔6〕权利的客体，亦即权利的标的，其自身并不能成为享有权利或承担义务者。〔7〕梳理《民法典》的权利体系可以发现，立法对权利客体的规定大多"隐藏"于权利主体之下，即既没有直接规定具体权利的客体为何，也未在整体上建构

---

〔1〕　胡长清：《中国民法总论》，中国政法大学出版社1997年版，第152页。
〔2〕　权利的客体和权利的对象均不是我国法上的固有概念，其来源可追溯至德国法。在德国法中，权利的客体对应的概念是Objekt，指的是抽象、客观范畴；权利的对象对应的概念是Gegenstand，指的是具象、客观范畴，其构词本身就有"实实在在的东西"之义。参见孙山：《民法上对象与客体的区分及其应用》，载《河北法学》2021年第2期，第97—98页。
〔3〕　孙山：《民法上对象与客体的区分及其应用》，载《河北法学》2021年第2期，第100页。
〔4〕　刘德良：《民法学上权利客体与权利对象的区分及其意义》，载《暨南学报（哲学社会科学版）》2014年第9期，第8—12页。
〔5〕　曹相见：《民法上客体与对象的区分及意义》，载《法治研究》2019年第3期，第42—43页。
〔6〕　李锡鹤：《论民事客体》，载《法学》1998年第2期，第36—38页。
〔7〕　［德］迪特尔·梅迪库斯：《请求权基础》，陈卫佐等译，法律出版社2012年版，第17页。

出权利客体的制度和体系，而需要读者根据立法者对权利主体和法律关系等的描述，通过解释论的方法来寻找得出。[1]对此，有学者认为这使得权利客体的地位未能得到明确，未能体现出现代法典编纂的技术性，亦不利于对相关规范的理论展开和实践把握。[2]不过，鉴于权利客体自身的抽象性、不周延性和功能缺乏性等特质，抽象出一套可以覆盖所有法律关系的统一客体制度或体系非常困难，反而容易造成概念上的混乱。[3]因此，就现阶段而言，采用传统的权利思维模式来分析权利客体更为稳妥。

根据民法通说理论，权利的客体指向的是"有体的物"，但也可扩张至"无体的标的"，比如行为、利益和权利等。[4]请求权的客体就是他人所得利益，包括所得利益和基于该利益所得的更多利益。[5]在彩礼返还的情况下，彩礼返还请求权的客体指向的是受领彩礼一方所受利益及基于该利益所获得的更多利益。依其利益之性质，可以进一步分为以下两个方面的内容：

（1）原物及原物所生孳息的返还

①原物返还

彩礼返还作为给付型不当得利返还，在具体的行为方式上，应以原物返还为原则。过去，由于商品经济不发达和货币不流通等，彩礼的形式主要表现为各种实物，从金银彩缎、布匹丝绢，到粮油盐茶、海鲍山珍，不一而足。在现代社会中，人们也常常把一些贵重物品作为彩礼，比如珠宝首饰、奢侈品牌的衣物箱包、高档的科技电子产品，甚至汽车、房屋等。此外，把珍奇的字画古玩、所收藏的艺术品、纪念品等作为彩礼的情形也并不罕见。在很多人看来，以实物作为彩礼不仅实用，而且更能够体现出婚姻缔结的仪式感。[6]虽然这些

---

〔1〕 在《民法典》编纂之初，中国法学会组织编写的专家意见稿和中国社科院组织编写的草案意见稿，以及一些法学专家提出的意见稿，均设立了权利客体制度。在比较法上，包括《俄罗斯联邦民法典》《乌克兰民法典》等规定了民事权利客体制度。

〔2〕 杨立新：《民事权利客体：民法典规定的时隐时现与理论完善》，载《清华法学》2022年第3期，第20—39页。

〔3〕 梅夏英：《民法权利客体制度的体系价值及当代反思》，载《法学家》2016年第6期，第29—44页。

〔4〕 ［德〕迪特尔·梅迪库斯：《请求权基础》，陈卫佐等译，法律出版社2012年版，第18页。

〔5〕 王泽鉴：《不当得利（第二版）》，北京大学出版社2015年版，第244页。

〔6〕 尹旦萍：《现代化话语与当代土家族彩礼的变化——以埃山村为例》，载《兰州大学学报（社会科学版）》2010年第1期，第75—77页。

实物各有不同，但基本上是价值较高或具有特殊意义的物品，比如传家宝。在婚姻无法缔结或婚姻共同生活不能维系的情况下，男方给予这些实物的行为基础不复存在，女方也不再具有获取它们的正当性，应当向男方返还。而且，只要实物本身存在，女方就应当以原物进行返还，而不得以其他物品替代。

②原物所生孳息的返还

当作为彩礼的原物产生孳息时，原物所生孳息（包括天然孳息和法定孳息）也应当返还。比如，作为彩礼的名贵植物所结出的果实，作为彩礼的房屋所收取的租金或获得的补偿款等。有学者认为，对于不当得利的返还除原物及原物所生孳息外，还应扩大至原物所生利益，即除孳息外，使用原物所产生的收益、基于权利所得及其他一切与收受彩礼具有因果关系的收益都应当返还。[1]但笔者认为，如何准确界定上述收益的范围并非易事，而如何准确把握何为"具有因果关系"亦非常困难，致使彩礼返还的范围变得漫无边际，不仅容易使女方的负担过于沉重，而且容易让适婚女性对缔结婚姻产生顾虑，从而抑制婚姻。因此，对彩礼返还中物品部分的返还，应以原物和原物所生孳息为限，不宜作扩大解读。

（2）价额返还

①彩礼礼金的返还

如前所述，虽然以实物形式给予彩礼的情形依旧比较常见，但以货币形式给付的彩礼已经越来越成为主流。对于作为彩礼的货币，由于其并非种类物，故不适用原物返还的规则，而只能以同等面额（或价值）的货币进行返还。当然，如果男方所给予的货币并非通常意义上的货币，而是具有种类物的性质，比如纪念币[2]、"连号币"[3]或"靓号币"[4]等，鉴于其可能对给

〔1〕　杨立新：《债法》，中国人民大学出版社 2014 年版，第 416 页。
〔2〕　参见山东省枣庄市山亭区人民法院（2021）鲁 0406 民初 2449 号民事判决书；山西省原平市人民法院（2020）晋 0981 民初 940 号民事判决书。
〔3〕　参见湖南省长沙市中级人民法院（2021）湘 01 民终 10550 号民事判决书；河北省辛集市人民法院（2016）冀 0181 民初 400 号民事判决书。
〔4〕　参见湖南省宁乡市人民法院（2020）湘 0124 民初 897 号民事判决书；贵州省麻江县人民法院（2018）黔 2635 民初 553 号民事判决书。

予方具有特殊的意义，故一般应以原物返还为原则。与原物返还一样，对于礼金的返还原则上也应包含礼金的孳息。比如，男方将一张存有 20 万元现金的银行卡交给女方作为彩礼，女方在返还时不应扣下该 20 万元所产生的利息，而须 "连本带息" 一并向男方返还。但根据不当得利返还的规则，若是 "因运气或特别的灵巧而取得的超过价额的进款"，则不属于返还之列。[1]比如，女方用该 20 万元进行投资所取得的收益，是可以自行保留的。

②原物价值的返还

如果原物已经不存在，或依其性质或其他原因导致无法返还原物的，则应当偿还其价额，即以与原物价值相当的价额进行返还。[2]所谓因性质无法返还，即原物的性质已经发生根本性的改变，导致返还无法实现或已无实际意义，比如原物已被消耗、与其他物发生混同等。所谓其他原因，即原物包括原物被毁损、遗失或被盗，以及已被他人合法占有等。关于价额的确定，主要有两种计算方法：一是主观计算法，即以得利方所取得利益的现存价值加以确定，比如收到价值 5 万元的黄金，返还时根据该黄金的实际市场价值进行返还。二是客观计算法，即以受领利益时的财产价值为准，比如收到价值 5 万元的黄金，返还时只需返还 5 万元现金及相关利息即可。大陆法系的主流系采用客观计算法。[3]本书亦从之。就彩礼返还而言，对不能返还原物时的价额的确定，应以女方收到彩礼时原物的价值为准，至多可加算从收到之日起至返还之日为止期间的利息。当然，如果出现货币剧烈贬值等异常情况，法院可以根据公平原则的要求，对当事人所需返还的价额进行适当减免。[4]

2. 彩礼返还请求权的对象

权利的对象是指权利所指向的具体和实在的物，是事实意义上的概念，因此权利的对象须具有可以被特别认定的性质，否则无法与其他物相区别而

---

〔1〕 ［德］迪特尔·梅迪库斯：《请求权基础》，陈卫佐等译，法律出版社 2012 年版，第 207 页。
〔2〕 王泽鉴：《不当得利（第二版）》，北京大学出版社 2015 年版，第 248 页。
〔3〕 史尚宽：《债法总论》，中国政法大学出版社 2000 年版，第 99—100 页。
〔4〕 同上，第 100—101 页。

难以产生排他的效力。[1]换言之，权利的对象须为特定化之物。无法被特定化的东西，如自然界中的空气、阳光和水等，由于其无法成为利益的具体承载者，因此也就不能成为权利的对象。

明确权利的对象的意义重大。权利的主体与思维有关，而权利的客体则与存在有关。黑格尔指出，思维与存在是相互对立的，它们处于最抽象的两极，需要借助特定的"媒介"才能够相互和解。[2]而权利的对象就是这样一种"媒介"。通过一个个具体而实在的对象，抽象的权利客体便能够为权利主体所了解，而随着了解越深刻、越全面，其对权利的客体的认知也就越真实、越准确。[3]明确权利的对象，实际上就是对客观存在物的物理属性进行分析评价，并以此为基础，通过进一步的价值衡量来确定权利主体的利益形态。在某种意义上，权利的对象是权利配置和行使的依据。由此也可得出，权利本身并不能成为权利的对象，否则就会陷入"权利之上还有权利"的逻辑循环之中难以自拔。

所谓特定化，并不是说只有特定物才能成为权利的对象，种类物也同样可以被特定化。比如，货币具有高度流通性和可替代性，属于典型的种类物。但一旦作为彩礼，由于该笔货币的数额和交付形式等均已被确定，而成为被特定化的种类物，自然可以作为彩礼返还请求权的对象。反过来，不能被特定化之物自然也不能要求返还，而须以其他可承载相关利益之物予以替代。判断某物是否被特定化应当以返还时的状态为标准。比如，男女双方在订婚时，男方把一盒价值高昂的香料作为彩礼给予女方，女方把香料与涂料混合后用于装潢。此案中，虽然该盒香料属于特定物无疑，但由于其已经与其他物质高度混同而难以区分，失去了特定化的性质，因此不能被作为男方返还请求权的对象。此外，如果某特定物与其他物混同之后能够通过某种手段或技术分离出来，但需要牺牲巨大的代价，基于理性人的考量，则不应当认为该物具有特定化的性质。比如，男女双方订婚时男方把一块美玉作为彩礼给予女方，女方将其嵌入房屋主墙面内。如果支持男方要求返还彩礼的诉讼请

---

〔1〕　孙宪忠、梁慧星主编：《德国当代物权法》，法律出版社 1997 年版，第 6、40 页。
〔2〕　[德] 黑格尔：《哲学史讲演录（第四卷）》，王太庆译，商务印书馆 1978 年版，第 4—6 页。
〔3〕　孙山：《民法上对象与客体的区分及其应用》，载《河北法学》2021 年第 2 期，第 98—99 页。

求，就意味着要拆毁房屋取出美玉，但这显然是极不经济且有违常理的做法。在此情形下，法院应当判决女方向男方返还该美玉的价额。明确了彩礼返还请求权的对象之后，便可以以对象的物理属性为依据，进一步明确彩礼返还的范围以及权利不能实现时的救济方式。总之，对彩礼返还请求权对象的判断，必须从实际出发，并根据对象的自然属性判断不同的法律关系、确定请求权得以适用的范围。

（三）彩礼返还请求权的行使要件

根据《民法典》第 985 条规定之文义，给付型不当得利返还请求权的行使要件包括：第一，一方受有利益；第二，另一方因此遭受损失；第三，得利没有法律根据。然而，从制度的功能和价值定位来看，不当得利返还并不旨在填补损失，权利人是否遭受实际损失并不影响得利的返还。[1]考察大陆法系国家的通行做法亦不难发现，立法者所关注的重点在于确定请求权人和被请求权人，前者必须是后者受有利益的直接来源。[2]因此，对于构成不当得利的判断，要求当事人必须遭受损失未免多虑，只要其在事实上"付出了一定的代价"即可。由此可见，在某种意义上，《民法典》第 985 条对不当得利的要件存在一定的"误读"。鉴于此，给付型不当得利返还请求权行使的第二个要件"另一方因此遭受损失"宜修正为"因他方给付而受有利益"[3]，以强调双方当事人之间具有给付关系。因此，彩礼返还请求权的行使要件可以表述为：第一，一方当事人受有利益；第二，受有利益系因对方当事人的给付；第三，受有利益没有法律上的原因，即给付欠缺目的。

1. 一方当事人受有利益

就给付型不当得利而言，一方当事人基于对方的给付而受有利益是其得以成立的基本构成要件，而受有利益又是其中的首要要件。[4]其中，利益仅指财产性的利益，而不包括人身性或精神性的利益。当然，财产性的利益并

---

[1] 黄芬：《人格权侵权获利赔偿的请求权基础研究》，载《法商研究》2019 年第 4 期，第 139 页。
[2] Dirk Looscheiders, Schuldrecht, *Besonderer Teil*, Carl Heymanns Verlag, 2009, S. 339. 转引自黄芬：《人格权侵权获利赔偿的请求权基础研究》，载《法商研究》2019 年第 4 期，第 140 页。
[3] 王泽鉴：《不当得利（第二版）》，北京大学出版社 2015 年版，第 51 页。
[4] 崔建远、韩世远、于敏：《债法》，清华大学出版社 2010 年版，第 185 页。

非只能表现为金钱或物，只要适于返还，任何具有可以通过计算或比照得出的经济价值的利益均可构成该财产性的利益。[1]对于给付型不当得利的成立，首先需要确定被请求人是否受有利益、受有何种利益。具体到彩礼返还而言，主要包括以下几种情形：

（1）财产权的取得。这是给付型不当得利最常见的情形，也是彩礼返还中最为普遍的情形。财产权的取得包括物权的取得和债权的取得，包括所有权、限定物权、知识产权、债权、票据上的请求权、担保物权的顺位等。就取得方式而言，财产权的取得可具体分为财产权的积极取得和消极取得。积极取得主要表现为对财产权的实际获取、财产权的扩张或效力增强以及对财产权的限制的消除等。[2]消极取得是指本应减少的财产权因对方的行为而未实际减少，包括本应支出的费用没有支出、本应承担的债务被减少或免除、本应设定的负担未设定等。考察司法实践可知，彩礼的取得主要表现为财产权的积极取得，比如对金钱或实物所有权的取得。此外，随着资本市场的发展和财产类型的多元化，越来越多的当事人选择把有价证券、股份、知识产权等作为彩礼。[3]当然，无论是何种形式的财产权取得，均涉及财产给予人的处分行为，而只有该处分行为合法有效，方可进一步发生不当得利返还的问题。因此，法院在审理彩礼返还案件时，应首先审查当事人对相关财产的处分行为是否合法有效。

（2）占有或登记。由于占有和登记具有财产价值，因此也可以成为不当得利的客体。[4]请求权人既可以主张物的返还请求权，也可以基于占有或登记的不当得利要求对方返还特定的物。具体到彩礼返还的问题上，如果男方把一辆汽车作为彩礼给予女方，但未办理车辆所有权转移登记。由于双方不能缔结婚姻，转移占有的原因不复存在，男方可以基于不当得利要求女方返还，因为在此情况下女方对汽车的占有本身就构成了利益。如果男方办理了车辆所有权转移登记，他同样可以基于不当得利要求女方变更或注销该登记。

〔1〕 王全弟：《债法》，复旦大学出版社 2010 年版，第 140 页。
〔2〕 刘保玉、王丽萍、关涛：《债法总论》，科学出版社 2007 年版，第 33—34 页。
〔3〕 参见江苏省高级人民法院发布的 2016 年江苏法院家事审判十大典型案例之六、七。
〔4〕 崔建远：《债法总论》，法律出版社 2013 年版，第 285 页。

这是因为，有关主管部门制作或出具的登记簿具有较强的公信力，能够直接产生诸多现实利益。[1]不难看出，在对财产转移占有或办理登记的情况下，实际上产生了物的返还请求权、占有返还请求权和占有不当得利返还请求权的竞合，具体选择何种请求权，由请求权人自行决定。

（3）劳务的提供。劳务的提供主要是指男女双方订婚后，男方须为女方家承担一定的劳动工作。由于男方的劳动成果具有一定的经济价值，因此劳务的提供也被称为一种"间接彩礼"。[2]这种"间接彩礼"的形式在旧时的中国较为普遍，特别是在以农耕为主要生产方式的时期，要求男方到女方家完成特定量农务的情况非常普遍。但这种情况在现代社会已经非常少见了，目前仅在一些边远的乡村或少数民族地区还有部分保留。双方当事人之所以会采取这种形式的彩礼，根本原因在于经济落后、物资匮乏，生活生产对体力劳动的依赖依旧非常突出。但这种形式的彩礼也并非完全没有优点，比如男方可以借此增进双方家庭之间的感情联络、博得女方的好感，也可以大大减轻男方的经济压力，有助于减少潜在的经济纠纷。法院在处理这类彩礼时，可以根据实际情况有条件地予以承认。

2. 受有利益系因对方当事人的给付

不当得利返还请求权的成立须以给付的存在为前提。[3]明确给付的概念，有助于明确彩礼返还请求权的权利主体和权利客体的范围。[4]所谓给付，是指基于一定目的而增进他人利益的行为，而这个目的就是有意识地增进他人利益，这在学理上又被称为双重目的性。[5]增进他人利益的行为，在学理上又被称为捐出行为。捐出行为既表现为事实行为，比如交付物品、提供劳务等，也表现为法律行为，比如免除对方的债务。只有基于行为人的意思作出

---

[1] 黄立：《民法债编总论》，中国政法大学出版社 2002 年版，第 219 页。

[2] 参见杨世华：《哈尼族婚俗文化探析》，载《民族论坛》2003 年第 4 期，第 53 页；陈伟明：《明清时期岭南少数民族的婚俗文化》，载《中国史研究》2000 年第 4 期，第 148—159 页；刘冰、韩任伟：《我国西南地区少数民族的婚俗文化》，载《黑龙江民族丛刊》1994 年第 1 期，第 89—90 页。

[3] 黄立：《民法债编总论》，中国政法大学出版社 2002 年版，第 192 页。

[4] 王泽鉴：《不当得利（第二版）》，北京大学出版社 2015 年版，第 57 页。

[5] 崔建远：《债法总论》，法律出版社 2013 年版，第 285 页。

的捐出行为才能构成不当得利中的给付，否则便无法证明其减损自己利益的正当性，自然也无法在目的不达时寻求救济。[1]此时，即便对方确因此行为受有利益，也不能适用给付型不当得利返还的规则。比如，男女双方订婚后，男方以一块祖传玉佩作为彩礼给予女方，但在包装过程中不慎把另一枚祖传戒指包入礼品盒中一并交给女方。由于男方实际上是在一种无意识的状态下将祖传戒指交给了女方，该行为属于事实行为而非法律行为，故他不能依据给付型不当得利要求女方返还，但可以依据非给付型不当得利要求对方返还戒指。区分给付型不当得利和非给付型不当得利具有重要的现实意义，其中之一便是当事人对"受有利益欠缺法律上的原因"（见下文）的证明责任不同，在非给付型不当得利的情况下，法院应适当降低……事实或某类案件的证明标准。[2]

长期以来，不论学界还是实务界，对给付的判断主要是基于对给予人意思的考察，而忽略对受领人意思的关注。实际上，受领人的意思也同样重要，因为给付是一种双方法律行为，需要给付和接受给付的合意；如果受领人并无受领利益之意或不能辨别其所受领之利益，则该受领并不构成不当得利。[3]比如，作为商务人士的男方把汇票交由同为商务人士的女方，虽然男方将此作为彩礼却未能让女方充分了解他的意思，导致女方将之作为普通的票据流转而受领。对女方而言，男方向其交付汇票的行为只是一种基于物理性质改变所发生的利益转移，套用学者之语，其实质与"一个 6 岁儿童把玩具交给他的同龄玩伴"[4]并无二致。如果法院仅根据男方的意思而认定该汇票为彩礼，不仅与事实不符，对女方亦难谓公平。因此，对于不当得利返还请求权是否成立，不仅要考察请求人的意思，还需进一步考察受领人的意思。这一点对于彩礼返还案件的处理而言尤为重要。因此，对给付的判断

---

[1] 田士永：《物权行为理论研究——以中国法和德国法中所有权变动的比较分析》，中国政法大学出版社 2002 年版，第 282 页。

[2] 张江莉：《不当得利中"无法律上原因"之证明》，载《政法论坛》2010 年第 2 期，第 165—172 页。

[3] 娄爱华：《不当得利"没有合法根据"之概念澄清——基于"给付"概念的中国法重释》，载《法律科学（西北政法大学学报）》2012 年第 6 期，第 112 页。

[4] 黄立：《民法债编总论》，中国政法大学出版社 2002 年版，第 193 页。

应包括两方面的内容：第一，作出给付的当事人必须具有使对方受有利益的意识和目的，通常表现为对给付的原因和所欲达成的目的的明确表示。比如，当事人在转账附言中载明该笔汇款为"彩礼"（或"聘礼"等名目），或在订婚之后根据双方约定的内容、时间和形式等向对方给付特定数额的金钱财物等。对于无法确定给付目的或对象的，原则上应以受有利益的一方的理解为判断。[1]第二，受有利益的一方能够辨识对方的给付、给付之目的和意识。就彩礼而言，女方显然应当知道男方给予自己的财产就是彩礼，而不是其他性质的礼物。而且，女方也应当明白男方给予彩礼的目的是和自己结婚，而不仅是表达对自己的爱意。换言之，女方接受彩礼的同时，也向男方传递出其同意结婚的意愿。只有在明确了男女双方对彩礼及彩礼给予的行为均达成一致的认识，才可进一步适用与彩礼相关的法律规则。

需要注意的是，当事人因对方的给付而受有利益，可能构成不当得利，也可能构成侵权，二者之间存在四种情形：一是构成不当得利但不构成侵权，二是不构成不当得利而构成侵权，三是既构成不当得利也构成侵权，四是既不构成不当得利也不构成侵权。[2]对于前三种情形，当事人可以基于不当得利要求返还彩礼，其中在第三种情况下，当事人既可以要求对方返还不当得利，还可以要求对方承担侵权责任。比如，在男女双方不能缔结婚姻的情况下，女方明知作为彩礼的玉佩系对男方有特殊意义的传家宝而将其出让给第三人。在此情况下，男方不仅可以要求女方返还该玉佩（或相应的价额），还可以要求其承担侵权责任。

3. 受有利益欠缺法律上的原因

受有利益欠缺法律上的原因是构成给付型不当得利的根本所在。[3]受有利益欠缺法律上的原因在罗马法中被称为"无原因"，瑞士民法称之为"无适法之原因"，德国、日本和我国台湾地区则称为"欠缺法律上的原因"，我国之前在《合同法》中的表述多为"无合法根据"。这些表述虽然各有侧

---

[1] 黄立：《民法债编总论》，中国政法大学出版社2002年版，第193页。
[2] 崔建远：《债法总论》，法律出版社2013年版，第292—293页。
[3] 王全弟：《债法》，复旦大学出版社2010年版，第142页。

重，但它们的宗旨是一致的，即表明法秩序对不当得利的否定性评价。[1]对于欠缺法律上的原因的理解，应当从三个方面着手：第一，欠缺法律上的原因所针对的是受有利益；第二，欠缺法律上的原因发生的时间点既包括受有利益之时，也包括受有利益之后；第三，欠缺法律上原因中之"法律"，并不应局限于既有的法律规范本身，而"须结合相关法域作考察"[2]。以上三个方面，学界和实务界均无异议，但对于如何界定"法律上的原因"，依然存在不小的争议，而这恰恰也是不当得利制度的错综复杂和理论艰深之处。

主流观点认为，所谓"法律上的原因"是指存在合法有效的债之关系，而受领人正是基于这种合法有效的债之关系才能够保有对方给予的财产。合法有效的债之关系包括有效的合同关系、法律的规定和道义上的义务等。[3]这一观点也被称为客观说。[4]客观说在司法实践中的运用较为普遍，却存在难以自圆的逻辑问题。根据客观说可推知，"法律上的原因"其实就是给付的缘由或目的，但实际上，"法律上的原因"的射程并不会达到给付的缘由或目的层面，因为后者是给付型不当得利中"给付"的内容。[5]相较之下，主观说在逻辑上显得更为合理一些。主观说认为，给付所欲达成的目的为"法律上的原因"，这便能够对所有类型的给付型不当得利作出较好的解释。但主观说的缺陷也很明显，包括过于抽象不便把握，以及使单方的意图成为法律根据的正当性有所欠缺。[6]对此，我国台湾地区的法院采取了一种较为折中的处理方式，即以给付目的为基准，结合客观说依债之关系进行综合判

〔1〕 娄爱华：《不当得利"没有合法根据"之概念澄清——基于"给付"概念的中国法重释》，载《法律科学（西北政法大学学报）》2012 年第 6 期，第 115 页。
〔2〕 张俊浩主编：《民法学原理（修订第三版）》，中国政法大学出版社 2000 年版，第 932 页。
〔3〕 王利明：《债法总则研究（第二版）》，中国人民大学出版社 2018 年版，第 413—418 页。
〔4〕 Larenz, *Lehrbuch des Schuldrechts*, Bd. Ⅱ, 2. *Halbband*, 13. Aufl. München：C. H. Beck, 1994, 136. 转引自王洪亮：《〈民法典〉中得利返还请求权基础的体系与适用》，载《法学家》2021 年第 3 期，第 31 页。
〔5〕 王洪亮：《〈民法典〉中得利返还请求权基础的体系与适用》，载《法学家》2021 年第 3 期，第 32 页。
〔6〕 Larenz, *Lehrbuch des Schuldrechts*, Bd. Ⅱ, 2. *Halbband*, 13. Aufl. München：C. H. Beck, 1994, 137. 转引自王洪亮：《〈民法典〉中得利返还请求权基础的体系与适用》，载《法学家》2021 年第 3 期，第 32 页。

断。[1]这值得我们的司法实践予以借鉴。

具体到彩礼返还上，由于我国的婚姻家庭法并未规定婚约及婚姻不成立等内容，学界和实务界关于婚姻未能缔结情况下的彩礼返还的法律上的原因为何，不无疑义。最高人民法院倾向于把彩礼解释为附解除条件的赠与，故在婚姻不能缔结的情况下应当支持返还彩礼。但如前所述，附解除条件的赠与对当事人意思的拟制往往与实际情况并不相符，而且其适用效果过于刚性，无法关照到其他彩礼返还情形。在逻辑上更为圆通的是"基于婚姻之给予"理论，即认为彩礼系在期待婚姻能够缔结或婚姻共同生活能够维系的基础上作出的财产给予，若婚姻不能缔结或无法建立婚姻共同生活，则彩礼给予的目的不达，受领彩礼欠缺法律上的原因，故而构成不当得利。换言之，彩礼返还中的"法律上的原因"应当是男方作出彩礼给予所欲达成的目的。这也符合给付型不当得利返还的运行规则，即当事人的给付是具有特定的目的或原因的，一旦这种目的或原因丧失，就会产生不当得利返还的请求权。[2]当然，男女双方订立婚约的，婚约的解除或不能履行也属于彩礼返还的"法律上的原因"，但这需要建立在承认婚约具有一定的法律效力的基础上。关于这一点，本书第二章"彩礼与婚约"部分的内容中已有论述，此处不予赘言。

需要指出的是，"法律上的原因"之表述本身就包含了原因须具有合法性的要求。也就是说，对于基于不法原因而作出的给付，不存在不当得利返还的问题。比如，男方为了与被拐妇女结婚而付出的彩礼，在任何情况下都不得要求返还。对女方而言，基于不法原因的给付所产生的是不法的结果，故其对彩礼的受领同样不受法律保护。在这种情况下，所谓的"彩礼"应当由相关部门依法予以收缴。

三、彩礼返还请求权的诉讼时效

时间在民法上有着特殊的意义，因为民法中的一切关系和行为都必须在

〔1〕 王泽鉴：《不当得利（第二版）》，北京大学出版社2015年版，第69页。
〔2〕 傅广宇：《萨维尼的不当得利理论及其渊源与影响》，载《中德私法研究》2012年第1期，第60页。

一定时间内发生和展开。[1]从决定民事主体的权利能力和行为能力到决定某些事实的推定和法律关系的确定，再到决定权利的取得、存续和丧失，以及权利的行使和义务的履行等，都离不开时间。[2]时间作为一种法律事实，可以成为民法一般理论的研究对象，而其在民法中发展出的一般理论，几乎尽数被归纳为消灭时效理论和失效理论。[3]其中，消灭时效亦称诉讼时效，是以时间因素充作法律事实的一种制度设计，是民法中最为重要的制度之一。[4]

所谓诉讼时效制度，是指权利人在法定期间内持续不行使权利，因而限制其行使权利且丧失请求法院强制义务人履行义务的法律制度。[5]其中的法定期间就是诉讼时效的期间，是权利人向义务人主张权利、义务人无权以时效抗辩的期间。当然，诉讼时效的届满并不意味着权利从此消失，而是不可再被行使。[6]诉讼时效之于民法意义重大，是维护法律公平正义的精神、维护法律秩序的基本价值的抓手。[7]对于彩礼返还的请求权而言，诉讼时效同样是一个重要的议题。

（一）诉讼时效与彩礼返还

无论是法律还是司法解释，都没有规定彩礼返还的诉讼时效问题，但这并不意味着彩礼返还请求权就不受时间的约束。试想，如果男方在任何时间都可以要求返还彩礼，那么彩礼实际上就成为一种对女方进行要挟和恫吓的工具，这不仅与彩礼促进婚姻和保障婚姻共同生活的初衷不符，更是违背了婚姻家庭法关于婚姻自由和男女平等的基本原则和精神。与《民法通则》相比，《民法典》对诉讼时效制度作了较大的改革，其中最重要的一点便是明

---

[1] 胡家强、苑敏主编：《民法学（第三版）》，科学出版社2019年版，第191页。

[2] 崔建远等：《民法总论（第二版）》，清华大学出版社2013年版，第253—255页。

[3] ［葡］曼努埃尔·德·安德拉德：《法律关系总论（第二卷）》，吴奇琦译，法律出版社2018年版，第481页。

[4] 曾世雄：《民法总则之现在与未来》，元照出版有限公司2005年版，第250—251页。

[5] 崔建远等：《民法总论（第二版）》，清华大学出版社2013年版，第257页。

[6] ［葡］曼努埃尔·德·安德拉德：《法律关系总论（第二卷）》，吴奇琦译，法律出版社2018年版，第482页。

[7] 程啸、陈林：《论诉讼时效客体》，载《法律科学（西北政法大学学报）》2000年第1期，第65页。

确了诉讼时效适用于请求权。[1]然而，彩礼返还请求权的客体涉及多种利益形态，能否成为诉讼时效的客体，以及在具体适用上存在哪些区别，都值得作进一步的分析和探讨。

诉讼时效的客体又称诉讼时效所适用的范围，即哪些权利可以适用于诉讼时效规则。明确诉讼时效的客体之于司法实践意义重大，不仅关系到诉讼时效制度本身的构建，还涉及对权利保护合理性的判断。[2]学界通说认为，诉讼时效的客体是请求权而不是基础权利本身，其中债权请求权又是最为主要的客体之一，不当得利返还请求权自然也属于此。[3]但并非所有的债权请求权都可以适用诉讼时效，比如，根据《民法典》总则编第 196 条之规定，对抚养费、赡养费和扶养费等的请求权就不受诉讼时效的限制。此外，现行有效的《最高人民法院关于审理民事案件适用诉讼时效制度若干问题的规定》[（2020 修正），法释〔2020〕17 号]也对部分不适用诉讼时效的债权请求权作了规定。[4]这主要是基于民事权利的性质和特征，以及金融行业生存和发展需要所作出的法政策考量。值得注意的是，这些规定并非封闭式的规定，即在条文所列举之外还存在其他不适用诉讼时效的债权请求权。那么，其中是否包括彩礼返还请求权呢？

一般认为，如果债权请求权与某特定的法律关系或事实关系始终共存，那么在此法律关系或事实关系依然存在之时，诉讼时效的期间就不发生，已经发生的则须中止。[5]这意味着，判断某一债权请求权是否属于诉讼时效的客体，应当考察其是否与一定的法律关系或事实关系存在共存关系。比如，

---

〔1〕 柳经纬、郭亮：《〈民法总则〉诉讼时效制度的得与失》，载《东南学术》2018 年第 2 期，第 164—167 页。

〔2〕 张弛：《论诉讼时效客体》，载《法学》2001 年第 3 期，第 52 页。

〔3〕 耿卓：《追问与解答：对诉讼时效客体的再论述》，载《比较法研究》2008 年第 4 期，第 73 页。

〔4〕 根据该司法解释第 1 条之规定，支付存款本金及利息请求权，兑付国债、金融债券以及向不特定对象发行的企业债券本息请求权，基于投资关系产生的缴付出资请求权以及其他依法不适用的债权请求权不适用于诉讼时效。参见《最高人民法院关于审理民事案件适用诉讼时效制度若干问题的规定》（2020 修正），载法律图书馆网，http: //m. law - lib. com/law/law_view. asp?id = 262202&page =3。

〔5〕 程啸、陈林：《论诉讼时效客体》，载《法律科学（西北政法大学学报）》2000 年第 1 期，第 68 页。

监护期间内被监护人对监护人的债权请求权、婚姻关系存续期间夫妻之间的债权请求权，就不适用诉讼时效。此外，比较法上有关于家庭成员之间的债务关系不适用诉讼时效的立法例，比如《日本民法典》和《瑞士债务法》就规定家庭关系存续期间未成年子女对父母的债权不适用诉讼时效。[1]在彩礼返还案件中，男女双方已经办理婚姻登记的自不待言，但若是通过婚约等形式约定将来缔结婚姻，那么在确定无法缔结婚姻之前（比如解除婚约），同样应当排除诉讼时效的适用。

诉讼时效制度的确立具有多元的价值基础。从积极方面来看，最重要的就是督促权利人积极行使权利，维护法秩序的稳定和保护交易秩序和安全。[2]因此诉讼时效不宜过长，否则将对已形成的事实状态，及以此事实状态为基础形成的各种法律关系构成威胁，使义务人陷于"陈腐请求"的侵扰之中，不利于信赖利益的保护和社会秩序的稳定有序。[3]特别是涉及日常生活相关问题时，应当适用短期时效期间。[4]这一点对彩礼返还请求权而言尤为重要。从消极方面来看，诉讼时效的存在可能刺激权利人采取催告、追索甚至诉讼的方式保存其权利，不仅无益交易安全，还会徒增讼累，甚至可能产生鼓励私力救济的效果。有学者所指出，诉讼时效的价值还应包括阻止或克制诉讼的发生，而不是鼓励甚至制造诉讼。[5]因此，诉讼时效也不宜过短。一般来说，不当得利返还的诉讼时效较之于侵权损害赔偿则更长。比如，我国台湾地区所谓的"民法"就明确规定，不当得利返还请求权的诉讼时效为15年，自不当得利发生（即一方当事人受有利益）时起算，请求人对此是否知悉在所不问；而侵权损害赔偿请求权的诉讼时效则分别为2年和10年，超出此期间未行使的，债权请求权消灭。

---

[1] 参见《日本民法典》第832条、第876条、第975条；《瑞士债务法》第134条第1项。

[2] 朱晓喆：《诉讼时效制度的价值基础与规范表达〈民法总则〉第九章评释》，载《中外法学》2017年第3期，第706页。

[3] 朱虎：《返还原物请求权适用诉讼时效问题研究》，载《法商研究》2012年第6期，第118页。

[4] 持此观点者以德国学者Esser、Weyers、Verjaehrung等为代表。参见黄立：《民法债编总论》，中国政法大学出版社2002年版，第231页。

[5] Reinhard Zimmermann, *Comparative Foundations of a European Law of Set – off and Prescription*, London, Cambridge University Press, 2002, p. 114.

关于彩礼返还请求权的诉讼时效，最高人民法院在制定《婚姻法司法解释（二）》时曾经在草案中将其明确为 1 年，即当事人必须在彩礼返还请求权产生后的 1 年内请求返还。但最终的正式稿中却删除了此内容，在后来的《民法典》及《民法典婚姻家庭编司法解释（一）》中也未再出现。这意味着，彩礼返还请求权原则上应当适用普通诉讼时效。所谓普通诉讼时效，又称一般诉讼时效，是指根据一般法律关系或事实关系的共性确定的，在适用上具有普遍性的诉讼时效。[1]《民法典》总则编第 188 条第 1 款所规定的 3 年便是普通诉讼时效。从世界范围来看，普通诉讼时效呈现出短期化的发展趋势，反映出诉讼时效制度在功能化上有所增强。[2]我国民法亦如是。与之相对应的是特殊诉讼时效，又称特别诉讼时效，是指法律规定的仅适用于某些特殊法律关系或事实关系的诉讼时效。[3]对于特殊的法律关系或事实关系，特殊诉讼时效应优先于普通诉讼时效得到适用。显然，在彩礼返还请求权与侵权损害赔偿请求权发生竞合的场合，诉讼时效的长短也是当事人选择救济途径的考量依据之一。

需要注意的是，在前面的论述中，彩礼返还请求权可能涉及已经移转所有权的财产。根据我国民法的通说观点，所有权并不属于诉讼时效的客体。但若严格循此观点，那么绝大多数的彩礼返还就不受制于时间的约束，无疑会造成当事人之间的利益失衡，从而引发更多的矛盾和纠纷。实际上，包括针对所有权的原物返还在内的物上请求权，均属于独立的请求权而非物权的一部分。加上物上请求权具有多种不同的形态，笼统地断言其不适用诉讼时效是不恰当的。即便真如一些学者所担心的使原物返还请求权适用于诉讼时效将导致"所有权空虚"的结果，但若此结果并不会对社会秩序产生重大影响，又何必要加以反对呢？进言之，即使是"空虚化"的权利，也并非完全没有意义，其至少在道义上仍具有存在的价值，权利人亦可通过其他途径要求义务人履行义务。[4]有学者所指出，在他物权中占有与所有权的分离已经

---

[1] 崔建远等：《民法总论（第二版）》，清华大学出版社 2013 年版，第 266 页。

[2] 麻锐：《民法典诉讼时效制度客体的立法设计》，载《法学杂志》2016 年第 11 期，第 56 页。

[3] 崔建远等：《民法总论（第二版）》，清华大学出版社 2013 年版，第 266—267 页。

[4] 麻锐：《民法典诉讼时效制度客体的立法设计》，载《法学杂志》2016 年第 11 期，第 57 页。

成为一种常态，只要不会对第三人利益和社会公共利益造成影响，法律自然没有奉行"父爱主义"的必要。[1]其实，物上请求权能否成为诉讼时效的客体，是一个立法政策的选择问题，比较法上的做法不一，并不存在凛然不可动摇的定律。就诉讼时效制度的价值取向——促进权利积极行使和维护社会秩序稳定来说，其与物上请求权本身并不存在实质性的冲突。从物上请求权的发源地德国来看，早先的《德国民法典》就未对物上请求权适用诉讼时效做任何规定，但 2002 年的《德国债法现代化法》对前者作出修订，对所有权和其他物权的返还请求规定了诉讼时效。[2]而我国司法实践中亦已经出现了肯定原物返还适用诉讼时效的判决。这至少表明，对原物的返还请求权并非绝对不能适用于诉讼时效。

由此，再回到彩礼返还请求权的问题上。如前所述，彩礼返还请求权的客体是受领彩礼一方所受利益，而依其利益之性质，包括原物及原物所生孳息的返还、价额返还两个方面。套用曾世雄教授之语，无论是何种形式的请求权，都是社会生活正常运作之产物，且发生频繁，被请求人若欲排除权利干扰则需"于长时间下随时备证"，但这反而对被请求权人构成了"备证之困扰"，因此必须由诉讼时效介入以补其不足。[3]事实上，由于请求权本身并不是一个极尽周延的概念，这也反过来决定了其作为诉讼时效的客体是存在扩张的可能性的，而且这种扩张在一定程度上是不可避免的。[4]因此，不论是针对原物的彩礼返还请求权，还是针对价额的彩礼返还请求权，都应当受到诉讼时效的约束。换言之，在特定事由（比如男女双方解除婚约）出现后，男方必须在法律规定的期限内向女方主张返还彩礼；超出此期限的，法院就不应当支持其诉讼请求。该诉讼时效应为《民法典》总则编第 188 条第 1 款规定的普通诉讼时效，即 3 年。诉讼时效届满的，女方作为被请求人得以提出不予返还的抗辩。此外，根据《民法典》总则编第 192 条之规定，诉讼时效届满后，若女方同意返还彩礼，则不得再以已逾诉讼时效作为抗辩；

〔1〕　朱虎：《返还原物请求权适用诉讼时效问题研究》，载《法商研究》2012 年第 6 期，第 122 页。
〔2〕　参见《德国民法典》第 197 条第 1 款第 1 项。
〔3〕　曾世雄：《民法总则之现在与未来》，元照出版有限公司 2005 年版，第 253 页。
〔4〕　徐晓峰：《诉讼时效的客体与适用范围》，载《法学家》2003 年第 5 期，第 91 页。

对于已经返还了的彩礼，也不得以已逾诉讼时效为由要求男方"退还"。

值得一提的是，诉讼时效虽然是法律的强制性规定，但并非绝对排除当事人通过约定予以变更的情形。在比较法上，允许当事人自行约定缩短或延长诉讼时效已经成为一种趋势。[1]包括法国、德国、瑞典等在内的大陆法系主流国家，英国、加拿大和美国部分州省，以及在欧盟制定的《欧洲合同法通则》（The Principles of European Contract Law，PECL）和《欧洲示范民法典草案》（Draft Common Frame of Reference，DCFR）等，均是如此。对比之下，仍坚持诉讼时效绝对地排除当事人的自由意思的立法例已为数不多。[2]根据《民法典》总则编第 197 条第 1 款之规定，我国采取的是后一种立法例，即对当事人自行约定诉讼时效的期间、计算方法以及中止、中断事由的，约定无效。立法者的初衷或许是为了保障当事人特别是弱势一方的诉讼权利，但不得不说是一个遗憾。如梁慧星教授所指出，我国法律规定的诉讼时效是"划一的"，但这"未必切合实际"，而且考虑到相关规则也不尽具体和明确，故"不应排斥当事人以特约适应实际情形之自由"[3]。如果当事人关于缩短或延长诉讼时效的约定并不涉及第三人利益和社会公益，其内容和形式也合乎私法自治的要求，"一刀切"式否定的意义又何在呢？鉴于彩礼返还案件中不乏双方当事人约定变更诉讼时效的情形，完全否定未必就更有利于实现"案结事了"。对此，笔者呼吁立法者对相关规定进行修订，允许当事人可以对诉讼时效期间进行自由处分。但鉴于诉讼时效所蕴含的"公益性"内容[4]，有必要对这类处分做一定限制，比如必须以书面形式进行约定、约定缩短或延长的时限至多不超过 1 年等。

（二）彩礼返还请求权诉讼时效的起算

诉讼时效以一定的期间的经过为要素，因此必然涉及"起"与"止"的确定。其中，"起"是指起算，"止"是指诉讼时效的完成。由于法律多只对

---

[1] 梁慧星：《民法总论（第五版）》，法律出版社 2015 年版，第 251—252 页。
[2] 在法律上明确诉讼时效排除当事人自由意思的国家和地区包括意大利、瑞士、葡萄牙、希腊、俄罗斯、加拿大的魁北克省、巴西，以及我国台湾地区。
[3] 梁慧星：《民法总论（第五版）》，法律出版社 2015 年版，第 251 页。
[4] 王泽鉴：《民法总则》，北京大学出版社 2009 年版，第 410 页。

诉讼时效的期间作出规定，故明确诉讼时效的起算就成为问题的关键。所谓诉讼时效的起算，也就是诉讼时效期间的开始，是指从何时开始计算诉讼时效的期间。[1]在彩礼返还案件中，当事人提起诉讼时诉讼时效是否已经届满，往往是双方争议的焦点，故对诉讼时效起算的判定至关重要。[2]关于这个问题，需要从以下三个方面加以分析。

1. 彩礼返还请求权诉讼时效的起算标准

根据《民法典》总则编第 188 条第 2 款之规定，诉讼时效应当从"权利人知道或者应当知道权利受到损害以及义务人之日起计算"。最高人民法院于 2019 年发布的《最高人民法院关于印发〈全国法院民商事审判工作会议纪要〉的通知》（法〔2019〕254 号）第 16 条亦指出，诉讼时效应当从"债权人知道或应当知道……"起算。[3]这是我国法律关于诉讼时效起算的基本规定。与《民法通则》第 137 条之规定相比，《民法典》总则编第 188 条第 2 款的规定增补了"义务人"内容，旨在要求当事人提起诉讼时须有明确的被告和诉讼请求，从而有利于审判活动的展开。该款还增加了"法律另有规定的，依照其规定"的内容，以明确在特定情况下，特殊诉讼时效应优于普通诉讼时效的法律适用规则。

根据上述规定可知，诉讼时效的起算包含两个方面的要素：一是客观要素，即权利受到损害；二是主观要素，即权利人知道或应当知道其权利受到损害的事实。由此也引发了关于诉讼时效起算标准（或起算模式）的争议分歧。学界和实务界的主流系采用客观起算标准，即以所谓的"理性人"在此种情况下能够作出其权利已受到侵犯为判断，认定请求人知道其权利受到损害。[4]但此标准不问请求人是否确实知道而开始计算诉讼时效，就事实逻辑和权利保障而言存在硬伤。而主观起算标准强调以请求人"发觉"其权利行

---

[1] 崔建远等：《民法总论（第二版）》，清华大学出版社 2013 年版，第 268 页。
[2] 比如，在"饶某与郑某等婚约财产纠纷"一案中，从双方订立婚约到饶某起诉要求对方返还彩礼间隔长达 12 年之久，饶某的起诉是否超出诉讼时效成为本案的争议焦点之一。参见江西省上饶市信州区人民法院（2021）赣 1102 民初 5191 号民事判决书。
[3] 参见《最高人民法院关于印发〈全国法院民商事审判工作会议纪要〉的通知》第 16 条第 2 款，载中国法院网，https://www.chinacourt.org/law/detail/2019/11/id/149992.shtml。
[4] 崔建远等：《民法总论（第二版）》，清华大学出版社 2013 年版，第 268 页。

使存在事实的障碍时起算诉讼时效，虽然有利于请求人主张权利，却会使对方当事人的法律地位系于请求人的主观情况产生削弱诉讼时效制度价值和意义的消极效果。

关于诉讼时效的起算标准，我国法律并无明确规定，司法实践中则呈现出"实用主义"的倾向，即根据案件具体情况而定。这种情况在彩礼返还案件中尤为突出。比如，在"宋某与袁某同居财产纠纷"一案中，法院认为彩礼返还请求权的诉讼时效应当从宋某作出要求返还彩礼的意思表示之时起算，即采取主观起算标准。[1]而在"陈某与吾某等婚约财产纠纷"一案中，法院则认为诉讼时效应当从吾某向陈某发信息称"不再做亲"时起算，陈某对此信息含义的理解不同并不影响诉讼时效的起算，这实际上是采取了客观起算标准。[2]还有的法院则以"解除婚约之时"[3]"解除婚姻关系之时"[4]"分居之时"[5]"返还义务人拒不返还彩礼之时"[6]作为诉讼时效的起算点，严格来说既非主观起算标准，也非客观起算标准。如此乱象，显然有损于司法权威和法治统一。鉴于此，不妨借鉴比较法上的经验，即将客观起算标准与较长的诉讼时效期间相组合，将主观起算标准与较短的诉讼时效期间相组合，以达到协调安全性和伦理性的目的。[7]从《民法典》总则编关于诉讼时效的规定中可以看出，立法者采取了主观起算标准与较短诉讼时效相组合的模式，而通过对"义务人"内容的增补，实际上又包含了采取客观起算标准的含义。虽然确实存在不够清晰明确的问题，但实际上也为借鉴比较法的做法提供了解释上的空间和可能。

2. 彩礼返还请求权诉讼时效的起算点

明确了彩礼返还请求权诉讼时效的计算标准问题，接下来是彩礼返还请求权诉讼时效的起算点问题。如前所述，彩礼返还属于给付型不当得利返还，

---

〔1〕 参见重庆市大足区人民法院（2021）渝 0111 民初 5586 号民事判决书。
〔2〕 参见浙江省衢州市中级人民法院（2020）浙 08 民终 721 号民事判决书。
〔3〕 参见辽宁省丹东市中级人民法院（2018）辽 06 民终 1531 号民事判决书。
〔4〕 参见江苏省宿迁市中级人民法院（2014）宿中民终字第 02183 号民事判决书。
〔5〕 参见河北省磁县人民法院（2017）冀 0427 民初 2341 号民事判决书。
〔6〕 参见吉林省龙井市人民法院（2017）吉 2405 民初 848 号民事判决书。
〔7〕 聂宏光：《给付型不当得利诉讼时效起算点的确定》，载《法学杂志》2010 年第 11 期，第 105 页。

但学界和实务界对于如何确定给付型不当得利返还请求权诉讼时效的起算点，仍存在较大的争议。虽然确有学者指出，《民法典》总则编第 188 条增补"义务人"和"法律另有规定的，依照其规定"旨在解决诉讼时效起算点的问题，[1] 却并未指明所适用的范围，故对司法实践的帮助较为有限。

除了上文提到的计算标准不明，如何确定《民法典》总则编第 188 条中"权利人知道或者应当知道权利受到损害以及义务人"的时间节点，亦困扰着学者和法官们。从文义上看，该条要求诉讼时效的起算须同时满足两项要件，即请求人知道或应当知道其权利受到损害，以及请求人知道或应当知道造成其权利损害的义务人是谁。但问题是，"知道"是一种客观事实，而"应当知道"则是一种法律推定，这二者背后反映的是立法者对于请求人不同的主观状态所作的不同评价，由此所产生的法律效果也是截然不同的。显然，在"应当知道"的情况下，法律其实为当事人创设了一项"知道义务"；如果当事人未能履行该"知道义务"，则应当承担相应的风险。[2] 其中包含了法律对当事人因"过失"导致"应知而未知"的否定评价。[3] 因此，"知道"和"应当知道"对诉讼时效起算的影响绝不应当是相同的，否则就无从体现出法律评价的区别。具体而言，一般情况下，法院应以原告声称其"知道"的时间起算诉讼时效，但如果查明原告"应当知道"的时间早于其实际"知道"的时间的，则应当以"应当知道"的时间作为诉讼时效的起算点。此外，由于个人通常是在发现自身权利受到损害以后，才开始寻找侵害其权利者，即"知道"义务人的时间通常会晚于"知道"权利受到损害的时间。为了更好地保障当事人能够有充分的时间寻求司法救济，在这种情况下，法院应当判定"知道"义务人的时间为诉讼时效的起算点。

就请求人"知道或应当知道"的内容而言，发现自身"权利受到损害"自无困难，但找出"义务人"则可能较为麻烦。有观点认为，对于"义务

---

[1] 周江洪：《诉讼时效期间及其起算与延长——〈民法总则〉第 188 条评释》，载《法治研究》2017 年第 3 期，第 63 页。

[2] 麻昌华、陈明芳：《〈民法典〉中"应当知道"的规范本质与认定标准》，载《政法论丛》2021 年第 4 期，第 133—134 页。

[3] 王利明：《侵权责任法研究（第二版）》，中国人民大学出版社 2016 年版，第 187 页；曾世雄：《损害赔偿法原理》，中国政法大学出版社 2001 年版，第 82 页。

人"，请求人不仅要知道其是谁，还应知道其住所及联系方式，因为这是行使权利和提起诉讼的必备条件。[1]这是值得商榷的。首先，从《中华人民共和国民事诉讼法》（2023 年修正）第 122 条中的"明确的被告"，第 160条中的"事实清楚、权利义务关系明确"，第 172 条中的"上诉状的内容，应当包括当事人的姓名……"等内容中，并不能解读出要求请求人知道被请求人的姓名和住址等详细信息的含义。即便第 122 条中要求有"明确的被告"，但对"明确"的标准却未予说明。一般认为，法院在受理案件时，只对原告的起诉做形式审查，特别是对被告的相关信息采取较为宽宥的审查标准，只要能与其他主体相区别即可。[2]其次，要求提供"义务人"的身份和住址信息等固然有助于提升诉讼效率，但这些信息很大程度上属于个人隐私的范畴。如果法律要求原告起诉必须提供这些信息，一方面极大地提升了起诉的门槛，构成个人寻求司法救济的实质性阻碍，另一方面激发了大量侵犯个人隐私的行为的涌现。因此，只要请求人知道其权利受到损害，并且能够指出一个相对具体的"义务人"时，就应当以此时作为诉讼时效的起算点。

就彩礼返还案件而言，通常情况下并不会出现被告不明确的问题，因为彩礼返还案件的当事人一般就是直接参与了彩礼授受的当事人。但司法实践中却有部分法院以起诉人未能提供被告的"准确地址"导致无法送达相关司法文书为由，认为"被告不明确"而不予立案或驳回起诉。[3]这是非常错误的做法。且不说要达到何种程度方可谓之为"准确"见仁见智，在人口流动性"空前增长"[4]的背景下，要求起诉人必须提供对方准确无误的地址，否则就剥夺其诉讼权利，未免有失公允。其实以现有的技术水平，法院作为手

---

〔1〕 梁慧星：《民法总论（第五版）》，法律出版社 2015 年版，第 261 页。

〔2〕 段文波：《论民事诉讼被告之"明确"》，载《比较法研究》2020 年第 5 期，第 165 页；张卫平：《民事诉讼法（第五版）》，法律出版社 2019 年版，第 126—127 页。

〔3〕 参见内蒙古自治区通辽市科尔沁区人民法院（2020）内 0502 民初 5520 号民事裁定书；山西省吕梁市（地区）中级人民法院（2020）晋 11 民终 389 号民事裁定书；山东省郯城县人民法院（2019）鲁 1322 民初 2082 号民事裁定书。

〔4〕 参见澎湃新闻：《人口志丨流动人口暴增的成因与政策响应》，载搜狐网，https://www.sohu.com/a/467064894_260616，2022 年 8 月 13 日最后访问。

握公权力的国家机关，完全可以通过一定手段或渠道确定被告的地址，但这对普通人而言却是无法企及的。而且，鉴于目前全国各级法院几乎都开通了各自的官方网络平台或社交账号，全国基本实现了互联互通，通过网络媒体、社交平台等进行公告送达，也未尝不是一种便利可行的方式。

3. 彩礼返还请求权诉讼时效期间的计算方法

确定了彩礼返还请求权诉讼时效的起算标准和起算点之后，还需进一步明确诉讼时效期间的计算方法。关于应当如何计算诉讼时效的期间，学界给予的关注非常有限，似乎这是无足轻重的问题。然而，运用不同的计算方法所得到的处理结果自然不同，对双方当事人的权利义务也会产生实质性的影响。因此，这一问题同样不容忽视。诉讼时效有以下两种计算方法：

（1）自然计算法。所谓自然计算法，即按照"从时刻到时刻"的要求进行期间的计算。[1]照此计算法，法官在确定了适用的诉讼时效之后，就需要进一步明确时效期间起算的具体时刻，并严格计算到期间截止的相应时刻。显然，自然计算法是一种非常精确的时效计算方法，适用于日常生活中的短期间时效的计算，比如出勤考核、赛事计时和投稿期间等。但对于长期间时效而言就会出现不易掌控的问题。比如，某项请求权的诉讼时效为1年，法院认定的起算时间为2022年8月1日下午3点30分，那么诉讼时效的结束日期就是2023年8月1日的下午3点30分。且不说精确锚定"下午3点30分"这个时间点就已经非常困难，如何确保时钟指针的绝对准确也是一个未解的难题。当然，随着数字技术的普及和数字信息化发展的深入，自然计算法在未来世界或许会被广泛运用于司法实践也未可知，毕竟只要客观条件允许，计算方法的精确程度与法律公平正义的彰显往往呈正相关的关系。[2]

（2）历法计算法。这种计算方法是以"一整日"为基本单位进行时效期间计算的方法。[3]这是一种整体计算的方法，借用上述举例，就是从2022年

---

〔1〕 ［葡］曼努埃尔·德·安德拉德：《法律关系总论（第二卷）》，吴奇琦译，法律出版社2018年版，第483页。

〔2〕 卞建林：《立足数字正义要求，深化数字司法建设》，载《北京航空航天大学学报（社会科学版）》2022年第2期，第23—25页。

〔3〕 ［葡］曼努埃尔·德·安德拉德：《法律关系总论（第二卷）》，吴奇琦译，法律出版社2018年版，第484页。

8 月 1 日到 2023 年 8 月 1 日，而不问具体的时刻。就目前的客观条件而言，历法计算法基于一种肯定和易于确定的基础，因此也为各国所普遍采用。但历法计算法也并非完美无瑕，其最突出的问题就是应如何确定起止日。比如，起始日是否应计入期间，结束日又是否应计入期间？对此，学界和实务界存在不同的理解，比较法上也有不同的立法例，甚至同一国家的不同法律中存在不同的规定。比如，《葡萄牙民法典》第 562 条对时效的计算方法为起始日计入时效期间内，结束日不计入。但该国的《民事诉讼法典》第 148 条则规定，起始日不计入时效期间内，但结束日计入。此外，当诉讼时效期间的结束日恰逢法定节假日，是否应当顺延至法定节假日之后的第一个工作日？这看似细枝末节无关紧要，却攸关当事人能否得到司法救济，因为大部分国家的司法机关在各自的法定节假日中都是歇业或者不受理案件的。对于这些问题，我国法律均未明确，致使司法实践中不同法院的做法不一。而一些法院为了避免案件矛盾的激化，采取对诉讼时效期间计算"放水"的做法，不仅损害法律的严肃性，还加剧了裁判标准的不统一和司法秩序的混乱。

如前所述，诉讼时效的起算点应为请求人知道其权利受到损害，并且能够指出一个相对具体的侵害人之时。但对于该日是否应计入诉讼时效的期间，学界和实务界均缺乏有力通说。笔者认为，可以参考自然计算法"从时刻到时刻"的计算规则以及日常生活经验，使起始日不计入诉讼时效期间而结束日计入。这应当是比较可取的方案，而且也符合大多数国家和地区的时效期间计算规则。此外，既然诉讼时效的期间关乎权利的行使，那么对于结束日恰逢法定节假日的情况，就应当在立法层面明确"须顺延至法定节假日结束后的第一个工作日，诉讼时效方可公告结束"的要求。唯有如此，方可真正彰显诉讼时效制度的价值意义和法律的公平正义。

（三）彩礼返还请求权诉讼时效期间的障碍

诉讼时效期间的障碍是指因为某些特定事实或状态的出现，导致正在进行的诉讼时效停止进行、重新进行或延期届满的状态。[1]从体系上看，

---

[1] 朱晓喆：《诉讼时效制度的价值基础与规范表达〈民法总则〉第九章评释》，载《中外法学》2017 年第 3 期，第 720—721 页。

诉讼时效期间的障碍包括中止、中断和延长三种情况。鉴于彩礼返还案件中涉及诉讼时效期间障碍的情形主要集中于诉讼时效期间的中止和中断，[1]且延长诉讼时效期间的问题相对简单，笔者仅就中止和中断两个方面展开论述。

1. 彩礼返还请求权诉讼时效期间的中止

诉讼时效期间的中止，是指在诉讼时效期间行将完成之际，出现了法律规定的客观事实或状况，导致权利人无法行使权利，法律为保护权利人而使诉讼时效暂停计算诉讼时效期间，在相关事实或状况消失之后，再继续计算的制度。[2]其中，法律规定的客观事实或状况又称诉讼时效期间的中止事由。由于诉讼时效期间的中止实际上就是诉讼时效的未完成状态，因此诉讼时效中止制度也被称为诉讼时效未完成制度。[3]根据《民法典》总则编第 194 条之规定，诉讼时效期间发生中止的条件包括两项要素：第一，出现了使权利人不能行使请求权的客观障碍，包括不可抗力和其他障碍；第二，此客观障碍发生在诉讼时效期间的最后 6 个月内。两项要素须同时满足，否则一律不产生中止的效果。

在彩礼返还案件中，许多当事人会以出现不可抗力为由主张诉讼时效期间的中止。但对于不可抗力的认定，不同法院的做法不一，特别是对于诉讼时效中止制度中的不可抗力，是否应与其他实体法律规定中的不可抗力作同等理解，均存有疑义。[4]自新冠疫情暴发以来，全国多地采取了各种隔离措施，如果当事人恰巧遭遇了这类措施，其能否以出现不可抗力为由主张诉讼时效期间中止？对此，学界和实务界存在较大的分歧。笔者认为，尽管从立法技术的要求来看，将诉讼时效期间中止的"不可抗力"与其他条文中的

---

[1] 笔者以关键词检索的方式分别在威科先行法律数据库和北大法宝中查询相关彩礼返还案件，其中存在诉讼时效中止情形的案件为 361 件，占比 48.46%；诉讼时效中断的为 369 件，占比 49.53%；诉讼时效延长的为 15 件，占比 2.01%。管中窥豹，可见一斑。

[2] 崔建远等：《民法总论（第二版）》，清华大学出版社 2013 年版，第 273 页。

[3] 杨巍：《〈民法典〉第 194 条（诉讼时效中止）评注》，载《南京大学学报（哲学·人文科学·社会科学）》2020 年第 6 期，第 31 页。

[4] 包括《民法典》合同编第 563 条、第 590 条、第 832 条、第 835 条，以及侵权编第 1239 条、第 1240 条。

"不可抗力"作相同理解,应当可以站得住脚。然而,在损害赔偿语境下的不可抗力,强调的是"与当事人无关的事由"造成的权利行使阻碍,也就是来自外部的事件。[1]但对于诉讼时效期间来说,未必只有"与当事人无关的事由"才能产生中止的效果。在德国法上,诉讼时效法中的不可抗力与损害赔偿法中的不可抗力是相区分的。对于前者,不问是否来自外部,只要是原告"要回避其影响的事由",都可以认定为构成不可抗力。[2]这对彩礼返还案件的处理具有借鉴意义。比如,男方要求女方返还彩礼,但突然暴发新冠疫情,男方因隔离观察而无法有效地提出权利主张。在这种情况下,法院应当认定男方被隔离构成了诉讼时效期间的中止事由,只有在该中止事由消失之后方可继续计算。

需要指出的是,《民法典》总则编第 194 条中还包含了一个兜底条款,即"其他导致权利人不能行使请求权的障碍"。关于哪些事实或状况属于这一条款规定所指,笔者认为,就彩礼返还请求权而言,应当包括双方当事人之间有家庭关系、法定代理关系,以及继承开始后未确定继承人或遗产管理人等特殊情况。比如,男女双方解除婚约后,女方发现自己已经怀孕,虽然男女双方之间并无婚姻关系,但他们实际上形成了某种具有高度伦理性的关系。[3]而这种关系的形成,极有可能使当事人对行使权利产生一定顾虑或困难,甚至对其行使权利构成阻碍。[4]对此,可以认为出现了诉讼时效期间的中止事由,待双方当事人对相关问题处理完毕之后,再恢复诉讼时效期间的计算。此外,需要指出的是,由于诉讼时效期间的中止是实体法上的规则,故只能发生在诉讼程序启动之前,而在诉讼开始以后,就不再涉及诉讼时效的问题了。在诉讼过程中,因为某些特殊情况的出现导致诉讼活动无法正常进行的,法官应裁定中止诉讼程序,待特殊情况消除之后再裁定恢复。这是诉讼的中止,而不是诉讼时效期间的中止。法院在受理彩礼返还案件后,不

---

[1] 梁慧星:《民法总论(第五版)》,法律出版社 2015 年版,第 262 页。
[2] 崔建远等:《民法总论(第二版)》,清华大学出版社 2013 年版,第 273—274 页。
[3] 有学者称之为"存在家庭关系"。参见张弛:《诉讼时效中止事由范围及其效力》,载《法学》1997 年第 6 期,第 27—30 页。
[4] 魏振瀛主编:《民法(第二版)》,北京大学出版社 2007 年版,第 200 页。

应主动审查是否存在诉讼时效期间的中止事由，而只能在当事人申请后再进行实质审查，并以判决的形式支持或驳回其主张。

2. 彩礼返还请求权诉讼时效期间的中断

诉讼时效期间的中断，是指在诉讼时效期间进行过程中，出现了法律规定的事实或状况，导致已经进行的诉讼时效期间全部归于无效，在该事实或状况消失后，重新计算诉讼时效期间的制度。[1]《民法典》总则编第 195 条对诉讼时效的中断作了规定。如果诉讼时效期间的进行具备某种正当性的理由，那么诉讼时效期间的中断就是对这种正当理由的否定，其结果是对已发生诉讼时效期间的全部"推翻"，并重新起算诉讼时效期间。[2]由于在后果上具有严重性，故诉讼时效期间的中断原则上只在双方当事人之间产生法律效力，当事人不得以其他当事人之间的中断事由主张自己的诉讼时效期间中断。[3]在绝大多数情况下，诉讼时效期间的中断都是由权利人提出的，以对抗义务人的诉讼时效抗辩。

从制度目的来看，诉讼时效期间的中断与中止都是为了阻却诉讼时效的完成，从而缓和诉讼时效制度可能产生的不利于权利人的后果，但二者之间仍具有显著的区别。首先，就具体事由而言，中断事由所反映的权利人积极行使权利或义务人同意履行义务，直接体现了当事人的意志。而正是因为权利人没有怠于行使权利，法律自然也没有必要通过诉讼时效制度来限制或剥夺其权利。[4]其次，中断事由可发生于诉讼时效期间内的任何时间节点，而不只是在诉讼时效期间的最后一定期限内。当然，比较法上也有不作此区分的立法例，如《法国民法典》。最后，二者的法律效果不同。在中止的情况下，诉讼时效期间实际上是暂停计算，而在中断的情况下，诉讼时效期间则是重新起算。如果说诉讼时效期间的中止对权利人的保护尚留有余地，那么诉讼时效期间的中断就没有任何转圜的余地可言。

---

〔1〕　崔建远等：《民法总论（第二版）》，清华大学出版社 2013 年版，第 275 页。
〔2〕　冯洁语：《诉讼时效正当理由和中断事由的重构》，载《法律科学（西北政法大学学报）》2018年第 4 期，第 126—127 页。
〔3〕　杨巍：《〈民法典〉第 195 条评注之一（诉讼外请求、义务承认）》，载《法学家》2021 年第 4期，第 173 页。
〔4〕　崔建远等：《民法总论（第二版）》，清华大学出版社 2013 年版，第 275 页。

202 | 彩礼返还规则重构——从法律视角解读彩礼

概括来说，诉讼时效期间的中断事由包括提起诉讼、当事人一方提出要求和义务人同意履行。提起诉讼作为主张和行使权利最有效的方式，是指当事人要求法院启动审判程序，对其提出的诉讼请求进行审理并给予司法保护。[1] 此外，《最高人民法院关于审理民事案件适用诉讼时效制度若干问题的规定》[（2020 修正），法释〔2020〕17 号] 第 13 条、第 14 条和第 15 条第 1 款分别列举了同样可以产生中断诉讼时效期间效果的行为，比如向公检法部门提出控告等，可以视为当事人提起诉讼。[2] 对于当事人一方提出要求和义务人同意履行义务，专指在诉讼外的提出要求和同意履行义务，前者是权利人对权利存在的提示，后者则是义务人对权利存在的认可。通常情况下，只要权利人能够证明自己向义务人提出过权利主张，或者义务人作出过履行义务的承诺，不论其方式、途径和场合，都应当认为构成诉讼时效期间的中断事由。在彩礼返还案件中，作为被告的女方往往会以原告的起诉已逾诉讼时效作为抗辩，对此，原告则会提出诉讼时效中断作为反驳。但问题在于，由于双方当事人之间的关系非常特殊，法院对于诉讼时效是否中断的判断存在较大的困难。比如，男女双方因琐事发生口角，男方提出分手并要求女方返还彩礼，女方也表示同意，但数日后二人又和好初。这类情况在彩礼返还案件中尤为常见，甚至不乏多次反复分分合合的情况。[3] 对此，法院在审理具体案件时，应当注意把双方当事人之间情绪化、一时性的言辞表达与理智、正式的要求和承诺相区分，以尽可能地保障当事人的诉讼权利。此外，法院对中断事由的判断，还应当注意避免把目光局限于某个时段，简单地以男方提出返还主张就认定其已经提出要求，或者以女方曾经答应过返还彩礼就认定其作出了同意履行义务之承诺；而应当以持续性的眼光看待案件的整体事实，尽

---

〔1〕 田平安、柯阳友：《民事诉权新论》，载《甘肃政法学院学报》2011 年第 5 期，第 44 页。

〔2〕 参见《最高人民法院关于审理民事案件适用诉讼时效制度若干问题的规定》（2020 年修正），载法律图书馆网，http://m. law - lib. com/law/law_view. asp? id = 262202&page = 3。

〔3〕 比如，在"杨某与陈某等婚约财产纠纷"一案中，双方于 2017 年 3 月按当地习俗订婚并由杨某向陈某及其家人给予彩礼。之后双方多次闹分手但又重归于好，直至 2020 年初才因矛盾不可调和而分居生活。关于本案起诉是否超出诉讼时效，法院认为杨某在闹分手时要求退礼金为"气话"，不构成诉讼时效期间的中断事由。参见江西省广丰区人民法院（2021）赣 1103 民初 3665 号民事判决书。

可能地还原双方当事人权利义务关系的真实状态。

诉讼时效与权利主体、权利客体、权利变动和权利行使与保护一样，是权利之所以为权利而不可或缺的组成要素。[1] 不同案件类型的诉讼时效之长短，本质上是一个立法技术问题，[2] 体现了立法者对不同性质的权利所持有的不同立场。从根本上来说，诉讼时效制度是一项对义务人进行保护的制度，因为它最突出的价值和功能就是督促权利人积极行使权利，而这只是法律"保护义务人的附带和客观效果"[3]。诉讼时效期间的障碍制度则侧重于对权利人的保护，体现了一种调和与平衡的思想。若诉讼时效期间的障碍消除，则权利人应当"不迟滞地尽速"提起诉讼，否则将承担诉期贻误的不利后果。但这并不意味着权利人就必须即刻或翌日这么做，而应当给予权利人必要的准备时间。因此，法院对诉讼时效期间的障碍消除后继续计算或重新起算时效期间的时间节点的把握，应当根据案件的具体情况作出判断。如果权利人在诉讼时效期间的障碍消除后便积极着手行使权利，且不存在故意拖延起诉或隐瞒权利存在等情形，就应当以其提起诉讼或提出要求的时间为准，继续或重新计算诉讼时效期间。

---

〔1〕 麻锐：《我国民法典时效制度体例结构的安排》，载《社会科学战线》2016 年第 12 期，第 220 页。

〔2〕 曾世雄：《民法总则之现在与未来》，元照出版有限公司 2005 年版，第 262 页。

〔3〕 霍海红：《诉讼时效根据的逻辑体系》，载《法学》2020 年第 6 期，第 39 页。

第五章
彩礼返还法律效果的弹性化构造

　　根据《民法典婚姻家庭编司法解释（一）》第 5 条之规定，法院对当事人请求返还彩礼的诉讼请求无非支持和不支持两种处理结果，而决定是否支持彩礼返还的标准为当事人是否已办理结婚登记，在特殊情况下还需考虑是否存在共同生活事实，以及是否造成彩礼给予方生活困难。且不论这一规定在彩礼返还的法律效果与其构成要件之间明显的逻辑矛盾，其把彩礼返还的法律效果划分为"返还"和"不予返还"两种情形，其中，未办理结婚登记的原则上一律返还，这实际上就是把彩礼返还的法律效果与构成要件之间的关系设计成为一个"全有或全无"（all or nothing）的结构。如此泾渭分明，固然有助于提升司法裁判的确定性和法院审判的效率，但同时也过于低估了彩礼返还案件的复杂性和多变性，因此很难成为一项具有普遍意义的裁判准则。在比较法上，与彩礼返还相类似的涉婚财产返还法律制度中，这种"全有或全无"的规则设计并不多见。比如，根据日本法，男女双方之间的"内缘关系"破裂的，女方一般应当向男方返还包括"结纳金"在内的以结婚为目的的财产给予，但并不是要如数奉还，而须视具体情况而定。[1]在德国法上，"基于婚姻之给予"的行为基础丧失的，

---

[1] ［日］二官周平：《事实婚》，一粒社 2002 年版，第 173—176 页。

法院可根据男女双方共同生活等实际情况对一方所需返还的财产的范围和数额进行调整。[1]《葡萄牙民法典》则规定，男女双方之间基于婚姻缔结所作出的财产给予，在不能缔结婚姻的情况下应当向对方返还，但返还的范围和数额需要法院根据"婚约合同"的内容、所给予财产的价值以及拟结婚人之间的实际情况等予以确定。[2]

　　有学者指出，只有当事人之间具有"实现、安排、维护或保障婚姻共同生活"的目的，"或至少怀有婚姻生活共同体将会持续的设想"[3]，才可能会作出彩礼给予的行为。既然彩礼给予是以某种持续性、动态性的"原因"为基础，其所对应的"结果"也必然不是单一的、绝对的，而应当是具有一定灵活性和可变性的。那么，是否存在这样一种法律评价体系，能够较好地满足这一需要呢？笔者认为，被誉为《民法典》"最大的创新和亮点"[4]的动态系统论思想，能够担当此任。尽管涉及动态系统论的规定位于人格权编中，其思想却贯穿于整个《民法典》，甚至对现有的民事审判方法都产生了广泛而深刻的影响、促进了审判思路和审判方式的转变。[5]有鉴于此，笔者拟在前文论述的基础上，尝试引入动态系统论的方法，对彩礼返还的法律效果的弹性化构造进行分析和探讨。

一、弹性化构造的方法论基础

　　如前所述，《民法典婚姻家庭编司法解释（一）》第5条之规定对彩礼返还法律效果的设计是"全有或全无"式的，即要么返还，要么不返还；而决定返还与否的唯一标准是有无办理结婚登记。这一规定是我国婚姻家庭立法长期欠缺民法体系思维的产物，不仅逻辑上存在诸多硬伤，也无法很好地与其他法律规则相衔接，使得法院对案件的处理越来越偏离对是非曲直的判断，

---

[1]　王葆莳：《德国婚姻赠与返还制度研究》，载《中国应用法学》2020年第3期，第157—161页。

[2]　参见《葡萄牙民法典》第1591条至第1595条、第1753条至第1760条。

[3]　叶名怡：《夫妻间房产给予约定的性质与效力》，载《法学》2021年第3期，第143页。

[4]　王利明：《〈民法典〉人格权编的立法亮点、特色与适用》，载《法律适用》2020年第17期，第5页。

[5]　胡学军：《民法典"动态系统论"对传统民事裁判方法的冲击》，载《法学》2021年第10期，第146页。

出现了一定程度的僵化和教条化倾向。早在《婚姻法司法解释（二）》适用时期，学界和实务界就围绕该司法解释相关条款进行了大量的解释作业，尝试通过解释论的路径为更多的彩礼返还案件的处理提供裁判依据。但由于规定本身的巨大缺陷，这些解释工作实际上仍陷于某种"将错就错"的困境之中，即便不是缘木求鱼，也是事倍功半，对司法实践的帮助非常有限。随着《民法典》对动态系统论思想的确立，一个全新的方法论展现在人们面前，为彩礼返还法律效果的弹性化构造提供了新的思路和方法。

（一）动态系统论的产生、发展及其理论概述

长期以来，在民法思维模式中占主导地位者，非"构成要件—法律效力"模式莫属。所谓"构成要件—法律效力"模式，是指在确定可以产生一定法律效力的法律构成要件的基础上，以明确关于要件事实的举证，以及当事人攻防方法为目的的法律思维模式。[1]"构成要件—法律效力"模式是概念法学勃兴的产物，被视为法律系统贯彻"合法/非法"二元代码和决定"胜诉/败诉"条件程式的重要抓手。[2]"构成要件—法律效力"模式不仅成为实体法上请求权思维的最重要模式，而且还极大地影响了民事裁判的基本构造，常常被法院作为"判决正当化论证的依据"，成为法律评价的主要手段。然而，"构成要件—法律效力"模式的弊端亦非常明显，特别是其讲究概念的"涵射"、奉行"全有或全无"的思维方式，从而不可避免地出现了"以机械技术割裂多元化社会事实的僵化性"[3]。如果完全遵照"构成要件—法律效力"模式进行法律规范体系的构造，势必会造成法律规范与客观现实之间的撕裂和脱节。随着概念法学的神话被打破，学者们开始寻找一种以问题为中心、兼具确定性和开放性的问题解决方案，其中动态系统论被最为广泛地作为方法论尝试。

---

〔1〕 顾祝轩：《民法系统论思维：从法律体系转向系统》，法律出版社 2012 年版，第 121 页。

〔2〕 德国法学家尼克拉斯·卢曼指出，法律是一个使用"合法/非法"二元代码（要么遵守，要么违反）作为沟通手段的独立的规则系统，是人类行为的规范性预期的制度化。参见［德］尼克拉斯·卢曼：《法社会学》，宾凯、赵春燕译，上海人民出版社 2013 年版，第 101 页。

〔3〕 王磊：《动态体系论：迈向规范形态的"中间道路"》，载《法制与社会发展》2021 年第 4 期，第 160 页。

1. 动态系统论的提出、发展和演变

奥地利民法学者瓦尔特·维尔伯格（Walter Wilburg）教授认为，概念法学者把法律视为一种"物体"的做法是不妥当的，而应当将其看作一种"诸作用力相互作用的结果"。具体而言，就是在一定的法律领域内存在能够发挥作用的作用力，通过这些作用力之间的动态协动作用对法律规范和法律效果及其变迁进行说明，并将之正当化。[1]这便是动态系统论的初步构想。维尔伯格教授运用这一构想，提出在诸相关要素协动作用的基础上构建损害赔偿法的归责规则。在这一规则下，法律并不追求任何统一的、能够统领整个损害赔偿责任的法律原则，而是将损害责任"还原"为多个要素（Elemente）；这些要素可以表现出不同的发生程度（或强度），并以不同的组合方式结合在一起，从而综合地构成判定损害赔偿责任的基础。维尔伯格教授进一步指出，这些要素在具体的案件中按照发生程度相互结合，各个要素之间并非如"构成要件—法律效力"模式下构成要件之间那般"缺一不可"的关系，其自身也并非必须存在不可。[2]换言之，在维尔伯格教授的构想下，要素之间具有互补性和可交换性，它们在不同案件中的发生程度是不同的；不同的要素根据各自的发生程度相互补充，进而形成全部或者部分损害赔偿责任的基础。[3]按照这一思路，"构成要件—法律效力"模式下的"全有或全无"的思维定式被动态系统论所倡导的"权衡各方影响"（weigh and balance the respective impact of each factor）的思维进路所取代，从而能够有效地解决应对"各种问题的变体"（every imaginable problem variant）和保持法之安定性的两难困境，进而达致一个更为公平合理的解决方案（a fair and reasonable solution）。[4]如此一来，法律评价体系便以一种更具弹性化的面貌展现在世人面前，概念法学的僵化问题得以克服，现实生活中的复杂需求便能够得到较好的满足。

---

[1] Walter Wilburg, *Entwicklung eines Beweglichen System in Bürgerlichen Recht*, Rectorrede, 1951, S. 13.

[2] Ibid.

[3] Walter Wilburg, *Entwicklung eines Beweglichen System in Bürgerlichen Recht*, Rectorrede, 1951, S. 14.

[4] Bernhard A Koch, *Principles of European Tort Law*, King's Law Journal, Vol. 20, No. 2, 2009, p. 207.

日本民法学者山本敬三教授从要素的性质入手，对维尔伯格教授的构想作了更为细致的分析。山本敬三教授认为，要素可分为作为观点或因子的要素和作为原则的要素，而维尔伯格教授所列举的要素仅属于前者。两种要素之间的关系为，如果以原则为要素时，可以从中抽取出观点或因子；如果以观点或因子为要素时，又可从中解读出原则。从这个意义上来说，动态系统论中的"动态系统"是以原则为基础，由用以衡量其程度的观点或因子构成。[1]换言之，若想在某个法律领域构建动态系统的评价体系，首先应考察该领域是否存在具有妥适性的原则。如山本敬三教授所指出的，动态系统论可以说就是以这些原则所构成的体系为前提的。[2]山本敬三教授还进一步揭示出"动态系统"中真正"动态"的部位，即要素之间的组合以及每个要素被满足的程度都是不固定的，而正是这种不固定导致了法律效果的千差万别，而这便是"动态的性格特征"所在。[3]不难看出，山本敬三教授的"动态系统"模型与维尔伯格教授的存在区别：就要素而言，山本敬三教授把具有规范性的原则也纳入其内容，而非仅对要素判断具有实践意义的因子。此外，山本敬三教授的动态系统论亦明确以原则之间的相互协动来构建法律体系。尽管学者对"动态系统"模型存在不同的表述，但均强调要素作为"条件程式"所发挥的功能性作用，是法律体系实现自我生产、自我参照的条件所在。

山本敬三教授对动态系统论的介绍和发展，随其相关著作的译作本于21世纪初传入我国民法学界，在其后的数十年间该理论的影响逐渐扩大。据学者考证，在被誉为"欧洲私法一体化标志性工程"的《欧洲侵权法原则》（Principles of European Tort Law，PETL）直接采用动态系统论构筑其基本制度后，动态系统论的影响力"陡然间"获得了极大的提升，在学界和实务界引发的关注和讨论也越来越多。[4]而随着《民法典》正式将动态系统论的思想确定为国内法规范，动态系统论更是得到前所未有的发展，甚至超出

---

〔1〕 顾祝轩：《民法系统论思维：从法律体系转向系统》，法律出版社2012年版，第157页。

〔2〕 ［日］山本敬三：《民法中的动态系统论——有关法律评价及方法的绪论性考察》，解亘译，载梁慧星主编：《民商法论丛（第23卷）》，金桥文化出版（香港）有限公司2002年版，第205页。

〔3〕 同上，第207页。

〔4〕 解亘、班天可：《被误解和被高估的动态体系论》，载《法学研究》2017年第2期，第41—42页。

传统的民法领域的范畴，而开始向商法、知识产权法、婚姻家庭法及其他部门法领域迈进。有学者指出，动态系统论的思想比较契合亚洲社会的法文化和法传统，尤其适用于立法技术时追求"宜粗不宜细"的我国法。[1]可以说，动态系统论正以其独特的思维进路和颇具亲和力的叙事方式，对我国的民法学理论研究、司法实践乃至立法技术，产生极为深刻的影响。

需要指出的是，虽然动态系统论旨在打破概念法学的僵化，但它却绝非把法律评价体系导向完全听任法官衡平裁判的自由法学。在动态系统论的框架内，作为法律评价基础的要素已被明确为法原理，而这足以保证法律评价具有限定性。换言之，动态系统论是一个"既承认评价，又限制评价"的结构体系，是在概念法学和自由法学之外的"第三条道路"。正因为如此，动态系统论的思想逐渐成为世界范围内都颇具影响力的方法论，而且这种影响力仍在不断扩大。

2. 动态系统论的规范构造

从上述分析可知，动态系统论的思维模式为"构成要素—法律效力"，其基本结构形式是，数个抽象的构成要素（E_1，E_2，E_3，$\cdots$，E_n），各构成要素各自对应的发生程度（N_1，N_2，N_3，$\cdots$，N_n），以及法律效果 R_n。它们之间的逻辑关系的图式表示为：$E_1 \times N_1 + E_2 \times N_2 + E_3 \times N_3 + \cdots + E_n \times N_n = R_n$。若要判断是否产生法律效果 R_n，则必须检查要素之间以及要素与发生程度之间的相互关联程度。通常而言，当所有的要素均得以实现时，就能够产生法律效果；但若其中的一个要素未能实现，则可能不再产生，或者仍旧产生该法律效果。这取决于每个要素与发生程度之间结合的数值，以及所有数值加起来能否满足法律效果 R_n 的总量需要。而且，由于要素与其发生程度时刻处于变化之中，法律效果 R_n 本身也并非一成不变，而是有着不同的可能性。法官需要根据要素的数目和发生程度之间的共同作用结果，最终确定法律效果为何。[2]故有学者把动态系统论下的法律适用过程形象地称为"持续赋形的程序"[3]。由

---

[1] 王洪亮：《侵权归责标准与责任前提——评中华人民共和国侵权责任法（草案）》，载《清华法律评论》2009年第1期，第54页。

[2] 顾祝轩：《民法系统论思维：从法律体系转向法律系统》，法律出版社2012年版，第162页。

[3] Ewald Hücking, *Der Systemversuch Wilburgs*, Duisburg, 1982, S.33. 转引自蔡睿：《显失公平制度的动态体系论》，载《法治社会》2021年第6期，第56页。

此可见，各个要素与其所对应的发生程度之间的动态协动对法律效果具有重大意义。

为了进一步明确动态系统论下"构成要素—法律效力"模式与传统的"构成要件—法律效果"模式之间的区别，不妨也以图示表示之：构成要件（C_1，C_2，C_3，…，C_m）与法律效果 R_m 之间的逻辑关系可以表述为 $C_1 + C_2 + C_3 + … + C_m = R_m$。不难看出，就构成要件而言，只要存在即视为满足条件，其发生程度的大小并不会对结果产生任何实质性影响。一方面，只有全部构成要件均存在，才能推导出法律效果 R_m，而构成要件是固定的，故任何一个要件的"缺席"都将导致法律效果无法发生。换言之，在"构成要件—法律效力"模式下，构成要件之间奉行的是"一票否决制"，其结果也无外乎两种，即"R_m"与"非 R_m"。另一方面，由于构成要素的发生程度不影响其法律评价，容易引发利益失衡，进而压抑个人的行为自由和人格自由。[1]比如，当事人需要为其极为轻微的过错承担巨大的损害赔偿责任。显然，这种过于追求精确条款的分析方法难以应对法律系统外部环境的复杂性。对此，不妨举例加以说明。《民法典》第 1072 条第 2 款规定了对继父母与继子女之间适用本法父母子女关系规定的前提是具有"抚养教育"的事实，否则无法形成拟制的血亲关系。在司法实践中，法院通常以是否同时存在"抚养"和"教育"的事实为判断，二者缺一不可。但问题是，现实生活中确实有许多"半路夫妻"出于各种考虑，对继子女的抚养和教育问题进行约定的，比如继父母只承担继子女的学费或必要生活费等，但这并不影响他们之间同样可以建立起深厚的情感联络。如果仅以继父母未同时承担抚养和教育费用为由否定其与继子女之间的关系，不仅有违人伦常理，更是极大地破坏了已建立的婚姻家庭关系。[2]

两相对比不难看出，由于"构成要素—法律效力"模式中要素之间、要素与发生强度之间存在不同的可能性，因此所产生的法律效果也具有较大弹

---

[1] 郑晓剑：《侵权损害赔偿效果的弹性化构造》，载《武汉大学学报（哲学社会科学版）》2019 年第 4 期，第 140 页。

[2] 罗师：《动态系统论视角下"儿童利益最大化原则"的适用——以离婚后未成年子女抚养权归属问题为例》，载《大连海事大学学报（社会科学版）》2022 年第 2 期，第 48 页。

性。更为重要的是，民法中的许多基本原则、一般条款等，包含了大量的不确定性内容，几乎无法被定义为内容明确、边界清晰的"构成要件"，却能够以"构成要素"的形式通过具体案件逐步构造出来，从而为法官提供进行法律评价的框架。[1]由此可见，动态系统论的思维进路是一种综合判断的整体思维模式，其打破了构成要素与法律效果之间在逻辑和价值上的隔绝状态，对外部环境而言更具"柔软的认知性"，因此也更接近于司法实践。当然，需要指出的是，动态系统论虽然揭示了要素之间的动态协动关系，但其对于这种动态协动关系需满足何种条件才能得出特定的法律效果却未予作答，只能由法官根据具体案件的实际情况作出判断，这就引发了关于动态系统论具有不确定性的质疑。有批评者指出，动态系统论无法阻止法官的恣意裁判，将导致法治原则的空洞化。还有观点认为，虽然动态系统论下要素之间的精细化组合能够使法律评价更为灵活，但也不可避免地带有琐碎化的问题，从而增加了法律适用的难度。甚至有学者强烈地批判道，动态系统论在法律构成上"除了空虚的定式"再无其他，这实际上是为法官的恣意开辟道路，留下的只有"最高程度的法之不安定性"。[2]

不可否认，动态系统论的确对法官的理论专业水平和职业素养提出了更高的要求，而这种需要通过法律原理直接作出法律评价的法律适用方法实际上也确实增加了法官的负担。[3]因为法律原理必须与具体案件结合才能具有实质意义，而这需要法官经过不断地论辩和权衡后方能作出裁决。[4]但这都不足以构成否定乃至拒斥动态系统论的理由。有学者指出，不论接受与否，我们都迈入了一个动态的法律世界；法律的体系性和秩序性固然是应当坚守的底线和原则，但我们也必须认识到，这是一个乱中有序的、动态的体系和秩序。[5]且不说我们目前所掌握和运用的立法技术尚无法，也不可能将语言

[1] 顾祝轩：《民法系统论思维：从法律体系转向法律系统》，法律出版社 2012 年版，第 162—163 页。

[2] Reischauer, *Reform des Schadenersatzrechts*, Band II, 2006, S. 23. 转引自王雷：《动态体系论：迈向规范形态的"中间道路"》，载《法制与社会发展》2021 年第 4 期，第 172 页。

[3] [日] 若林三奈：《オーストリア損害賠償法改革の現状—2011 年折衷草案の概要》，载《社会科学研究年報》2013 年（第 44 卷），第 195 页。

[4] 戴津伟：《法律中的论题及论题学思维研究》，山东大学 2012 年博士学位论文，第 183 页。

[5] 苏永钦：《寻找新民法》，元照出版有限公司 2008 年版，第 304—305 页。

文字中的歧义和模糊地带彻底清除,多元语境所造成的不确定性本就是无法克服的。司法实践中的案件事实是极为复杂多变的,尤其是对于那些"构成要件—法律效力"模式所无法解决的非典型案件,则必须以动态系统论为指导,通过富有张力和灵活性的法律适用方法加以解决。

然而,对动态系统论的诘难也并非全无道理,其至少揭示了动态系统论在运用不当的情况下可能产生的危险。因此,若欲论证动态系统论作为一项规范技术的合理性,则必须消除关于法之安定性的疑虑。实际上,能够成为考察对象的要素,已经预先被固定下来了,法官需要做的只是把这些要素明示出来。[1]换言之,要素之间的动态协动归根结底还是有所限制的,即在某种可能性的边界之内赋予法律以流动性。而这决定了法官的裁判结果是在一定范围内的、能够被预见的,而并非如一些学者所担心的是漫无边际的自由裁量。况且,这种对要素进行明示的过程也并不会额外地增加法官的工作量,因为这些要素都是法官在实际适用法律过程中需要予以审酌的因素。从这个意义上来说,动态系统论是一项"阐释支配各个领域的指导原理,构思这些原理所组成的体系的理论"[2]。由此,动态系统论的定位也逐渐清晰化,即其应当是对传统的"构成要件—法律效力"模式的一种有益补充或实现路径,而不是当然地取而代之。而法官对动态系统论的运用,也绝非在引入某种全新的裁判方式,而是对现有裁判方式在方法论上的"提炼和归纳"。[3]因此,对于难以有效通过传统的"构成要件—法律效力"模式寻求解决方案的彩礼返还问题,不妨借道于动态系统论的"构成要素—法律效力"模式,通过要素之间的动态协动尽可能地为不同的场景提供适用法律的可能,不失为一种有益的尝试。

(二) 彩礼返还引入动态系统论的合理性证成

随着社会关系的复杂化和个人价值追求的多元化,呈现在法官面前的各

---

[1] Helmut Koziol, *Harmonising Tort Law in the European Union: Advantages and Difficulties*, ELTE Law Journal, Vol. 1, No. 1, 2013, pp. 86-87.

[2] [日] 山本敬三:《民法中的动态系统论——有关法律评价及方法的绪论性考察》,解亘译,载梁慧星主编:《民商法论丛(第 23 卷)》,金桥文化出版(香港)有限公司 2002 年版,第 215 页。

[3] 蔡睿:《显失公平制度的动态体系论》,载《法治社会》2021 年第 6 期,第 56 页。

类案件也越来越复杂多变，既有的法律规则时常处于一种"捉襟见肘"的窘况，促使立法者不得不加快修订旧法和制定新法的步伐。从近年来世界各国的立法机关频繁进行法律修订和制定的事实中，便可窥豹一斑。然而，一味地寄希望于立法适应新情况和新形势是不切实际的，事实上也难以达到预期效果。毕竟，计划总是赶不上变化，法律相对于社会现实的滞后性是无法从根本上克服的。具体到彩礼返还问题，法律规范的缺位和司法解释的不适用，无疑成为影响法院妥善处理彩礼返还案件的实质性障碍，而这一障碍在未来相当一段时期内仍将继续存在。如前所述，尽管动态系统论的规则是在人格权编中确立的，其思想却贯穿于整部《民法典》，并已经开始应用于缔约过失、合同履行、违约金及履行费用的酌减、对显失公平的判断等领域。关于引入动态系统论解决彩礼返还的合理性，可从以下两个方面加以说明。

1. 动态系统论的特征与优势

在传统的"构成要件—法律效力"模式下，由于构成要件之间缺一不可，故法律效果表现为"全有或全无"的"标准答案"形式。若加以联想，就好比两座矗立相望的山峰，山峰之间是湍急的河水；法官（J）要么在此峰，要么在彼峰，别无他选，否则就必然会跌落于湍急的河水之中，如图5-1所示。

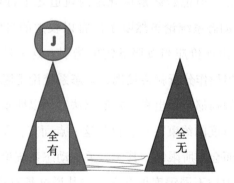

图5-1　传统的"构成要件—法律效力"模式

而在动态系统论的"构成要素—法律效力"模式下，由于要素之间是动态协作、相互交换和互补的关系，且不同要素的发生程度也是不断变化的，故它们相互结合的结果，即法律效力，存在多种可能性。若加以联想，便如同在两座山峰之间架起了一座平滑过渡的桥梁；法官（J）不再只能选择伫立于某个山峰，而是可以随时停留在两峰之间的任何一点之上，如图 5-2 所示。

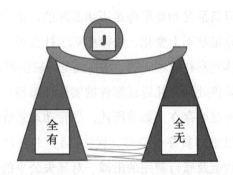

图5-2 动态系统论的"构成要素—法律效力"模式

不难看出，法律效果从全有到全无之间的巨大鸿沟被各种要素与各自发生程度的组合可能性所填充，进而形成一条平滑过渡的曲线。同时，由于诸要素的数量和范围是预先设定好的，因此即使它们与各自发生强度之间的组合方式不计其数，也仍然逃脱不了固定和架设桥梁的两座山峰，始终在法律划定的范围之内。换言之，即便法官对要素发生程度的判断带有某种"自由选择"的色彩，但也始终是在既定的轨道之上行事，是可控和可预见的。也就是说，动态系统论虽然赋予法官以较大的自由评价空间，但同时也要求法官的自由评价应当按照既定的指引。这一过程乍看之下似乎给人以不确定之感，但稍作分析就会发现，动态系统论把隐藏于条文之中进行利益衡量的要素和规则都公示出来，并要求法官予以明示，这实际上构成了一种"对法官更高程度的约束"[1]。仅就这一点而言，司法裁判的不确定性非但不会增加，反而会有所限制。其实，关于动态系统论不确定性的质疑在任何一种权衡理论中均不同程度地存在，与其说这是对动态系统论的批判，倒不如说是对法官不能正确运用动态系统论的担忧更为恰当。这实际上是从

---

[1] ［德］赫尔穆特·柯启尔：《论法典化对法的塑造力——以〈奥地利法典〉、〈法国民法典〉和〈德国民法典〉中的损害赔偿法为例》，史梦宵、邱楠译，载邵建东、方小敏主编：《中德法学论坛（第10辑）》，法律出版社2013年版，第29页。

对个别法官的不信任上升到对法官职业的不信任。且不究问这种不信任是否具有充分依据，但法官不被信任的结果必然会对法治造成灾难。[1]如果仅仅因为对个别法官的不信任而甘愿舍弃一整套理论，这只能是"因噎废食"的愚蠢做法。

概括而言，动态系统论的优势主要表现在以下三个方面：

首先，动态系统论具有高度的灵活适用性。观察以往各个法学流派所推崇的方法论不难发现，这些方法论大多只关注自身体系内部的自律性，强调各自的独立性或特殊性而缺少互动交流，所以它们之间几乎都呈现为一种"泾渭分明"的状态。而动态系统论则不同，其一开始就强调自身与外部环境的密切关系，既关注自身理论体系内部的自律性，也充分吸收来自体系外部环境的各种需求，这不仅塑造了动态系统论极为"柔软"的身段，还决定了其具有高度的兼容性和适用性。此外，动态系统论的灵活适用性还体现在其可以自由地穿梭于不同的方法论之间。如山本敬三教授所言，动态系统论既可以作为解释论的方法，也可以作为立法论的方法。[2]就立法论而言，动态系统论可以作为一项立法技术贯穿于整个立法过程，有助于从源头上避免全有或全无的二元困境，还可大大减少日后频繁修改法律所带来的不便，能够以较低的立法成本来应对复杂多元的现实需要。就解释论而言，由于至真至善的法律从来只存在于理想状态中，任何一项立法，即便经历再多的研究讨论，也无法避免有这样或那样的缺憾。[3]在这种情况下，一味指责立法失当是不明智和不公正的，毕竟"立法者不是事实或道德的全能者"[4]。真正值得去做的是运用解释论的方法，通过"法律的续造"辅助立法的平稳运行。而动态系统论恰恰就提供了这么一种圆融自洽且并行不悖的解释路径。当然，对动态系统论而言，作为解释论的方法被提倡应属"第一要义"，之

---

[1] 刘治斌：《论司法公信之建构——以法官为中心》，载《宁夏社会科学》2006 年第 6 期，第 28 页。

[2] ［日］山本敬三：《民法中的动态系统论——有关法律评价及方法的绪论性考察》，解亘译，载梁慧星主编：《民商法论丛（第 23 卷）》，金桥文化出版（香港）有限公司 2002 年版，第 253 页。

[3] 姚辉：《当理想照进现实：从立法论迈向解释论》，载《清华法学》2020 年第 3 期，第 59 页。

[4] ［德］尼克拉斯·卢曼：《法社会学》，宾凯、赵春燕译，上海世纪出版集团 2013 年版，第 262 页。

后才是克服传统规律的立法论方法。[1]这也符合后《民法典》时代对相关规定进行理解和适用的客观实际。

其次，动态系统论可以为打破立法的"沉默"提供指引和框架。立法的"沉默"包括法律漏洞和立法留白。前已述及，《民法典》婚姻家庭编对包括彩礼在内的许多婚姻家庭领域问题保持"沉默"，并不是立法者没有注意到问题，更不是无视问题的存在，而是经过深思熟虑作出的立法留白，其目的在于为理论和实践提供进一步的发展空间。而这恰恰是一部成功的法典所应具备的特质。因为，寄希望于立法者把法律条文写得尽善尽美是不现实的，对立法者保持"沉默"之处，相应的"法律续造"工作应交由学界和实务界具体运作。[2]然而，"法律续造"必然涉及价值判断，因此不可避免地会掺杂进各种主观因素，从而引发恣意裁判的风险。为了尽可能地降低价值判断过程中的恣意可能性，必须对价值判断进行控制，将其限定在理性的框架之内。动态系统论最突出的特征之一就是提供法律评价的框架，也就是说它并非给定一定的考量因素之后就放任法官自由裁量，而是采取以基础评价为基点的框架来维护法之安定性。[3]而这是确保动态系统论不滑落到自由法学阵营、避免出现利益权衡之副作用的关键所在。故亦有学者指出，动态系统论这种提供评价框架的意义和作用甚至应当先于其动态性得到强调。[4]面对解决彩礼返还问题的法律规范供给不足的客观现实，动态系统论的引入可谓是"另辟蹊径"的做法，某种程度上也可以认为是一种"无奈的智慧"吧。

最后，动态系统论与我国的法律文化之间具有较高的契合度。根据学者考证，动态系统论的法律思想可以追溯至古希腊时期的中庸思想。[5]比如，

---

〔1〕［日］若林三奈：《オーストリア損害賠償法改革の現状——2011 年折衷草案の概要》，载《社会科学研究年报》2013 年（第 44 卷），第 194 页。

〔2〕姚辉：《当理想照进现实：从立法论迈向解释论》，载《清华法学》2020 年第 3 期，第 62 页。

〔3〕［日］山本周平：《不法行為法における法的評価の構造と方法（三）》，载《法学论丛》2011 年（第 169 卷），第 60 页。

〔4〕解亘、班天可：《被误解和被高估的动态体系论》，载《法学研究》2017 年第 2 期，第 46 页。

〔5〕Franz Bydlinski, *Die Suche nach der Mitte als Daueraufgabe der Privatrechtswissenschaft*, Archiv für die civilistische Praxis（AcP）204, 2004, p. 309.

古希腊哲人亚里士多德强调，法律是一种"中道的权衡"，恪守执中、不偏不倚是法律应当具备的美德。[1]这与我国传统文化中备受推崇的"中庸之道"的中庸理性不谋而合，而这种中庸理性在我国的法律文化中具有极为鲜明的体现，比如强调法治的伦理性、追求立法和司法实践对"法""理""情"的恰当权衡的人文理念等。[2]在日本学者滋贺秀三看来，我国法律文化中的中庸理性以常识性的正义衡平感觉为实践逻辑，要求人们在冲突解决中综合权衡各方利益，寻求恰如其分且合情合理的解决方案。[3]而在中庸理性指导下的司法实践强调"法理"与"情理"的调和，主张"执两用中"而反对过犹不及、倡导兼容并包和自我节制，有助于矛盾纠纷的和平解决。然而，这种中庸理性随着传统道德的弱化和社会观念的变迁陷入"现代性困境"，被一些人批评为缺乏是非判断标准的"和稀泥"。不过，从包容不同价值观念、平衡各方利益需求，以及抑制"工具理性"的立场来看，这种中庸理性却是不能被舍弃的。[4]而动态系统论便是能够有效促进中庸理性转型和复兴的途径。可见，动态系统论所蕴含的富有弹性又不失规矩的法律评价体系，之于我国的法律文化具有较高的契合度。

根据公认的社会规律，"一套特定制度传播的空间越广，它的韧性和活力也越大"[5]，而我国幅员辽阔、人口众多，决定了那种高度统一而缺乏弹性的法律规则往往难以有效解决实际问题。毫不夸张地说，动态系统论对构建具有中国特色的法律制度具有独特意义。

2. 彩礼返还问题的解决需要动态系统论的指引

在彩礼返还案件中，仅对单一要件进行考量并不足以证明当事人诉讼请求的正当性，更无法为法官提供充分的裁判依据，反而容易使案件的处理过

---

〔1〕 [古希腊] 亚里士多德：《尼各马可伦理学》，廖申白译，商务印书馆 2003 年版，第 38 页。

〔2〕 董爱玲：《中庸观下的传统法律文化特征及当代省思》，载《甘肃社会科学》2009 年第 3 期，第 162 页。

〔3〕 [日] 滋贺秀三：《中国法文化の考察——訴訟のあり方を通じて》，载日本法哲学会编：《东西法文化：法哲学年报 1986》，有斐阁 1987 年版，第 37—54 页。

〔4〕 郜欣言：《中庸理性与现代性困境：民间纠纷解决场域中实践逻辑的传统与转型》，载《理论与改革》2017 年第 2 期，第 165—166 页。

〔5〕 [英] 梅因：《古代法》，沈景一译，商务印书馆 2011 年版，第 11 页。

度依赖于法官个人的价值判断和主观意志，进而造成实质的不公平。从表面上看，这一矛盾似乎源于法律规范层面的供给不足，但实际上是制定法与衡平观念之间冲突的直接结果。为有效调和这一冲突，必须舍弃机械的单项线性思维，转而采取一种"在认知上足够开放"[1]的思维结构。而动态系统论恰好提供了这一进路。把动态系统论引入彩礼返还的法律评价框架，对完善彩礼返还法律制度体系和指导司法实践具有积极的现实意义。

第一，彩礼返还问题的性质决定了其与动态系统论具有天然的适用性。在我国，彩礼是传统婚姻家庭制度中极为重要的内容，与婚姻制度相伴相生，具有鲜明的伦理道德色彩。对于彩礼返还问题，既无法有效地通过机械的单向线性思维方式寻求妥当的解决方案，又不能完全交由法官自由裁量，否则极有可能导致伦理道德秩序的崩溃。前者对法律规范的要求是具有开放性和包容性，以应对复杂多元的社会生活需要；后者则要求具有封闭性和确定性，以维护婚姻家庭伦理的安定有序。若欲从根本上解决彩礼返还问题，则必须跳脱传统的"构成要件—法律效力"的思维模式，建立条件和效果之间的逻辑联络，使彩礼返还的法律效力可以根据要素及要素的发生程度进行弹性化确定，实现法之妥当性与个案正义之间的平衡。动态系统论作为走在确定性和开放性之间的"第三条道路"，为司法实践审视传统案件提供了新视角，促进了人们对既有裁判方法普适性的反思。[2]可以说，引入动态系统论，既能够恰如其分地满足彩礼返还问题对法律适用的偏好需求，又可以避免对既已成形的婚姻家庭法另作修订，甚至不需要再制定相关司法解释，是以最低的代价去解决现实问题的典范。

第二，彩礼返还案件双方当事人之间的利益冲突需要借助动态系统论的方法加以调和。个体之间的利益冲突是人类社会发展的必然结果，也是推进社会制度不断完善的内生动力，纵然确实无可避免，但也必须加以调和，否

---

[1] 源于卢曼提出的"法律系统在规范上确定（闭合），在认知上开放"的著名命题。参见［德］尼克拉斯·卢曼：《法社会学》，宾凯、赵春燕译，上海世纪出版集团2013年版，第79页。
[2] 胡学军：《民法典"动态系统论"对传统民事裁判方法的冲击》，载《法学》2021年第9期，第143页。

则将产生极大的负面效应，造成社会生活的不稳定。如前所述，动态系统论的思想与根植于我国社会传统价值观念中的中庸理性高度契合，此为动态系统论的方法论介入彩礼返还问题提供了切入点。在解决彩礼返还纠纷的领域中，由于当事人之间的关系错综复杂，还会牵扯许多其他社会关系，法官除了要在"法理"和"情理"之间寻求某种平衡，还需要整合更多的规范和原则，将其融入纠纷解决的策略之中，包括形式正义和实质正义的调和、法律效果和社会效果的统一等。实际上，任何偏颇地强调形式正义或实质正义的做法都是对司法正义的片面切割，其结果必然是把司法正义导向虚无化和碎片化。[1]法律应当客观公正，不偏不倚，而不是一味地强调保护个别群体的利益，更不是使某一方当事人的利益凌驾于另一方之上。这一点对法院处理彩礼返还案件尤为关键。尽管动态系统论思想发轫于损害赔偿领域，但这并不意味着其适用范围应当受到限制。事实上，动态系统论不仅在价值取向上与彩礼返还相契合，还可以为调和当事人之间的利益冲突提供实践逻辑和"技术支持"。因此，在彩礼返还中引入动态系统论是非常必要的，它不仅可以实现法律规则在适用上的灵活性，还可以保障法律规范对现实生活的开放性，不失为破解司法难题的有益良方。

第三，动态系统论还可以为法官对彩礼返还案件的处理结论正当化提供有效的审查路径。动态系统论已经预先把法官进行法律评价的框架展示于外，能够以相对固定的规则揭示那些隐藏于法律规范之下、能够影响法官价值衡量的要素，一方面能够指引法官的裁判方向，另一方面也有助于外界对法官作出的处理结论是否正当进行监督，从而构成对法官自由裁量的约束。进一步而言，动态系统论把原本只掌握在法官手中的考量规则直接提到台面上来，旁观者不仅能够知悉法官据以裁量的依据和标准，还能根据其自身认知对法官的处理结论进行评价或反驳。维尔伯格教授在提出动态系统论之初就表明这一理论旨在"构建评价的框架"[2]，山本敬三教授在解析和介绍动态系统

---

〔1〕 江国华：《走向中庸主义的司法偏好》，载《当代法学》2013 年第 4 期，第 19 页。

〔2〕 ［日］山本敬三：《民法中的动态系统论——有关法律评价及方法的绪论性考察》，解亘译，载梁慧星主编：《民商法论丛（第 23 卷）》，金桥文化出版（香港）有限公司 2002 年版，第 177 页。

论时，也明确指出其作为"揭示评价的框架"之定位，在某种意义上是"提供一定指向的理论"[1]。可以说，动态系统论不仅作为评价的框架而存在，还是论辩的平台，有助于形成更为合理的法律论证而避免司法裁判流于专断。

二、弹性化构造的具体展开

动态系统论的基本构想是通过揭示要素和要素之间的动态协动关系，来论证法律效果的正当性。[2]这两项内容也被认为是支撑动态系统论的"两大支柱"。[3]动态系统论下的法律评价体系的构建自然也是围绕上述内容展开的，主要包括两个关键步骤，即明确动态体系中的要素，以及厘清要素之间、要素与法律效果之间的动态协动关系。所谓明确动态体系中的要素，是指根据特定的法律制度的法理本质要求，选定能够对法律评价发挥作用的要素；厘清要素之间、要素与法律效果之间的动态协动关系，是指明确各个要素的存在与否和发生程度大小对法律效果的影响，即明确要素之间的动态配置关系。[4]在选定好要素的基础上，通过要素之间的动态配置给予轮廓性指引，实现对法律效果的弹性化构造。按照以上两个关键步骤，对彩礼返还法律效果进行弹性化构造的具体展开包括要素的选定和要素之间的动态配置两个方面。

（一）要素的选定

彩礼返还法律效果的弹性化构造的第一个层级是选定能够影响法律评价的要素。动态系统论之所以广受追捧，在于其体系的开放性，而体系的开放性又主要源于要素的不受拘束性。但这并不意味着要素是信手拈来的。既然动态系统论是评价的框架和论辩的平台，那么它就应当具有一定的确定性，否则论辩就会蜕变成缺乏理性和逻辑的自说自话，评价框架也就沦为没有任

---

[1] ［日］山本敬三：《民法中的动态系统论——有关法律评价及方法的绪论性考察》，解亘译，载梁慧星主编：《民商法论丛（第 23 卷）》，金桥文化出版（香港）有限公司 2002 年版，第 220 页。

[2] ［日］山本周平：《不法行為法における法の評価の構造と方法（三）》，载《法学论丛》2011年（第 169 卷），第 53 页。

[3] 解亘、班天可：《被误解和被高估的动态体系论》，载《法学研究》2017 年第 2 期，第 47 页。

[4] 周晓晨：《过失相抵制度的重构——动态系统论的研究路径》，载《清华法学》2016 年第 4 期，第 113—114 页。

何意义的摆设。因此，要素必须具有限定性，既包括数量上的限定性，即一经确定就不再允许随意引入新的要素；也包括内容上的明确性，即若已确定了"甲乙丙丁"的评价基准，就绝不能随意以"甲乙丙戊"取而代之。这是明确动态体系中的要素的基本要求。

如前所述，要素由相互协动的原则和因子构成。其中，原则要素是指"构成内在体系，能够对外在体系进行价值评价的基准和根据"[1]，包括已经条文化的法律原则，也包括那些虽然尚未条文化但已为学界和实务界所广泛承认的原则。因子要素是指用以衡量原则在何种程度上得以实现的"要点"。[2]关于影响判定彩礼返还法律效果的原则要素，由于其一般处于综合性和指导性的地位，具有较高的抽象性，故多倾向于用来宣示法律的价值理念和规范原理，并不直接参与对结论的量化评价。[3]加上原则要素本身就可以进一步抽取和细化出若干个具体的因子要素，因此，本书主要针对抽象程度更低的因子要素的选定进行分析。对于因子要素，虽然法律和司法解释均未予以明确，学界和实务界所关注的要点也各有侧重，但实际上已经大致形成了相对明确的内容和范围。此外，比较法上也不乏值得参考借鉴的立法和司法实践经验。笔者选取江西省各级法院近三年的 388 份相关裁判文书，对判决返还彩礼的考量因素（包括所依据的法律规定）进行了梳理，其中主要考量因素分布大致如图 5 - 3 所示。

由图 5 - 3 可知，法官判定彩礼返还的主要参考因素包括共同生活情况、当事人的行为、彩礼价值和婚姻彩礼习俗等。笔者在考察上述案例时发现，多数法官在处理彩礼返还案件时，往往同时考察多个参考因素，将之共同作为定案的理由和依据。这一点，在其他学者的研究中亦有揭示。[4]这反映出，

---

[1] ［日］山本敬三：《民法中的动态系统论——有关法律评价及方法的绪论性考察》，解亘译，载梁慧星主编：《民商法论丛（第 23 卷）》，金桥文化出版（香港）有限公司 2002 年版，第 177 页。
[2] 同上，第 177 页。
[3] 需要指出的是，法律和司法解释均未专门就彩礼返还设定原则要素，但《民法典》婚姻家庭编中的一些基本原则规定可以作为能够影响彩礼返还法律效果的原则要素，比如男女平等，保护妇女、未成年人的合法权益等。
[4] 胡红云、宋天一：《彩礼返还纠纷法律适用研究——以全国法院 158 份问卷调查和相关裁判文书为对象》，载《中国政法大学学报》2022 年第 6 期，第 5—27 页。

对彩礼返还案件的处理，需要综合考察多方情形，否则难以支撑起彩礼返还的处理结论，容易走向简单化和片面化的结果。经过对相关学术观点、司法判决和比较法经验的梳理归纳，影响彩礼返还法律效果的因子要素可概括为以下四个方面。

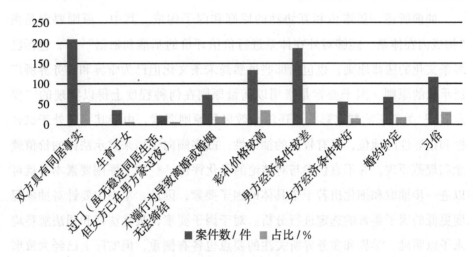

图 5-3   法官判定彩礼返还的主要参考因素分布

1. 共同生活要素

共同生活要素是影响彩礼返还法律效果的首要要素，也是最为重要的要素。或许有人会不理解，认为应当把是否办理结婚登记作为判定彩礼返还与否的首要标准，因为男女双方授受彩礼的"终极目标"就是缔结婚姻关系，而在我国，只有依法办理结婚登记的男女双方才被认为缔结了婚姻关系。但无论是从当事人自身的需求来看，还是从更深层次的问题——婚姻的本质来看，办理结婚登记都不应当成为影响彩礼返还的要素，最起码不应作为首要或关键要素。如前所述，彩礼的法律性质属于"基于婚姻之给予"，其中的"婚姻"显然并不（只）是取得一纸结婚证书，而是建立并维系婚姻家庭的共同生活，而后者才是婚姻的本质之所在，是"婚姻的本来面目"[1]。对女方来说，仅与对方办理结婚登记并不能构成其收取并保有彩礼的当然理由，否则

---

[1] 余延满：《试论近、现代法上婚姻的本质属性——关于婚姻概念的反思》，载《法学评论》2002年第3期，第63页。

她完全可以把与他人办理结婚登记作为一种"正当合法"的谋财手段。这当然是不被允许的。

事实上，在很多彩礼当事人眼中，办理结婚证并不是多么紧迫的问题，毕竟现代社会中结婚和离婚都不是什么困难的事情，"闪婚闪离"的情况也并不少见。对比之下，确保男女双方能够如夫妻那样实际地共同生活在一起，才是更具实质意义的问题。这种观念不仅在农村地区非常普遍，在许多发达的城市地区同样也很常见，特别是在两性关系的形态和家庭模式越发多元化的当下。[1]究其根源，在于彩礼所指向的"婚姻"是实质意义上的婚姻，而不是形式意义上的婚姻（或法律意义上的婚姻）。而我国的婚姻家庭法律政策在婚姻缔结问题上一向是重形式而轻实质的，强调婚姻登记对婚姻效力的决定性意义，否定事实婚姻具有法律效力。于是，在很多人的观念中，"婚姻"便与"结婚"以及"办理结婚登记"画上了等号。然而，即便是从字义上看，"婚姻"也绝不等于"结婚"或"办理结婚登记"，前者是一个长期性的概念，涉及一系列与婚姻和家庭相关的问题，而后二者只是瞬时性的概念，仅与具体办理结婚登记的行为或过程相关。[2]实际上，从《民法典》婚姻家庭编的具体规定来看，"婚姻"是与婚姻效力相关的概念，而"结婚"则与"办理结婚登记"同义，专指男女双方依法向民政部门申请办理结婚登记手续的行为，其目标是取得法律承认并保护的配偶亲属身份。[3]由此可见，把彩礼返还与是否办理结婚登记捆绑在一起，是极不妥当的，而这也是相关司法解释存在逻辑龃龉的根本原因。其实，早在《婚姻法司法解释（二）》适用时期，学界和实务界就已经出现了诸多质疑或反对以是否办理结婚登记判定彩礼返还与否的意见。[4]考察相关案件亦可发现，近年来以"双方当事人

〔1〕 何丽新：《我国非婚同居立法规制研究》，法律出版社 2010 年版，第 2 页。

〔2〕 罗师：《论虚假婚姻的法律效力》，载《荆楚法学》2023 年第 2 期，第 71 页。

〔3〕 同上，第 71—72 页。

〔4〕 参见刘银春：《〈最高人民法院关于适用《中华人民共和国婚姻法》若干问题的解释（二）〉的理论与实务问题解析》，载《法律适用》2004 年第 10 期，第 4—9 页；陈群峰：《彩礼返还规则探析——质疑最高人民法院婚姻法司法解释（二）第十条第一款》，载《云南大学学报（法学版）》2008 年第 3 期，第 99—104 页；罗昌明、姚慧芬：《同居分手后陪嫁财产及彩礼的酌定返还》，载《人民法院报》2013 年 8 月 1 日第 6 版；何福贵：《未婚同居彩礼可酌情返还》，载《人民法院报》2014 年 3 月 20 日第 6 版。

具有同居事实"代替"办理结婚登记"的做法越来越多见，仅以有无结婚登记作为裁判依据的情况则越来越少。[1]这至少印证了，把共同生活而不是办理结婚登记作为影响彩礼返还法律效果的要素，是符合司法实践的客观需要的。

《民法典婚姻家庭编司法解释（一）》延续了《婚姻法司法解释（二）》的有关规定，把男女双方"确未共同生活"作为已办理结婚登记情况下允许返还彩礼的例外情形。除此之外，《民法典》婚姻家庭编第 1045 条、第 1064 条、第 1115 条等多处提到了"共同生活"。在其他法律，比如《中华人民共和国家庭教育促进法》《中华人民共和国反家庭暴力法》《中华人民共和国妇女儿童权益保障法》《中华人民共和国未成年人保护法》等中也有关于"共同生活"的表述内容。但是，对于应当如何判断是否构成"共同生活"的事实，法律和司法解释均未给出进一步的说明。相关立法释义也只是强调时间须是"长久同居"而不是"短期的、临时性的共同生活"[2]，但对于如何界定"长久""短期"以及"临时"等概念，却均未作进一步的说明，而是交由解释论去处理。然而，对于内涵并不明确的法律概念，经解释论处理后，也有可能出现南辕北辙的结果，甚至与立法本意相背离，把原本与概念并无关联的内容解释进去。比如，有观点指出，应当把男女双方共同经营、合作投资等也纳入共同生活的范畴，认为在这种情况下男女双方在事实上形成了相互信赖、相互依靠的利益关系，类似于夫妻共同生产经营的状态，应当认定为他们之间存在共同生活的事实。对此，笔者认为，既然学界和实务界均认可共同生活的事实能够对彩礼返还的法律效果产生影响，那么就有必要对共同生活的概念加以厘清，否则就难以确立进行法律评价的框架和正当性论证的基础。对于共同生活概念的厘清，应当从以下四个方面着手。

（1）共同生活的基本内涵

共同生活首先是一种状态，具有持续性和稳定性的特征。共同生活的实

---

[1] 参见浙江省宁波市海曙区人民法院（2021）浙 0203 民初 4685 号民事判决书；江西省宜春市袁州区人民法院（2021）赣 0902 民初 7922 号民事判决书；甘肃省兰州市中级人民法院（2021）甘 01 民终 4570 号民事判决书；安徽省黄山市中级人民法院（2021）皖 10 民终 648 号民事判决书；山西省岚县人民法院（2021）晋 1127 民初 885 号民事判决书。

[2] 黄薇主编：《中华人民共和国民法典释义及适用指南》，中国民主法制出版社 2020 年版，第 1571 页。

质，是共同生活者在事实上形成了"共同居住在同一家户、享有性欲、情感与经济的联结关系"[1]，包括婚姻的共同生活和非婚的共同生活。婚姻的共同生活相对比较好判断，对于非婚的共同生活，则需要男女双方"如已婚夫妇般……履行家庭的功能、义务与责任，并希望与对方常常在一起或希望与对方维持一种较持久的关系，不论在情感上、身体上或理智上都具有亲密性"[2]。在我国台湾地区，法院通常以双方当事人"有无对外以夫妻形式经营共同生活之结合关系"，作为判断是否具有共同生活事实的依据。不难看出，非婚的共同生活的基本特征在于稳定性和亲密性，而那些约会式的、偶发性的同居，比如偶尔到对方住所过夜或在宾馆、酒店开房等，则均不能构成共同生活。

需要指出的是，作为影响彩礼返还法律效果的要素的非婚的共同生活，与一般意义上的非婚同居的共同生活还是存在明显区别的：前者是以建立婚姻共同生活为精神内核的，其归根结底只是一种婚前的准备阶段；而后者则缺乏此种精神内核，只是"以感性、人性和自然性为出发点的松散结合"[3]。随着人们社交模式和家庭生活形态的日趋多元，共同生活的内涵也越来越宽泛，从过去单纯强调形式上的"同居共爨"，到今天的越来越注重男女双方在情感和精神上的联系，应当包括一切正当的文化、教育、娱乐和体育活动等能够促进和推动婚姻家庭福利的"休闲活动"。[4]因此，法院在认定当事人的共同生活事实时，应当高度重视对这些方面的考察。

（2）共同生活的主体

在通常情况下，共同生活的主体应当是准备结婚的男女双方，或者说是婚约语境下的准配偶。然而在现实生活中，存在个人与对方父母（或其他亲

---

〔1〕　Patricia Noller et al., *Close Relationships: Function, Forms, and processes*, New York, Psychology Press, 2006, pp. 68-69.

〔2〕　吴至洁：《未婚同居者之经验及其意义——诠释观点的探究》，台湾彰化师范大学 2004 年硕士学位论文。转引自陈毓容：《谈婚前同居关系与婚前教育之现状》，载《家庭教育双月刊》（第 34 期）2011 年 11 月号，第 57 页。

〔3〕　许敏：《当前中国社会同居现象的伦理精神分析》，载《学海》2021 年第 1 期，第 56 页。

〔4〕　张学军：《〈民法典〉用于夫妻共同生活所负的债务研究》，载《当代法学》2022 年第 2 期，第 32—33 页。

属）共同生活的情形，比如，在"刘某与曾某、杨某等婚约财产纠纷"一案中，原告刘某（男）与被告曾某（女）订立婚约之后，刘某向曾某交付彩礼，曾某也按婚约约定进入男方家庭生活，但双方并未办理结婚登记，而且刘某完成订婚后便外出打工，并未与曾某同居。[1]也就是说，与女方在同一个屋檐下朝夕相处的对象是男方的父母而不是男方本人。对于这类情形，多数观点认为不应当认定存在共同生活的事实，否则就相当于把男方的父母也视为婚姻缔结的当事人，与现代婚姻制度的要求不符。但笔者认为，按照我国传统婚姻观念，女方在进入男方家庭后实际上就成为男方家庭的成员，她们会以妻子、儿媳以及母亲的身份承担相应的家务劳动和家庭职责，甚至为此作出巨大的个人牺牲；如果仅以女方与男方未形成长期和稳定的同居关系为由，就认为他们之间不具有共同生活的事实，进而要求女方返还彩礼，对女方而言极不公平。正如有的学者所言，在中国，婚姻是个人的事情，但也不完全是个人的事情。[2]在这种情况下，共同生活的主体仍然是男女双方个人，虽然双方在客观上并未形成长期和稳定的同居事实，但女方在男方家庭中生活的事实却产生了某种"连点成线"的效果，使他们个人之间相处的零星片段与整体生活融为一体，进而具有了持续性。这并不难理解，就好比现实生活中很多夫妻基于各种主客观原因而不得不分居两地，却并不影响他们之间的情感联络和维持正常的婚姻家庭生活。

（3）共同生活的物理空间

共同生活必须以特定的物理空间为基本条件，这是从外观上确定共同生活事实存在的重要标准，也是保障共同生活得以维持的物质基础和现实依托。共同生活的物理空间也被称为共同生活的"居所"（或"住所""宅第"等），是能够使当事人之间的法律关系集中于一处而确定的主要基地或居住处所。[3]"居所"须满足以下要求：第一，"居所"是男女双方自愿设立或

---

[1] 参见安徽省蚌埠市淮上区人民法院（2020）皖 0311 民初 2968 号民事判决书。
[2] 李明舜主编：《婚姻家庭继承法学》，武汉大学出版社 2011 年版，第 32 页。
[3] 参见夏征农、陈至立主编：《辞海（第 6 版）》，上海辞书出版社 2009 年版，第 3030 页；中国社会科学院语言研究所词典编辑室编：《现代汉语词典（第 6 版）》，商务印书馆 2012 年版，第 1703 页。

选定、在一段时期内开展有序生活的场所，它必须具有清晰的外观结构和轮廓，并能够被描述为具体的空间范围和位置。第二，"居所"是男女双方开展家庭生活、进行情感联络的主要场所，是一个相对封闭和独立的空间，而且能够抵御一定的外界侵扰和风险，是与"公共空间"相隔离的"私人空间"。[1]当然，隔离的方式和严密程度视具体情况而定，一般只需保证"居所"的相对独立性即可。[2]第三，"居所"之所以成为"居所"，在于其包含了男女双方具有连续居住生活于此场所的意思表示，即不仅在客观行为上实际居于此所，而且在主观心理状态层面具有将此所作为居住场所或持续性居住的意思。关于此，可以借鉴我国台湾地区的做法经验，通过户籍登记、日常生活和就学就业的实际情况等，予以综合判断。[3]需要指出的是，"居所"可以具有多种形态，且不要求是一成不变的，即便频繁变更也不影响男女双方共同生活的事实的存在。

（4）共同生活的内容

共同生活的内容主要包括共同生活的方式、状态和持续时间等。其中，持续时间是判断共同生活事实是否存在、衡量男女双方共同生活状态稳定性的重要指标。对于婚内的共同生活而言，其时间跨度一般以婚姻关系的存续期间为判断，但如果是尚未办理结婚登记的共同生活，则应当以男女双方正式同居的时间为起算点，以同居关系的结束为终止。从前面的分析可知，共同生活的持续并不一定要求男女双方不间断地生活在一起，只要在日常生活和情感联络上具有持续性即可。在共同生活期间，男女双方之间往往会自觉或不自觉地形成相对固定的家庭分工，比如女方往往承担传统的家庭照顾职责，从事大量的家务操持、子女和老人的照顾工作等；男方则通常把重心放在为共同生活提供物质和经济保障上。[4]在此过程中，男女双方还可能共同从事经营活动，以及参与特定的社交活动等，从而产生各种人身和财

---

〔1〕 所谓"私人空间"，在物理形态上表现为具有独占性、封闭性和私密性的空间。而"公共空间"则具有共享性、开放性和透明性的特征。参见朱垭梁：《空间理论对法律的阐释》，载《求索》2014年第7期，第104—112页。

〔2〕 廖丹：《作为基本权利的居住权研究》，武汉大学2011年博士学位论文，第35页。

〔3〕 刘诚：《自然人住所制度相关概念之辨析》，载《海峡法学》2021年第4期，第80—85页。

〔4〕 陈功：《家庭革命》，中国社会科学出版社2000年版，第338页。

产上的联系。这些都属于共同生活的内容，可以成为法院认定共同生活事实的依据。

2. 当事人行为要素

当事人行为要素对彩礼返还法律效果的确定同样具有举足轻重的影响。在司法实践中，法院往往会根据当事人的行为作出是否返还彩礼的判决，但对于应如何理解和界定当事人行为却存在一定的分歧。

所谓行为，是受人的思想支配而表现出来的活动，[1]是与当事人的特定的意图、知觉、动机、意向以及其所处的环境相联系的客观存在。[2]在民法上，行为是指"人之精神作用，意识的现于身体之状态"[3]，是"人的精神作用为要件的外部状态"[4]。也就是说，当事人行为必须是有意识的行为，无意识的行为不应当成为影响彩礼返还法律效果的考量要素。比如，在"李某与周某婚约财产纠纷"一案中，原告李某患有梦游症，在订婚时却未向被告周某告知。一次李某在梦游过程中的行为对周某造成了肢体伤害和心理上的极大恐慌，于是周某要求解除婚约但拒绝返还彩礼。[5]由于李某在梦游过程中的行为是无正常意识支配下的行为，故不能将之作为法律上的行为，而应当作为一种事件。因此，法院需要考察的并不是李某在梦游过程中无意识的行为，而是其故意向周某隐瞒自己患有梦游症的行为，后者对其要求周某返还彩礼构成障碍。此外，行为应当是与缔结婚姻有关的行为，不涉及缔结婚姻问题的行为，比如男方参与了打架斗殴等违法犯罪活动，虽然可能会促使女方要求解除婚约或拒绝缔结婚姻，但这并不能成为她拒绝返还彩礼的理由。毕竟，不同的人对结婚对象的要求和标准千差万别，法院不能因为当事人的承受能力不同就作出不同的裁判结果，否则司法裁判的准则将全面倒向"令人困惑无比、充满矛盾"[6]和"几乎无法估计、难以预测和

---

〔1〕 中国社会科学院语言研究所词典编辑室编：《现代汉语词典（第6版）》，商务印书馆2012年版，第1457页。

〔2〕 ［英］边沁：《道德与立法原理导论》，时殷弘译，商务印书馆2011年版，第124页。

〔3〕 史尚宽：《民法总论》，中国政法大学出版社2000年版，第302页。

〔4〕 ［日］我妻荣：《新订民法总则》，岩波书店1990年版，第232页。

〔5〕 参见河北省赵县人民法院（2014）赵民一初字第00541号民事判决书。

〔6〕 Maure, *Allgemeines Verwaltungsrecht*, 5. Aufl. , 1986, S. 121.

几近恣意"[1]的个案决疑，进而造成法律的"无可否认的不确定性"[2]，最终使法律规定沦为空洞的概念。当然，一方事先故意隐瞒自己具有违法犯罪过往的，该隐瞒行为则可以被作为法官判定彩礼是否返还，以及返还多少的考量因素。不难看出，当事人行为要素包含了对当事人行为与婚姻无法缔结之间因果关系的内容，抑或当事人的行为对于造成彩礼给予之行为基础丧失的贡献的内容，需要法官根据案件的具体事实加以判断。由此也引出了另一个问题，即在彩礼返还案件中，法院应否考虑当事人的"过错"。

学界和实务界不乏以当事人是否存在"过错"作为判定彩礼是否返还的要件的观点，认为男方存在"过错"的，将失去彩礼返还请求权；女方存在"过错"的，则失去对彩礼返还的抗辩权；若双方都具有"过错"的，则按"过错"的比例大小判定彩礼返还的具体数额。[3]甚至有观点认为，应当参照婚姻家庭法中关于法院应当准予离婚的情形规定，允许女方在男方存在相关条文所列举的"过错"时，可以拒绝返还彩礼。[4]这些观点在一定程度上反映了传统婚姻习俗对人们观念的影响，也折射出现代社会法治观念中的诚实信用、过错规则等在婚姻家庭领域的渗透。但实际上，彩礼返还本身并无关"错过"。首先，我国婚姻家庭法不调整将要结婚的男女双方的婚前个人行为，也与大多数国家和地区不同，没有规定任何涉及婚约和婚约期间礼物返还、损害赔偿的内容；加上婚姻自由、男女平等的观念深入人心，人们在恋爱和婚姻问题上拥有了极大的自由空间。[5]许多在过去不能被容忍的行为，

[1] Albrecht Randelzhofer, BayVBl. 1975, S. 573.
[2] Löwer, *Rechtskontrolle von Straßenplanungsentscheidungen*, in：Azizi u. a.（Gesamtredaktion），Rechtsstatt und Planung, 1982, S. 86.
[3] 李奕雷：《论彩礼的功能转化与规则重构》，载《中国社会科学院研究生院学报》2021年第1期，第76—77页；何志主编：《婚姻继承法原理精要与实务指南》，人民法院出版社2008年版，第67—68页；李屹：《论彩礼返还》，吉林大学2020年博士学位论文，第91—92页。
[4] 李洪祥：《我国民法典立法之亲属法体系研究》，中国法制出版社2014年版，第108页。
[5] 实际上，即便在那些法律规定了婚约程序的国家和地区，男女双方也并不会被婚约所约束，他们可以自由地解除、撤销或不履行婚约，且无须为此承担不利后果。对于因为解除、撤销或不履行婚约造成的损害，只有当事人存在明显过失的，才可能承担损害赔偿责任，但会受到严格的限制。一般来说，这些国家和地区在法律中规定婚约，一是出于对婚姻传统习俗的考虑，二是出于解决婚约赠与物返还问题的实际需要。参见林秀雄：《亲属法讲义》，元照出版有限公司2011年版，第45—60页。

比如任意地悔婚、订婚后仍与他人发生性关系等，如今已被普遍视为纯粹的"私德"问题，外界无从评价，行为人也不应当因此而受到任何非难。其次，从法律性质上看，彩礼属于"基于婚姻之给予"，婚姻一旦不能缔结，给予便丧失了法律上的原因，接受给予的一方就应当返还财产，其中并不涉及过错的问题。即便是以附解除条件的赠与定性，也不能认为悔婚等行为就构成了"不当促成解除条件的成就"，因为这些行为本身并无任何"不当"可言。而且，仔细分析便可发现，这些所谓"过错"其实并非民法意义上的过错，后者是一种主观心理状态，包括故意和过失，是产生民事责任的原因，主要发生在侵权领域。[1]而前者则针对的是一些具体事由，概括而言就是当事人有意识地作出了一些可能会破坏对方对于缔结婚姻的合理期待、导致婚姻无法缔结的行为，但即便如此，我们也不能认为当事人存在过错、需要为此承担责任，只能说其应当为此承担一定的风险。

能够影响彩礼返还法律效果的当事人行为既包括适法行为，也包括违法行为，还包括无过失赔偿责任的行为，属于"广义的法律上之行为"[2]范畴，除此之外的"非法律上之行为"，如散步、吃饭、睡觉等，并不发生法律上之效力，行为人也无须为此承担任何责任。因此，我们不能完全按照表意行为那样要求当事人行为必须具备意思表示之要件，更不必追查其意思表示是否真实、其内容是否合法等。正因为如此，当事人行为所产生的事实效果具有直接性和随机性，[3]并能够对彩礼返还的法律效果产生直接的影响，故需要法官仔细加以甄别。

需要着重把握的是：就评价性而言，当事人行为具有法律既不提倡也不反对的双重评价性，即一方面这种行为的确会造成一定的损害，比如伤害了对方的感情、使对方的合理期待落空从而导致婚姻无法缔结等，但这种损害是局部性的，尚不足以达到需要法律加以反对的程度；另一方面这种行为也并不值得提倡，因为其不仅与法律促进和保障婚姻的目的相违背，而且容易

---

〔1〕 李锡鹤：《论过错是民事责任之唯一根据》，载《华东政法大学学报》2005年第4期，第43—49页。

〔2〕 史尚宽：《民法总论》，中国政法大学出版社2000年版，第302—304页。

〔3〕 宋炳庸：《法律行为基础理论研究》，法律出版社2008年版，第134—135页。

引发冲突和矛盾，是影响社会和谐稳定的消极因素。就时间跨度而言，应当从男女双方订立婚约或完成彩礼授受时起算，至婚约被解除等导致婚姻无法缔结的原因出现时止算，只有发生于此期间的行为才予以考虑。鉴于在此阶段有大量的男女当事人会先行同居，当事人行为要素似乎与前述的共同生活要素存在重合之处。严格来说，共同生活的过程必然涉及当事人的行为，或者说，共同生活就是由一系列的行为构成的。但从司法实践的角度来看，共同生活要素侧重的是对事实存在层面的考察，即属于外观层面的要素；而当事人行为要素则侧重于对当事人自身的考察，属于内在层面的要素。需要注意的是，此处的当事人应当是彩礼返还请求权的主体，包括男女双方个人、男女双方的父母以及其他直接参与彩礼授受的亲属等，并不一定就是共同生活的主体。

3. 彩礼价值要素

学界的主流观点认为，彩礼应当是价值较高的财产，而那些价值不高的财产只能作为当事人为增进感情所作出的一般意义上的赠与处理，不适用于彩礼返还规则。[1]实务界也普遍持此观点，通常只把双方当事人之间数额较大的现金转账和贵重礼品认定为彩礼，其他财产给予则原则上不得请求返还。[2]但有学者指出，我国的社会背景特殊，各地区的经济社会发展状态和婚姻习俗也不尽相同，加之个人条件相差较大，导致实际生活中的彩礼种类繁多，其价值自然也有高有低，不一而足。[3]彩礼，从约定产生到给付完成，归根结底是男女双方意思表示达成一致的结果。对于哪些财产属于彩礼，哪些财产又不属于彩礼，实际上都是当事人根据自己的意愿决定的，即便是价值很低的财物，只要双方当事人均无不同意见，同样也可以作为彩礼而被赋予聘定的意义和功能。

---

[1] 杨馨德主编：《婚姻家庭法学》，上海财经大学出版社2012年版，第69页；李明舜主编：《婚姻家庭继承法学》，武汉大学出版社2011年版，第31—33页；蒋月主编：《婚姻家庭法》，浙江大学出版社2008年版，第91页；巫昌祯主编：《中国婚姻法》，中国政法大学出版社2007年版，第66页。

[2] 吴晓芳主编：《婚姻家庭继承案件裁判要点与观点》，法律出版社2016年版，第3—4页；王林清、杨心忠、赵蕾：《婚姻家庭纠纷裁判精要与规则适用》，北京大学出版社2014年版，第13页。

[3] 许莉主编：《婚姻家庭继承法学（第三版）》，北京大学出版社2019年版，第49页。

法院在认定彩礼时，首先应当考察的是当事人的意思表示，而不是财产本身，更不是财产价值的高低。换言之，财产自身的状况丝毫不影响其成为彩礼，只要男女双方均明确表示相关财产是作为彩礼被给予和接受的，且不存在违反法律或违背公序良俗的情形，法院就应当认可该财产属于彩礼而适用有关彩礼返还的法律规则。仅以价值高低作为判定是否为彩礼的标准，不仅不符合当事人的真实意愿，也很容易造成不公平的裁判结果。因为财产价值的高低是一个价值判断的问题，其结论因人、因时、因势而异，很难形成一个明确而清晰的判断标准。比如，在"刘某与章某等婚约财产纠纷"一案中，原告刘某把自述为家族祖传宝的一枚洋钱币作为彩礼交给被告章某，但由于无法确定该洋钱币的市场价值，法院最终并未支持其要求对方返还的诉讼请求。[1]类似地，在"萧某与艾某婚约财产纠纷"一案中，原告萧某称其作为彩礼给予被告艾某的祖传金元宝价值至少 300 万元，但由于缺乏相关证据，法院并未支持其要求对方返还的诉讼请求。[2]而在"刘某与李某等婚约财产纠纷"一案中，尽管对作为彩礼的祖传银线的价值难以确定，但法院依然支持了刘某要求李某返还的诉讼请求。[3]以上案例说明，司法实践中，对彩礼价值高低的判断缺乏明确而统一的标准，不同法院的做法差别较大，在一定程度上造成了司法秩序的混乱。甚至有许多案件的审理就是因为各方对彩礼价值的确定存在分歧而陷入旷日持久的拉锯，耗费了大量的司法资源和人力物力。

其实，我们完全不必如此纠结。如上所述，彩礼之所以为彩礼，并不在于其形式为何，以及其价值的大小，而在于当事人的意思表示，即当事人是否认可和接受其为彩礼。当然，这里所说的当事人的意思表示，应当限定为男女双方在作出彩礼授受时的意思表示，这就需要法院结合案件事实作出法律推定。也就是说，法院对彩礼的认定实际上就是对当事人意思表示进行解释、探求其规范意义的过程。在这一过程中，法官不仅要以对语言文字的理解和通常社会经验为基础，还应当考虑特殊的法律要

---

〔1〕 参见江苏省沭阳县人民法院（2019）苏 1322 民初 3631 号民事判决书。
〔2〕 参见江西省鹰潭市中级人民法院（2021）赣 06 民终 210 号民事判决书。
〔3〕 参见山西省吉县人民法院（2019）晋 1028 民初 13 号民事判决书。

求。[1]按照这一思路，结合彩礼作为"基于婚姻之给予"的法律性质和特征，便不难作出判断。正如有的学者所指出的，只要是"以将来结婚为目的"而给予对方的财产，不问其种类和价值，皆应当认定为彩礼；在婚姻不能缔结的情况下，彩礼给予的目的落空，当事人皆可要求对方返还。[2]其中，"以将来结婚为目的"应当是非常明确的，不容当事人事后予以否认。比如，男女双方均明确表示某笔现金或转账为彩礼款（或聘礼、聘金等）、男方按照当地婚姻习俗为女方购买"三金"（或"五金"等），均可以排除男方是单纯为增进感情作出的礼物馈赠，而应当认定为彩礼。

既然价值本身并不影响对彩礼性质的判断，那么在彩礼返还的问题上是否就没有探讨之必要了呢？答案是否定的。事实上，彩礼的价值大小对彩礼返还法律效果的影响是直接而重大的。首先，虽然价值不高的财产也能够被作为彩礼，但鉴于彩礼之于婚姻缔结的意义和功能，彩礼的价值高低往往成为反映当事人主观态度及婚姻缔结客观状况的"试金石"和"晴雨表"。[3]正所谓"期待越高，失望也就越大""爱之深，恨之切"，男方付出的彩礼价值越高，其对婚姻的期待也越强烈，而正是这种期待构成了彩礼给予的行为基础。因此，在婚姻无法缔结情况下，价值越高的彩礼被要求返还的正当性也就越明显。其次，彩礼价值越高，往往也意味着由彩礼返还所引发的矛盾就越激烈，因此也就更有法律介入的必要。实际上，与其说是只有价值较高的财产才属于彩礼，倒不如说是只有那些价值较高的彩礼才具有在法律上讨论应否返还的意义。因为对于男女双方而言，只有价值较高的彩礼才具有"争夺"的必要，其最终归属的确定将对男女双方的利益产生实质性的影响。而对于法院而言，只有把目光聚焦在那些矛盾更为集中、争议更为突出的问题上，使有限的司法资源得到合理的配置，才能真正实现法律的公平正义。换言之，对于彩礼返还案件，法院真正需要做的是明确哪些彩礼应当返还，哪些彩礼则没有必要返还，而彩礼的价值就是一个判断

---

[1] [德]卡尔·拉伦茨：《法学方法论》，陈爱娥译，商务印书馆2003年版，第167页。

[2] 戴东雄：《民法亲属编修正后之法律疑问》，元照出版公司2000年版，第33—34页。

[3] 郑小川、于晶：《婚姻继承习惯法研究：以我国某些农村调研为基础》，知识产权出版社2009年版，第60—61页。

的标尺。

4. 彩礼习俗要素

马克斯·韦伯曾指出，任何一项事业背后都存在某种决定该项事业发展方向和命运的精神力量，而这种以社会精神气质为表现的时代精神与特定社会的文化背景有着某种内在的渊源关系。[1]其中的精神指的便是以习俗为起点形成的成规与法律。所谓习俗，是指人们处理事务和解决问题的群体方式；不论是在哪个历史时期，也不论是在何种文化阶段，人们皆受到习俗的支配。[2]习俗是从漫长的实践经验中发展起来的，并随着时间的流逝而越发具有实用性、独断性和不可违抗性的特征。而在不断地"理性的反思"之下，习俗与关乎社会利益的评判相结合，上升为一种新的形态，成为"生活的科学和生活的艺术的源泉"[3]。这种新的形态又被称为"民德"，而"民德"又可进一步演变为法律，二者之间的关系为法律必须以"民德"为立足点，并应当与其保持一致。[4]可见，习俗与法律具有内在的一致性，甚至在某种意义上，法律就是传统习俗的"最高形式"，即国家承认并赋予法律强制力的习俗。[5]因此，一味强调法律文本而漠视习俗是本末倒置的做法。有学者指出，法律往往用来巩固而不是改变大众的习俗，那些违背传统习俗的法律"就好比一堆废纸"[6]。

从一般意义上说，法律是文化的表现形式之一，与传统、习俗等文化因素共同构成文化的固有内容。[7]其中，法律文化作为文化的一种，与习俗密切相连，是一个民族长期的生活方式、道德伦理、思维方式等的沉淀和凝结的结果，已经深深地融于人们的观念和意识之中，具有较强的稳定性，并不

---

〔1〕 [德]马克斯·韦伯：《新教伦理与资本主义精神》，彭强、黄晓京译，陕西师范大学出版社2002年版，第3页。

〔2〕 [英]罗杰·科特威尔：《法律社会学导论》，潘大松等译，华夏出版社1989年版，第21页。

〔3〕 同上。

〔4〕 同上，第22页。

〔5〕 唐士梅：《1950年〈婚姻法〉对汉中婚俗文化的影响》，载《文化遗产》2015年第3期，第110页。

〔6〕 [英]罗杰·科特威尔：《法律社会学导论》，潘大松等译，华夏出版社1989年版，第22—23页。

〔7〕 赵万一：《民法的伦理分析（第二版）》，法律出版社2012年版，第3页。

断地通过物品、习惯、观念、制度、思维和行为方式等传给下一代。特别是作为"生活百科全书"的民法，其以维护个体生存、对人性的关怀作为首要和最终的价值取向，是折射人类社会深邃文化背景的理性结晶。其中，"以身份品性为灵魂"[1]的婚姻家庭法，其集中体现了人类社会伦理道德秩序和公共价值准则，因此与习俗的关系尤为密切。从内容上看，婚姻家庭法主要源于婚姻习俗，反映并尊重婚姻习俗，同时也会根据现实生活的需要去改造婚姻习俗，从而促使婚姻家庭制度朝着符合时代发展趋势的方向前行。此外，婚姻习俗也可以弥补婚姻家庭立法的不足，为司法实践解决具体问题提供思路和方法，并以此来推进婚姻家庭立法的不断完善。

如前所述，我国《民法典》婚姻家庭编在婚姻缔结的问题上极力地淡化了传统婚姻习俗的色彩，力求最大限度地使人们摆脱旧式婚姻家庭观念的束缚，以实现个人在婚姻问题上的高度自由和自治。这是符合现代婚姻家庭法的发展趋势的。但与此同时，婚姻习俗对人们的影响仍然很大，多数人依旧按照传统婚姻习俗的要求和程序缔结婚姻，彩礼也被视为不可或缺的前提条件。对此，法学家、社会学家、人类学家、经济学家和伦理学家进行了大量的研究，也作出了各自相应的定义。但不论如何定义，"习俗性"始终是彩礼最重要的维度之一。[2]在这一背景下，因彩礼返还所引发的矛盾和纠纷也就显得格外突出，着实令人头疼不已。但不论是在学界还是在实务界，也不论其观点分野如何，均普遍认为彩礼是以特定的彩礼习俗为依托而存在，当事人之间的彩礼授受行为亦是按照彩礼习俗的要求而进行，故法院对彩礼返还案件的处理应当充分考虑当地的彩礼习俗。[3]对此，笔者的看法是，强调重视彩礼习俗是完全有必要的，这有助于扭转理论研究和实务操作中存在的"崇洋"和"向外"的倾向，从而把目光转向自身实际，正视中国国情和社

---

〔1〕 叶英萍、李永：《民法典视域下亲属身份权之重塑》，载《西南政法大学学报》2016 年第 1 期，第 129 页。

〔2〕 胡云红、宋天一：《彩礼返还纠纷法律适用研究——以全国法院 158 份问卷调查和相关裁判文书为对象》，载《中国政法大学学报》2022 年第 6 期，第 11 页。

〔3〕 李洪祥：《我国民法典立法之亲属法体系研究》，中国法制出版社 2014 年版，第 99 页；林敏主编：《民商事典型疑难问题适用指导与参考：婚姻家庭继承纠纷卷》，中国检察出版社 2013 年版，第 1 页。

会的现实需要。[1]但也应当注意到，彩礼与彩礼习俗并非完全相互依存的关系。的确，从历史发展的宏观层面分析，婚姻在任何文化中都属于一项重要的传统习俗，因其本身就是从传统习俗中发展出来的。[2]而彩礼作为婚姻传统文化中的一个重要元素，则是彩礼习俗的产物。但是，从个体的微观层面来看，传统习俗作为一种群体行为模式，其与个体行为模式并不是简单的共性与个性的关系，也绝不是影响后者的唯一因素，甚至它们各自的表现常常是南辕北辙的。[3]换言之，我们既不能由某一传统习俗的存在就想当然地推导出个体之间会发生这种行为，也不能由个体之间的某种行为就想当然地推导出特定传统习俗的存在。反之亦然。具体到彩礼返还案件中，双方当事人之间的彩礼授受行为本身与彩礼习俗并无直接关联，当地是否存在彩礼习俗也并不影响他们约定和授受彩礼，法院不应把当地存在彩礼习俗作为认定系争财产为彩礼的前提条件。而且，要求法院事先对当地是否存在彩礼习俗进行判断，不仅论证的负担极为沉重，在实际操作层面也很难实现。因为，论证某一习俗的形成和存在，是建立在大量的文献资料分析和长期的实证考察的基础上，其过程漫长且艰辛，岂是一个法官、一纸裁判文书就能够做到的？况且，习俗作为"历代人群体智慧、知识和理性的凝练"，是一种"渐进的理性和知识"的体现，[4]其本质上属于观念的范畴，只不过是通过个人的话语和行为被表现出来。要求法官去证实彩礼习俗存在与否，实际上就是让法官去论证一种观念的存在与否，是极不现实的。

有学者考证，我国的婚姻家庭法律政策制定的背后，有着极为复杂的考量；既不是毫无保留地对所谓西方现代婚姻家庭理念的照单全收，也不是简单地对苏俄婚姻家庭法治建设的模仿，更不是对中国古代传统婚姻家庭制度无可抗拒的继承，其中有多种传统习俗的纠葛。[5]一方面我们不能忽视传统

---

[1] 高其才：《尊重生活、承续传统：民法典编纂与民事习惯》，载《法学杂志》2016 年第 4 期，第 30 页。

[2] [芬] E. A. 韦斯特马克：《人类婚姻史（第一卷）》，李彬、李毅夫、欧阳觉亚译，商务印书馆 2002 年版，第 34 页。

[3] 周国茂：《民俗与行为模式》，载《黑龙江民族丛刊》1987 年第 2 期，第 77—78 页。

[4] 唐丰鹤：《法律的习俗正当性》，载《北方法学》2016 年第 5 期，第 35 页。

[5] Susan L. Glosser, *Chinese Visions of Family and State*, 1915—1953, Berkeley, University of California Press, 2003, pp. 167-195.

习俗在婚姻家庭领域的重要影响，但另一方面我们也不能过度放大这种影响，甚至视其为起决定作用的因素。在婚姻家庭问题上，法律和习俗呈现为交缠融合的状态，尽管许多习俗并未得到法律的认可，却仍表现出强大的生命力和明显的约束力。[1]具体到彩礼返还问题上，彩礼习俗对彩礼返还法律效果的影响是具体而突出的，且因地、因时、因势而变，需要在个案中根据具体案情加以确定。

（二）要素之间的动态配置

如前所述，在传统的构成要件思维下，彩礼返还的法律效果与构成要件之间是要么全部满足，要么全部不满足的关系，属于类别命题的范畴。而在动态系统论的思维下，则是通过对"要素的数量和强度（即发生程度）相对应的协动作用"[2]进行考察，并在此基础上确定彩礼返还的法律效果，即要素及其发生程度的组合所产生的协动作用越强，彩礼返还的法律效果就越能实现，其所运用的是"在量上分层"[3]的认定方法。从这个意义上来说，动态体系其实是一个比较命题，或至少可以通过比较命题的思维模式来进行规范构造。[4]比较命题的基本形式可概括为"若……越多，则……越好"或"若……越多，则……越多"，法官不仅具有更大的裁量空间，也能够较为清晰地把握裁量的方向。

然而，在仅存在要素的情况下，这些比较命题都不足以形成能够为法官正确适用法律、进行合理裁判的判断基准，除了仅从要素本身难以直接推导出其与特定法律效果之间的相关关系，单纯地强调"发生程度越高则效果越强"容易使命题陷入无止境的螺旋式论争，反而会给法官带来更大的困惑。究其原因，在于动态系统论下的规范中并没有固定不变的构成要素，有的只是若干个相互间可替换、可互补的要素，而每个要素的发生程度又并非一成

---

〔1〕　伊涛：《习俗与法律在婚姻缔结中的纠葛与融合》，载《中国海洋大学学报（社会科学版）》2019年第2期，第80页。

〔2〕　[日] 山本敬三：《民法中的动态系统论——有关法律评价及方法的绪论性考察》，解亘译，载梁慧星主编：《民商法论丛（第23卷）》，金桥文化出版（香港）有限公司2002年版，第177页。

〔3〕　王利明：《民法典人格权编中动态系统论的采纳与运用》，载《法学家》2020年第4期，第2页。

〔4〕　韩秀珍：《动态系统论视角下的善意取得认定》，南京大学2013年硕士学位论文，第24页。

不变,导致即便是有限的要素之间也可能出现千变万化的组合结果,因此无法取得一个完全确定的法律效果。也就是说,片面考虑要素及其发生程度的评价体系并不是完整意义上的动态体系,其所指向的结论仍然充满了不确定性和不可预见性,因此也并不能对司法实践有所助益。

有鉴于此,对于动态评价体系的构建除了选定相关的要素,还需进一步引入基础评价和原则性示例。其中,基础评价是指当在只考虑某一特定要素的情况下,该要素的发生程度达到何种数值,便可以认为能够产生所预期的效果。[1]基础评价的功能在于设定一种平均状态,相当于引导和指示法官作出判断的"锚",帮助其根据个案的具体情况对各个要素进行综合考量。而原则性示例则是指在多个要素同时存在的情况下,赋予各个要素发生程度以特定的数值,当所有要素与各自发生程度的数值总和达到特定值时,就可以认为能够产生所预期的法律效果。原则性示例最大的作用在于为法官的判断提供一个框架,从而明确了要素之间动态协动的边界;但这个框架又足够大,因此不至于出现不敷用的情况。明确原则性示例的意义重大,套用学者的话就是"唯有在给定原则性示例的前提下,充分展现动态体系论精髓的比较命题方能发挥作用"[2]。如前所述,要素和要素之间的动态协动关系构成了支撑动态系统论的"两大支柱",而基础评价和原则性示例分别是确保要素之间的动态协动不至于漫无边际的"锚"和"笼子",明确了法官裁判的"界"与"度",从而使动态系统论逃脱出单纯的比较命题层面,进而成为真正意义上的方法论。从这个意义上来说,只有同时具备了要素、基础评价和原则性示例的动态结构,才真正符合动态系统论下法律评价体系的要求。然而,当前学界和实务界对动态系统论的运用,却大多忽略了对基础评价和原则性示例的关注,故而无法从根本上解决对法律评价的合理控制的问题。如此一来,动态系统论被"弱化"为一种单纯扩大法官考察要素范围的学说,大大降低了其现实意义。这是值得我们警惕和深思的。

---

〔1〕 解亘、班天可:《被误解和被高估的动态体系论》,载《法学研究》2017年第2期,第50页。

〔2〕 张力、莫杨燊:《论借名买房者对强制执行的排除力》,载《中国不动产法研究》2020年第2辑,第201页。

在通常情况下，基础评价和原则性示例是由立法者直接提供的，但在立法暂付阙如的情况下，也可以参照其他立法例，或者从通行的判例或学说中析取相关内容。法官还可以在已有的基础评价和原则性示例基础上，再发展出新的基础评价和原则性示例。在民事法律规范中，立法者直接给定基础评价的情况较少，一般会通过"列举＋兜底条款"的形式确定一个大致的参考数值，允许法官根据案件的具体情况自行酌定。对于原则性示例，则大多是以"一般条款＋特别条款"的形式加以规定。无论是基础评价还是原则性示例，都不宜太过具体，否则将无法面对具体的个案，也就无法肩负构建动态评价体系的使命。需要注意的是，那些在一般条款涵射范围之内的特别规定，与其说是相对于一般规定的特别规定，实际上应当是基础评价或原则性示例。也就是说，法官在对一般条款进行动态体系化的解释时，该特别规定可以构成其作出法律评价的基准数值。[1]

由此，再回到彩礼返还的问题上。颇为遗憾的是，对于彩礼返还，立法者既没有给定基础评价，也没有明确原则性示例，而相关司法解释的规定又过于偏狭，并不具备成为基础评价或原则性示例的条件和功能。考察司法实践可知，在支持返还的案件中，绝大多数为支持部分返还，支持全部返还的情况基本仅限于男女双方没有实际共同生活的情形。换言之，尽管相关司法解释的规定确如铁板一块，但法院的实际处理却更多的是从实际情况出发，对彩礼返还的范围和具体数额进行酌定。从这个意义上来说，法院对彩礼返还的处理相当于是在对彩礼的数额进行调整，允许部分返还以实现双方当事人之间的利益平衡，这与对过高履行费用的调整有异曲同工之处。此外，认定履行费用过高的门槛较高，实际履行变得繁重或昂贵的事实本身并不足以成为抗辩的理由，而须达到"不合理"的程度才能够排除强制履行。[2]这一原则同样也适用于彩礼返还。由于彩礼的形式和内容是双方当事人甚至双方家庭成员协商确定的，其形成机制非常复杂，彩礼给予人并不能仅以彩礼过

---

〔1〕 解亘、班天可：《被误解和被高估的动态体系论》，载《法学研究》2017 年第 2 期，第 51 页。

〔2〕 张兰兰：《履行费用过高规则的动态适用——对〈合同法〉第 110 条第 2 款第 2 种情形的具体化》，载《华东政法大学学报》2020 年第 1 期，第 187 页。

于高昂为由要求对方返还。[1]因此，不妨借鉴履行费用过高的动态适用做法，来确定彩礼返还中的基础评价或原则性示例。

在履行费用过高规则领域，基础评价可分为两种情形：一是绝对大小审查，法院往往通过考虑履行时间长短和履行过程或手段的烦琐程度以及经济合理性等确定一个数值标准，超出此标准的，构成履行费用过高；二是相对比例审查，法院根据规范性文件、市场交易习惯和当事人经营状况等多种因素综合确定一个比例，若履行费用与债权人的收益之比超出该比例，则构成履行费用过高。[2]履行费用一经被认定过高，法官就应当予以酌减。对于原则性示例，则是以《民法典》第580条第2项（原《合同法》第110条第2项）为一般条款，再作进一步的体系化构造。按照这一规定，履行费用过高的直接后果是债务人获得拒绝履行的抗辩，但具体的法律效果还需法院根据特别条款的规定以及案件实际情况确定。

在彩礼返还案件中，由于男女双方最终未缔结婚姻，彩礼给予的行为基础丧失或不存在，故女方应当向男方返还彩礼，否则就构成不当得利；但同时，女方所需返还的彩礼范围和数额则须根据案件的具体情况而定。一方面，法院可以从绝对大小审查的角度出发，考察系争彩礼的价值是否过分超出给予人的给付条件或当地的正常彩礼水平；另一方面，法院还可以从相对比例审查的角度出发，选取特定的对象作为彩礼的参照物，并由此得出一个比例数值；再将其与具体案件中的相关数值进行比较，从而判断系争彩礼是否过高。比如，法院根据当地平均工资收入水平与当地彩礼金额的平均水平确定一个比值，如果男方的实际工资收入与其所支付的彩礼之间的比值大大

---

[1]《民法典婚姻家庭编司法解释（一）》第5条第3项规定，法院对于"婚前给付并导致给付人生活困难"的彩礼返还请求应予以支持。对此，学界和实务界存在不同看法。笔者认为，"生活困难"并不能成为返还彩礼的正当理由，最多只是适用公平原则的一个动因。且不说"生活困难"的标准模糊，司法实践中的认定不一，允许彩礼给予方以"生活困难"为由要求对方返还，实际上是对赠与合同中"贫困抗辩权"的借鉴，这与彩礼的法律性质并不相符。这一规定相当于允许彩礼给予方出尔反尔、诺而不行，却不给对方以任何转圜的空间，是以牺牲诚实信用和信赖利益为代价的做法。而且，该规定具有颠覆一切法律和事实基础的力量，与其欲解决的问题相比并不对等，有"杀鸡用牛刀"之嫌。对于这一规定，应当严格限制其适用。

[2] 张兰兰：《履行费用过高规则的动态适用——对〈合同法〉第110条第2款第2种情形的具体化》，载《华东政法大学学报》2020年第1期，第187页。

超出前者，则可认定本案的彩礼金额过高，应当予以调整，也就是允许部分返还。[1]此外，还有采用当地生活消费水平、[2]人均可支配收入、[3]嫁妆金额[4]等作为参照的做法。当然，还有许多法院则直接采用相关审判工作会议纪要、函、批复和决议等司法解释性质文件，以及上级法院的相关指导意见中确定的比例，或者当地法院常年审理此类案件掌握的数值比例[5]作为参照。通常情况下，在同一个案件中法官选取的参照物越多，所构建的参照系就越精确，所得出的结论也会更加接近客观事实，当然这就需要法官投入更多的时间和精力。但不难预见，随着大数据技术的不断发展与普及，相对比例审查方法的优势将会越来越明显。

在引入了基础评价和原则性示例的基础上，对要素的动态配置便更加有理可依、有据可循了。鉴于现实生活的复杂多变，即便是同一类型的要素在不同案件中也可能有不同的表现和侧重，其对案件结果的影响并非一成不变，需要法官在逐一甄别的基础上发展出可被接受的检验顺序。也就是说，一些学者所认为的不同要素的"价值重要性"是由立法者预先设定好的、并通过对要素的排列顺序得以体现的观点，[6]是值得商榷的。因为，动态系统论本身并不包含对具体要素重要与否的评价，法律效果的最终确定是要素的数量及其发生程度之间动态协动的结果，单独的要素并不能决定法律效果的走向。举个简单的例子：《民法典》第 998 条被认为是在我国民事法律中引入动态系统论的"源头"，该条文依次列举了"行为人职业""受害人职业""影响范围""过错程度"等要素，但这一顺序中是否包含立法者赋予各个要素以不同的"价值重要性"的含义呢？恐怕并没有。实际上，要素的重要性也罢，价值也罢，都是不能也不应当被预设的。正所谓"千人千面，万人万

---

〔1〕　参见甘肃省白银市中级人民法院（2020）甘 04 民终 554 号民事判决书。
〔2〕　参见浙江省仙居县人民法院（2022）浙 1024 民初 679 号民事判决书。
〔3〕　参见湖南省凤凰县人民法院（2022）湘 3123 民初 195 号民事判决书。
〔4〕　参见湖南省张家界市中级人民法院（2022）湘 08 民终 296 号民事判决书。
〔5〕　参见甘肃省张家川回族自治县人民法院（2022）甘 0525 民初 114 号民事判决书；山东省德州市中级人民法院（2021）鲁 14 民终 3962 号民事判决书；安徽省寿县人民法院（2021）皖 0422 民初 6310 号民事判决书；河南省许昌市中级人民法院（2021）豫 10 民终 2651 号民事判决书。
〔6〕　相关观点参见王利明：《民法典人格权编中动态系统论的采纳与运用》，载《法学家》2020 年第 4 期，第 1—12 页。

解"，对同一个要素，不同的个人有不同的偏好，而这种偏好往往又是不断变化的。退一步说，即便立法者在法律条文中作了这样的价值排序，但经济社会的不断发展促使人们观念的不断变化，其必然会出现与客观现实不相匹配的情况。于是立法者需要不断地修改和调整这一排序，否则它不仅不能有效地指导司法实践，还可能会成为实现法律公平正义的绊脚石。如此折腾的后果不仅耗费大量的立法资源，也极易使立法权威受到质疑。总之，既然《民法典》引入的动态系统论为司法实践解决彩礼返还问题提供了思路，那么我们应当顺着这一思路，根据处理彩礼返还案件的实际需要，合理地运用好和发展好这一理论，而不是又回到构成要件思维模式下固化甚至僵化的老路上去。

（三）彩礼返还法律效果之确定

在动态系统论之下，彩礼返还的法律效果呈现出多样性的面貌。当然，这并不是运用动态系统论的结果，而是通过对动态系统论的运用把问题的本来面貌真实地展现了出来。毕竟，法律的准确性和确定性并不等于法律效果的固定不变，更不是机械地固守法律条文的字面含义。因为法律规范与法律条文本就是两个不同的概念，后者只是表达前者精神实质的文字工具，而文字表达本身就不可避免地存在不充分、不完整的问题。[1] 抛开立法者的"有限理性"[2] 问题不谈，即便是经过立法者字斟句酌写出的法律条文，其所欲表达的内容也并非不证自明的，往往还需要作进一步的解释工作；而解释的方法又是多种多样的，可能每一种解释方法都能得出合理的结论，只要不违背法律规定和不违背公序良俗，便均可以作为实现法律效果的有效途径。至于法官最终采取何种解释方法、得出何种法律效果的结论，也是基于现实需要作出的选择罢了。而动态系统论凭借其柔软身段，能够较好地为法官所用。

---

〔1〕 黄明耀：《民法适用基本问题研究》，西南政法大学 2003 年博士学位论文，第 178 页。

〔2〕 所谓"有限理性"，指的是人类并非全能全知，"尽管在主观上追求完整的理性，但在客观上也只能有限地做到这一点"。See Hebert A. Simon, *Administrative Behavior: A Study of Decision - making Processes in Administrative Organizations*, New York, Free Press, 1997, p. 24. 显然，立法者虽为制定法律的专业人员，但其知识结构和认知水平也必然存在局限性，要求其制定的法律无所不包、面面俱到是不切实际的。

因此不乏学者呼吁，司法实践应当以动态系统论为指导，对本土案例进行细致分析，并以此为基础进行类型化的工作。[1]

关于彩礼返还的法律效果，可概括为全部返还、不予返还和部分返还三种情形，其中以部分返还为主要形式。此外，彩礼返还还可能涉及违反婚约的法律责任问题，司法实践对此也确有混淆，需要加以厘清。

1. 全部返还

如前所述，按照动态系统论的思路分析，能够满足彩礼全部返还法律效果的条件是非常苛刻的，因为这意味每个要素的发生程度是极低的，以至于可以忽略不计。以共同生活要素为例。在现实生活中，有许多男女通过社交平台相识相知，甚至在未见面的情况下就订立婚约、收受彩礼。在过去，一些法院会以双方当事人"没有实际共同生活""未真正建立起感情"等理由而判定女方返还全部彩礼。[2]但在当前的社会环境下，这恐怕就很难具有说服力了。这不只是因为人们的生活方式发生了巨大的改变，人们的婚姻家庭观念也今非昔比，特别是在新冠疫情暴发后，各种通过互联网实时交互技术在线上进行的各类"云"活动便应运而生，比如"云逛街""云聚会""云旅游"等。其中，"云同居"的家庭生活模式也在世界各地的青年男女之中悄然兴起。[3]不少受访者表示，"云同居"的生活方式丝毫不影响双方的感情，甚至还因为各自有了更多的私人空间促进了感情的提升。既然男女双方都接受了这种共同生活形式，那么法院又何必予以否认呢？

事实上，司法实践中判决彩礼全部返还的情况极少发生，即便是在查明了双方系自愿解除婚约的情况下，法院仍会基于男女双方日常交往、共同生活等事实驳回男方的部分诉讼请求。[4]这至少从侧面反映出完全否定双方当

〔1〕 于飞：《违背善良风俗故意致人损害与纯粹经济损失保护》，载《法学研究》2012 年第 4 期，第 57 页。

〔2〕 参见河北省海兴县人民法院（2014）海民初字第 672 号民事判决书；江苏省淮安市中级人民法院（2013）淮中民终字第 0029 号民事判决书。

〔3〕 参见时尚头魔头拉拉夏：《云同居！新型恋爱模式诞生了……》，载搜狐网，https：//www.sohu.com/a/484690117_121124646，2022 年 9 月 4 日最后访问。

〔4〕 参见山东省冠县人民法院（2022）鲁 1525 民初 1082 号民事判决书；河南省方城县人民法院（2015）方赵民初字第 94 号民事判决书；江苏省宝应县人民法院（2012）宝射民初字第 35 号民事判决书。

事人之间存在情感联系、认定女方不具备任何取得彩礼的正当理由是非常困难的。从要素的角度理解，其发生程度在理论上是可以无限高或无限低的，并不存在所谓的最高值和最低值，也就是"全有或全无"的状态。而且，即便某一个特定要素的发生程度被法院认定为确实低到可以忽略不计，但只要有其他要素的存在，就不会出现完全一边倒的结果。这就是动态系统论区别于构成要件模式的根本所在。

2. 不予返还

不予返还类似于全部返还，在司法实践中法院判决彩礼不予返还的情形同样也是极为少见的，只有在男女双方已经办理结婚登记且婚姻持续时间较长，或男女双方虽然未办理结婚登记但共同生活时间较长且生育子女的情况下，法院才会作此裁决。[1]事实上，也极少有男方当事人会在这些情况下仍然要求女方返还彩礼。因为，不论是过去还是现在，在人们的观念中，男方对已经与自己建立了长久共同生活的女方提出这类主张，是近乎"绝情寡义"的行为，甚至可以被认为是有违公序良俗的。就男方自身而言，如此"斤斤计较"的后果也未必是好的，比如极有可能对其社会评价造成负面影响、让那些潜在的恋爱或结婚对象对其产生种种顾虑等。

在传统婚俗中，男方的无故悔婚通常是彩礼不予返还的主要原因，[2]但男方的死亡通常不能成为男方家族要求女方返还彩礼的理由。这是因为，在传统婚姻观念中，彩礼在性质上属于依附于婚约的从契约，而已经订立的婚约并不因当事人的死亡而消减。[3]正所谓"先亲后不改"，订婚是建立配偶关系的关键环节，具有"半结婚效力"[4]的历史传统；即便在正式成婚之前一方死亡，双方也并不因此"恩断义绝"，这体现了中国传统文化中极高的

---

[1] 参见福建省福州市长乐区人民法院（2021）闽0112民初4609号民事判决书；福建省莆田市中级人民法院（2019）闽03民终2027号民事判决书；安徽省来安县人民法院（2018）皖1122民初3486号民事判决书。

[2] 比如，根据清末民初旧律的规定，"男家悔婚再娶时，不追财礼；女家再许他人，追还财礼"。转引自史尚宽：《亲属法论》，中国政法大学出版社2000年版，第159页。而这种做法在我国少数民族地区至今依然普遍存在。参见雷明光：《中国少数民族婚姻家庭法律制度研究》，中央民族大学出版社2009年版，第451页。

[3] 林秀雄：《亲属法讲义》，元照出版有限公司2011年版，第59—60页。

[4] 李悍：《中国婚姻法文化考论》，黑龙江大学出版社2012年版，第171—172页。

道德标准。[1]在比较法上，也存在类似的立法例。[2]但在我国当前的社会环境和法治框架下，要求男方亲属不得因男方的死亡取回彩礼并不具有充分的正当性。除了我国现行婚姻家庭法并不把订立婚约作为结婚的必要程序，以及不承认婚约具有法律效力（当然其中的利弊兼具），在"基于婚姻之给予"的理解下，一方当事人的死亡必然导致婚姻无法缔结，使得彩礼授受的行为基础便确定且彻底地丧失，返还彩礼自属题中应有之义。需要指出的是，在我国一些偏远落后地区仍存在冥婚（或阴婚）的陋习，其中就包括在男子死后仍然要求对方继续履行婚约，进而把女子"嫁"给已死亡的男子的做法。由于这种"婚姻"是不被法律所承认的，且实际上也无法办理结婚登记，故原则上女方不得以"双方已经结婚"为由拒绝返还彩礼。但若女方确实以家庭成员身份在男方家庭实际承担了家务劳动、参与生产经营等，法院可以根据案件的实际情况对返还彩礼的范围和数额进行酌定，以平衡双方当事人之间的利益关系。

3. 部分返还

彩礼返还的法律效果主要表现为部分返还，也就是介于全部返还和不予返还的中间状态。至于是返还的多一些，还是不予返还的多一些，需要法官在对每个要素及其发生程度、相互间作用进行充分考察的基础上，综合判断得出。分析影响彩礼返还法律效果的四个要素可知，它们并非都在作用方向上保持一致，相互之间往往存在干扰。其中，共同生活要素与当事人行为要素之间的作用方向是一致的，它们的发生程度越高，彩礼返还的法律效果就越偏向于不予返还的那一端。与前二者相反，彩礼价值要素和彩礼习俗要素的发生程度越高，则彩礼返还的法律效果就越偏向于返还。也就是说，彩礼

---

[1]　但不得不指出的是，这种极高的道德标准往往是片面地针对女方而提出的。比如，唐律规定，女方许嫁后在名义上便属于夫家，夫家有罪的，女子随男方连坐。但对男方则无此要求。参见戴炎辉：《唐律各论（上）》，成文出版社有限公司1977年版，第221页。

[2]　比如，《葡萄牙民法典》第1593条第1款规定，因婚约一方当事人死亡而未缔结婚姻的，生存一方可以保留对方基于婚姻缔结而赠与的财产。《意大利民法典》第80条规定，婚姻未缔结而一方死亡的，生存一方可以拒绝返还对方因允诺结婚而赠与的财物，但需要在对方死亡后一年内提出。此外，虽然我国台湾地区所谓的"民法"没有明文规定，但以判例的形式明确了婚约当事人一方死亡，他方不得请求返还婚约赠与物的规则。参见林秀雄：《亲属法讲义》，元照出版有限公司2011年版，第59页。

返还法律效果的确定，并不是对要素进行简单的叠加即可完成，由于不同的要素所产生的效果可能是相互抵消的，所以对要素之间的相互作用往往无法通过直观判断就能得出结论。这就需要法官对每个要素作更为细致而全面的考察，按照基础评价和原则性示例的指引，最终确定彩礼返还的法律效果。在这一过程中，法官根据案件的实际情况对各个要素进行一定的排序是有现实意义的，可以帮助明确分析比较的总体方向和减少不必要的干扰，但应当注意避免刻板化和教条化的倾向。

如前所述，在情事变更制度与"基于婚姻之给予"之定性的框架下，彩礼部分返还问题实质上就是对最初的彩礼契约的变更履行。当然，不论是对彩礼契约的变更履行还是最终解除，都无须以再交涉为前提条件，但如果双方当事人已经通过再交涉对彩礼返还的范围和数额达成了一致，那么法院就应当根据当事人的协商结果作出裁判，自然也无须再通过动态系统论的方法确定部分返还的比例了。换言之，尽管动态系统论适用于彩礼返还案件的优势明显、意义重大，却仍然只能作为一个"退而求其次"的备选方案，因为双方当事人之间的自愿协商始终是实现其意思自治的最优选择。只有在交涉无果或者当事人拒绝进行再交涉的情况下，动态系统论方才具备"粉墨登场"的条件。

在司法实践中，许多法院在处理彩礼返还案件中还会根据具体财产的使用和消耗情况对财产进行折旧处理，按照折旧后的剩余价值在双方当事人之间进行"分割"。[1]对此，笔者认为，由于财产在日常使用过程中出现不同程度的消耗是不可避免的，法院在考虑这一事实的基础上作出彩礼返还的裁判结果倒也无可厚非，因为那些已经被消耗掉的部分，已经不具有价值之存留，故不应当被纳入请求返还之列，[2]而这种做法在事实上也确实有助于实现双方当事人之间的利益平衡。然而，需要注意的是，就彩礼返还的法律效

---

〔1〕 参见内蒙古自治区兴和县人民法院（2021）内 0924 民初 451 号民事判决书；广西壮族自治区贺州市平桂区人民法院（2020）桂 1103 民初 1647 号民事判决书；河南省渑池县人民法院（2020）豫 1221 民初 1645 号民事判决书。

〔2〕 史尚宽：《亲属法论》，中国政法大学出版社 2000 年版，第 162 页。

果而言，能够对其施加影响的"价值"（也就是前述"彩礼价值要素"中的"价值"）指的是彩礼授受时的价值，而不是折旧后的剩余价值。比如，男女双方订婚后，男方将当时价值 20 万元的 LUNA 币[1]作为彩礼给予女方。后二人因种种原因解除婚约，男方要求女方返还彩礼，但此时该笔 LUNA 币的价值仅为 0.33 元左右。若以彩礼的剩余价值作为判断基准，由于该笔彩礼的价值过低，其实际已经失去了法律规制的意义，或者说这个案件本身就没有任何价值，事实上也不可能得到司法机关的立案许可。但很显然，这笔被作为彩礼的 LUNA 币对男女双方之间缔结婚姻的功能和作用是建立在其价值 20 万元的基础上，而不是价值 0.33 元的基础上，只有前者才能构成法律意义上的彩礼价值要素。因此，法院对相关彩礼的认定和处理也应当是以价值 20 万元为基本前提。反过来，具体财产的价值事后大幅增加的情况同样也时有发生，如果法院以大幅增加后的价值确定彩礼返还的范围和数额，不仅对当事人而言极不公平，而且还容易刺激和鼓励婚姻缔结中的忘恩行为，从而引发伦理道德危机。由此可见，对具体财产折旧程度的考察应当是在确定彩礼返还的比例之后再进行的，而不是在此之前。一些法院先对具体财产的剩余价值进行判断，而后再以此倒推彩礼返还的范围和数额，实际上是本末倒置的做法。

4. 违反婚约之损害赔偿

鉴于司法实践中不乏将违反婚约之损害赔偿与彩礼返还相混淆者，故有必要对此问题作一定的说明。首先需要指出的是，彩礼返还与违反婚约之损害赔偿是两个不同的问题，二者之间并不存在必然联系。就男方而言，其对婚约的违反并不影响其要求女方返还彩礼；就女方而言，其在向男方返还彩礼的同时也可以要求男方因违反婚约所造成的自身损害承担赔偿责任。

---

[1] LUNA 币为韩国青年创业者权度亨（Do Kwon）所创办的虚拟货币，于 2019 年 5 月正式上市交易。2021 年伊始，随着加密货币的一度火爆，LUNA 币一路走高，一币的价格最高曾达 119.18 美元，吸引了大量韩国本土以及境外投资者买入。但 2022 年 5 月 9 日开始，该币价格开始断崖式暴跌，一币的价格跌至不足 0.0002 美元，跌幅超过 99.99%。参见《从 119 美元到近乎"归零"是什么导致 LUNA 币大跌？》，新京报，2022 年 5 月 17 日，https://baijiahao.baidu.com/s?id=1733086048657068487&wfr=spider&for=pc。

其次，违反婚约的行为之所以能够引发损害赔偿责任，在于行为人是具有"可归责性"（德国法称其为"过咎"，Verschulden）的，包括可归责的故意和过失。[1]这与一般情况下的拒绝履行、解除或撤销婚约的主观状态有所不同，是产生损害赔偿责任的关键。而彩礼返还并不考虑当事人的主观过错，只要彩礼授受的行为基础丧失，即应发生彩礼的返还。

有学者指出，虽然婚约缺乏身份上的法律强制力，但并不等于其不会产生法律义务和法律责任。[2]基于诚实信用和公平正义的考量，"无正当理由而拒不履行婚约者应有制裁之道"[3]依然是一项普遍的共识，许多国家和地区都对违反婚约之损害赔偿作了具体规定。然而，我国法律对婚约采取的是一种"既不禁止也不保护"的回避立场，导致司法实践中大量因为违反婚约所产生的案件处于无法可依的状态。[4]而法官为了处理这类案件，不得不将婚约与各种民法乃至商法规则联系起来，于是出现了许多对法律规范颇为牵强的解释和运用结果，不仅有损于法律的尊严，也造成了司法秩序的混乱。这一现状已经引起了学界和实务界的关注，呼吁通过立法对婚约进行规制的声音也越来越多。然而，在立法阙如的当下，我们如何在现有的法律框架内妥善地处理好婚约问题，特别是违反婚约之损害赔偿问题，是摆在我们面前的现实而紧迫的课题。

笔者认为，对于违反婚约之损害赔偿，应当从以下两个方面着手：一是利用好《民法典》第464条第2款这一"钥匙"，通过对其中的"有关身份关系的协议"作目的性扩充解释，将婚约纳入法律规制的范畴。这一点与前文中关于《民法典》第464条第2款为彩礼契约准用《民法典》第533条情事变更制度提供规范基础的原理类似，此处不复赘述。在论证了婚约属于"有关身份关系的协议"范畴的基础上，便可以有条件地援引《民法典》婚姻家庭编、合同编以及总则编中的相关规定处理违反协议后的损害赔偿

---

〔1〕 戴东雄：《民法亲属编修正后之法律疑问》，元照出版公司2000年版，第35页。
〔2〕 同上，第8页。
〔3〕 林秀雄：《亲属法讲义》，元照出版有限公司2011年版，第57页。
〔4〕 邱玉梅：《婚约问题探析》，载《法商研究（中南政法学院学报）》2000年第5期，第65页。

问题。二是从信赖利益保护的角度出发，注重对善意守约一方当事人的保护。由于婚约的订立会使双方当事人之间产生强烈的相互信赖，而正是基于这种强烈的信赖，当事人往往会对自己的财产利益乃至人身利益作出不同程度的处分。[1]对于这类处分，显然不能通过纯粹的情谊行为来作解释，否则就相当于把婚姻缔结与那些不超过友谊程度的施惠行为画上了等号。然而，有信赖，便有因信赖致害之虞。如果个人因为善意而无过失的信赖遭受损害，却无法得到法律的救济，那么这样的法律就不可谓之为良法，自然也达不到善治的目的。

对于何种信赖法律应当给予保障和救济，首先需要考察该信赖是否属于"法律之信"[2]，从而与"道德之信"相区别。显然，当事人基于婚约所产生的信赖属于"法律之信"，应当得到法律的保护。其次，需进一步判断该信赖在民法信赖保护的体系中处于何种位置。根据信赖产生的前提以及责任内容和形式上的区别，民法对信赖的保护可分为四个方面，即合同责任、信赖利益赔偿、权利失效和外观主义。[3]结合关于婚约属于"有关身份关系的协议"的界定可知，法律对当事人基于婚约所产生的信赖的保护应当属于信赖利益赔偿的范畴。当然，由于婚约对当事人的约束力较弱，法律对基于婚约所产生的信赖的保护力度也较弱，除了不能涉及人身关系，往往仅限于对财产损害的赔偿，而不涉及精神损害赔偿的内容。此外，也有学者认为违反婚约之损害赔偿的范围应扩大至非财产损害，允许无过错的一方当事人在精神上得到抚慰。[4]对此，笔者认为，由于婚约本身并不被法律所直接承认，违反婚约既不是债务不履行，也不是侵权行为；因违反婚约所产生的损害赔偿，更接近于基于法律上之规定（从解释论展开的角度）所产生之债，系因

---

[1] 李姗萍：《论婚约及其解除之损害赔偿》，载《法律科学（西北政法大学学报）》2021 年第 5 期，第 174 页。

[2] 所谓"法律之信"，须满足：第一，所相信的对象具有外在性，即外在于"我"且可为对方所感知；第二，发生具有影响上的内在自主性，即信赖的产生不是被强制的结果，而是自发、自主的；第三，所相信的对象总是与"我"之外的另一个确定的主体相关；第四，这种信赖存在致害之虞。参见丁南：《民法理念与信赖保护》，中国政法大学出版社 2013 年版，第 4—6 页。

[3] 丁南：《民法理念与信赖保护》，中国政法大学出版社 2013 年版，第 30 页。

[4] 林秀雄：《亲属法讲义》，元照出版有限公司 2011 年版，第 57 页。

当事人"法律之信"落空、基于法律的诚实信用和公平原则所产生之经济上的"补偿"。而非财产上之损害赔偿请求权具有高度的专属性，比如因违反夫妻之间忠实义务引发的损害赔偿责任，但婚约当事人之间并不具有这种身份特质。因此，对于违反婚约之损害赔偿，应当以财产损害和积极损害为限，而不包括精神损害和期待利益。

第六章

总结与展望

一、本书的主要观点

尽管《民法典》婚姻家庭编没有对社会生活中普遍存在的彩礼作出规定，成为很多婚姻家庭法学者心中的"隐痛"，而《民法典婚姻家庭编司法解释（一）》继续沿用了《婚姻法司法解释（二）》关于彩礼返还的规定，更令他们深感"意难平"，认为立法和司法解释没有很好地回应社会现实需要，而生生错失了一次对彩礼及彩礼返还进行有效规制的良好机遇。然而，《民法典》的体系化却为我们分析和解决彩礼返还问题提供了另一条思路，可谓"天无绝人之路"。然而，基于历史原因造成的长期分立格局，使婚姻家庭法与民法之间的"隔阂"颇深，加上相关司法解释的制定并未如学界所期待的"更进一步"，导致二者在理论上和实践中的衔接依然不够顺畅。这引发了关于婚姻家庭法向民法体系回归是否陷入"新瓶装旧酒"困境的质疑。[1]笔者认为，若要真正发挥《民法典》在形式理性方面的优势，则必须主动接受法典体系化思维的洗礼，这对所有从事婚姻家庭法学研究和相关实务工作者至关重要。

---

[1] 韩世远：《财产行为、人身行为与民法典适用》，载《时代法学》2021 年第 4 期，第 26 页。

如绪论部分中对于选题缘由的阐述，本书立足于《民法典》，以民法理论为出发点，为看似无足轻重却困扰司法实践的彩礼返还问题，提供一条有别于传统做法的思考路径。

本书采用了层层递进式的结构框架，从彩礼的概念和性质等基础理论问题出发，步步推进到对彩礼返还法律效果的确定。在关于彩礼给予法律性质的问题上，本书在对彩礼进行澄清和正名的基础上，主张应按"基于婚姻之给予"界定。这么做的好处在于，一方面，"基于婚姻之给予"可以更为真实地反映当事人给予彩礼的真实意图，更准确地揭示其实质；另一方面，通过"基于婚姻之给予"理论与民法情事变更制度等有机结合，为当事人提供更多元的救济渠道。在彩礼返还的正当性基础问题上，本书从政治、经济、文化、社会和法律多重视角出发，全面论证了彩礼返还的正当性。尤其在检讨现有理论不足的基础上，尝试引入情事变更制度对彩礼返还的法理基础进行论证。尽管情事变更制度在民法领域早已不是新鲜事物了，但在婚姻家庭法领域却长期鲜有人问津。然而，这并不意味着情事变更制度与婚姻家庭法就毫无瓜葛，恰恰相反，婚姻家庭领域有很多问题需要借助情事变更制度加以解决，其中就包括彩礼返还。而《民法典》第 464 条第 2 款就提供了这么一把"钥匙"。在彩礼返还请求权问题上，笔者在前文论述的基础上，从请求权思维的角度出发，全面分析了彩礼返还请求权基础的规范体系、结构以及时效，从而为司法实践更好地解决彩礼返还案件提供"寻找规范的利器"以及引导法官更为科学有效地"获取案件事实、确定法律适用"[1]。在彩礼返还法律效果的问题上，笔者尝试引入动态系统论的方法，对彩礼返还的法律效果进行弹性化构造，以更好地适应现实生活的复杂多元，满足司法实践的不同需求。弹性化构造分为要素的选定和要素的动态配置两个方面。在要素的选择上，通过考察司法实践和比较法经验，本书确定了共同生活、当事人行为、彩礼价值和彩礼习俗四方面的内容作为影响彩礼返还法律效果的要素。此外，本书还尝试通过借鉴履行费用过高的动态适用规则，确定彩礼返还法律效果的基础评价和原则性示例，从而使要素的动态配置更加有据可循，

---

[1] 吴香香：《请求权基础：方法、体系与实例》，北京大学出版社 2021 年版，第 3 页。

以实现对彩礼返还法律效果的最终确定。在上述内容中，对彩礼给予法律性质的界定、对彩礼返还法理支撑的阐述以及彩礼返还的请求权分析和动态系统论的引入，都是本书的创新点所在。笔者才疏学浅，对问题的分析和阐述存在诸多不足，还请学界前辈和同人不吝赐教！

二、对未来研究的展望

随着 2022 年全国和各省市人口统计数据的陆续公布，越来越多的人开始意识到中国正面临前所未有的严峻人口形势。其中，结婚率的持续走低被普遍认为是导致人口问题的症结之一，而彩礼则被一些人指责为阻碍人们实现婚姻自由的"绊脚石"，乃至必须铲除的"社会毒瘤"。[1]一些地方也着手推行所谓的"彩礼限高令"，[2]颇有些醉翁之意不在酒的意味。但是，事实果真如此吗？抑或问，只要彻底消除了彩礼，人们就会义无反顾、毫无顾虑地去结婚、去生育吗？更具吊诡意味的是，除了我国，同样面临低结婚率、低生育率和高结婚成本现状的国家不在少数，但似乎并没有哪一国像我国这样严厉针对彩礼问题。其中的微妙与曲折，值得我们进一步反思。

彩礼（尤其是所谓"高价彩礼"）的存在，确实会让许多男性对婚姻望而却步，也可能致使一些女性错失姻缘。然而，姑且不论结婚率随着社会的发展进步而出现波动甚至持续下降这一现象本身就具有一定的合理性和必然性，导致人们选择推迟乃至拒绝婚姻的原因毕竟是复杂而深刻的，将之完全归咎于彩礼，显然缺乏说服力。与此相反，许多调查研究结果却证实了彩礼具有促进婚姻和维护婚姻关系稳定的功能和作用。甚至还有研究表明，不论彩礼有多么高昂，始终改变不了婚姻对男方"高贴现"和对女方"低贴现"的现实。[3]也就是说，被舆论普遍认为是彩礼现象"受害者"的男性群体，其实往往仍是最终受益方。根据相关调查数据，男女两性对彩礼的态度差异

---

[1] 参见张景浩：《"天价彩礼"实为"社会毒瘤"》，载人民网，http：//opinion. people. com. cn/n1/2016/1031/c1003 - 28821895. html，2022 年 10 月 15 日最后访问。

[2] 参见数据线：《数据 | 中央一号文件点名"天价彩礼"，4 地推"限高令"，能降温吗？》，载界面新闻网，https：//www. jiemian. com/article/8921127. html，2023 年 3 月 13 日最后访问。

[3] 张伟：《婚姻关系契约与性别利益——〈婚姻法解释（三）〉的法经济学审视》，载《学术界》2016 年第 6 期，第 122 页。

较大，有超过七成的女性认可彩礼且对其价值和金额有一定要求，相比之下只有不足两成的男性认可彩礼。[1] 一味强调限制甚至取缔彩礼，又是否有政策上的"重男轻女"之嫌呢？此外，彩礼之所以延绵不绝地存在于中国人的社会实践中，具有极为深刻的历史、文化、社会和经济等方面的原因，这决定了彩礼问题很难通过强制手段实现实质性改变。这也是为何许多地方政府以严厉的行政措施限制乃至取缔彩礼，却往往难以达到预期的效果。找不出解决问题的方法，就去解决他们所认为的导致问题产生的客观存在，这本身就是一种过于简单冒进的处理方式，未必符合事物发展的客观规律，反而容易引发极大的负面效应。有学者指出，"压制不会导致事实性的消亡、灭绝，相反，它导致对象的成形、成熟；它不是将模糊的东西擦去，而是使其变得清晰巩固"[2]，"身受规训的人对规训的反应往往并不是驯服的"[3]，而这些旨在压制和废止彩礼的"运动"，虽然轰轰烈烈，但最终也只能是一段"复杂调用兴起的历史"[4]。的确，彩礼的现实存在引发了诸多问题，但它绝不应只被理解为社会力量必须抑制的对象，相反，它被赋予了某种"调节作用"，可以通过其存在和运行，对婚姻家庭和社会结构产生足够积极的影响。尽管就越来越广大的民众阶层而言，婚姻已不再是以保障生存为目的的经济结合，而更不是主要为性欲——爱情而存在的机构，人们对婚姻所要求的稳定性，并非产生于动荡不定的性欲与爱情，而是源于从经济上保障生活和使子女社会化的要求之中。[5] 换言之，彩礼问题并非已沦落为"题无剩义"，反而需要我们做更多的探索。对于其中涉及彩礼返还的法律问题，我们必须以法律为出发点，运用法律思维和法律方法去分析并解决问题。在这一过程中，《民法典》的功能和价值尤为突出。《民法典》作为"法律制度的

---

[1] 参见《"高价彩礼"屡被中央点名 大数据"透析"全国各地彩礼金额》，载中国经济新闻网，https://www.cet.com.cn/wzsy/ycxw/3325586.shtml，2023 年 3 月 2 日最后访问。

[2] [英] 安东尼·吉登斯：《亲密关系的变革——现代社会中的性、爱和爱欲》，陈永国、汪民安译，社会科学文献出版社 2001 年版，第 3 页。

[3] 同上，第 26 页。

[4] [法] 米歇尔·福柯：《性史》，黄勇民、俞宝发译，上海文化出版社 1988 年版，第 131 页。

[5] [奥地利] 赖因哈德·西德尔：《家庭的社会演变》，王志乐等译，商务印书馆 1996 年版，第 225—226 页。

核心"[1]，不仅是一个国家文明程度的象征，[2]更是一座取之不尽、用之不竭的人类智慧宝库。对包括彩礼返还在内的许多婚姻家庭领域问题的解决，《民法典》不仅树立了价值标杆，也提供了制度遵循和规范指引。对此，我们应当铭之于心、践之于行。

"邃古之初，谁传之道？上下未形，何由之考？冥昭瞢暗，谁能极之？冯翼维像，何以识之？"这是公元前 310 年的战国后期，楚国伟大诗人屈原在其鸿篇巨制之《天问》中，向悠悠上古发出的叩心追问。华夏民族在其上下五千年的浩瀚历史长河中，经历了怎样一种繁衍和进化，两性和血缘关系的社会形式又经历过怎样的发展历程，都值得我们不断地发掘和探索，以更好地洞察和把握婚姻家庭乃至整个社会的发展变革趋势。在这一过程中，婚姻家庭法律制度作为推动现代法律体系变革的突破口和社会革新的动力来源，[3]具有极为重要的探索价值。在未来的学习和研究道路上，笔者将在《民法典》和民法体系思维的指引下继续沿着这一线索不断前行。

---

[1]　［美］艾伦·沃森：《民法法系的演变及形成》，李静冰、姚新华译，中国政法大学出版社 1992 年版，第 172 页。

[2]　源于梅因在其《古代法》中提出的著名论断，即一个国家的文明程度越高，它的民法就越发达，而且会在整个国家的法律体系中居于核心和灵魂地位。参见［英］梅因：《古代法》，沈景一译，商务印书馆 2011 年版，第 235 页。

[3]　陶汇曾编：《亲属法大纲》，商务印书馆 1928 年版，第 3 页。

参考文献

一、中文文献

（一）著作类

[1] 陈鹏. 中国婚姻史稿 [M]. 北京：中华书局，1990.

[2] 郭松义. 伦理与生活——清代的婚姻关系 [M]. 北京：商务印书馆，2000.

[3] 陶毅，明欣. 中国婚姻家庭制度史 [M]. 北京：东方出版社，1994.

[4] 王跃生. 十八世纪中国婚姻家庭研究：建立在1781—1791年个案基础上的分析 [M]. 北京：法律出版社，2000.

[5] 郑小川，于晶. 婚姻继承习惯法研究 [M]. 北京：知识产权出版社，2009.

[6] 刘素萍主编. 婚姻法学参考资料 [M]. 北京：中国人民大学出版社，1989.

[7] 林红. 姓与性：一部裕固族亲属制度的民族志 [M]. 北京：中国社会科学出版社，2018.

[8] 顾鉴塘，顾鸣塘. 中国历代婚姻与家庭 [M]. 北京：商务印书馆，1996.

[9] 姜海顺. 中韩家族法的比较研究 [M]. 北京：法律出版社，2009.

[10] 史尚宽. 亲属法论 [M]. 北京：中国政法大学出版

社，2000.

[11] 戴炎辉，戴东雄，戴瑀如. 亲属法 [M]. 台北：台湾顺清文化事业有限公司，2009.

[12] 陈棋炎，黄宗乐，郭振恭. 民法亲属新论 [M]. 台北：三民书局股份有限公司，2013.

[13] 林诚二. 民法债编各论（上）[M]. 北京：中国人民大学出版社，2007.

[14] 王利明，郭明瑞，方流芳. 民法新论（下）[M]. 北京：中国政法大学出版社，1988.

[15] 卓冬青，郭丽红，白云主编. 婚姻家庭法 [M]. 广州：中山大学出版社，2012.

[16] 王歌雅. 中国近代的婚姻立法与婚俗改革 [M]. 北京：法律出版社，2011.

[17] 朱爱农. 当代回族伊斯兰法文化 [M]. 银川：宁夏人民出版社，2014.

[18] 钱宗范，梁颖，等. 广西各民族宗法制度研究 [M]. 桂林：广西师范大学出版社，1997.

[19] 何绵山. 台湾民族与宗教 [M]. 厦门：厦门大学出版社，2013.

[20] 王泽鉴. 民法思维：请求权基础理论体系 [M]. 北京：北京大学出版社，2009.

[21] 林耀华. 义序的宗族研究附：拜祖 [M]. 北京：生活·读书·新知三联书店，2006.

[22] 祝瑞开主编. 中国婚姻家庭史 [M]. 上海：学林出版社，1999.

[23] 刘海鸥. 从传统到启蒙：中国传统家庭伦理的近代嬗变 [M]. 北京：中国社会科学出版社，2005（1）.

[24] 夏吟兰，等. 中华人民共和国婚姻法评注 [M]. 北京：法律出版社，2016.

[25] 陈戍国. 周礼·仪礼·礼记 [M]. 长沙：岳麓书社，1989.

[26] 金眉. 唐代婚姻家庭继承法研究——兼与西方比较 [M]. 北京：

中国政法大学出版社，2009.

[27] 邵先崇. 近代中国的新式婚丧 [M]. 北京：人民文学出版社，2006.

[28] 吴晓芳主编. 婚姻家庭继承案件裁判要点与观点 [M]. 北京：法律出版社，2016.

[29] 黄宗智. 华北的小农经济与社会变迁 [M]. 北京：中华书局，2000.

[30] 胡长清. 中国民法亲属论 [M]. 上海：商务印书馆，1939.

[31] 夏吟兰主编. 婚姻家庭与继承法原理 [M]. 北京：中国政法大学出版社，1999.

[32] 李愕. 中国婚姻法文化考论 [M]. 哈尔滨：黑龙江大学出版社，2012.

[33] 王治英. 中国婚姻家庭法律制度热点问题研究 [M]. 青岛：中国海洋大学出版社，2009.

[34] 林菊枝. 亲属法新论 [M]. 台北：五南图书出版公司，1996.

[35] 余延满. 亲属法原论 [M]. 北京：法律出版社，2007.

[36] 陈苇主编. 婚姻家庭继承法学（第四版）[M]. 北京：中国政法大学出版社，2022.

[37] 张作华. 亲属身份行为基本理论研究 [M]. 北京：法律出版社，2011.

[38] 于飞. 公序良俗原则研究——以基本原则的具体化为中心 [M]. 北京：北京大学出版社，2006.

[39] 孙晓编. 中国婚姻史 [M]. 北京：中国书籍出版社，2020.

[40] 陶汇曾编. 民法亲属 [M]. 上海：商务印书馆，1936.

[41] 孟昭华，王明寰，吴建英编. 中国婚姻与婚姻管理史 [M]. 北京：中国社会出版社，1992.

[42] 陈顾远. 中国古代婚姻史 [M]. 郑州：河南人民出版社，2016.

[43] 林耀文. 原始社会史 [M]. 北京：中华书局，1984.

［44］林富士主编．礼俗与宗教［M］．北京：中国大百科全书出版社，2005．

［45］宋兆麟，黎家芳，杜耀西．中国原始社会史［M］．北京：文物出版社，1983．

［46］费孝通．江村经济——中国农民的生活［M］．北京：商务印书馆，2001．

［47］董家遵．中国古代婚姻史资料［M］．广州：广东人民出版社，1988．

［48］黄薇主编．中华人民共和国民法典释义及适用指南［M］．北京：中国民主法制出版社，2020．

［49］张希坡．中国婚姻立法史［M］．北京：人民出版社，2004．

［50］梁慧星．中国民法典草案建议稿附理由：亲属编［M］．北京：法律出版社，2013．

［51］王洪．婚姻家庭法［M］．北京：法律出版社，2003．

［52］王泽鉴．民法学说与判例研究（修订版）：第一册［M］．北京：中国政法大学出版社，2005．

［53］张卫平．民事诉讼法（第五版）［M］．北京：法律出版社，2019．

［54］余延满．合同法原论［M］．武汉：武汉大学出版社，2002．

［55］黄立主编．民法债编各论（下）［M］．北京：中国政法大学出版社，2003．

［56］郭钦铭．赠与［M］．台北：三民书局股份有限公司，2008．

［57］朱广新，谢鸿飞主编．民法典评注：合同编通则［M］．北京：中国法制出版社，2020．

［58］王泽鉴．民法总论［M］．北京：北京大学出版社，2009．

［59］宁红丽．我国典型合同理论与立法完善研究［M］．北京：对外经济贸易大学出版社，2016．

［60］高凤仙．亲属法：理论与实务［M］．台北：五南图书出版股份有限公司，2005．

［61］孙美兰．情事变动与契约理论［M］．北京：法律出版社，2004.

［62］谢鸿飞．合同法学的新发展［M］．北京：中国社会科学出版社，2014.

［63］周阿求．民国时期婚约无效法律制度研究（1929—1949 年）——兼以沪赣两地司法档案为例证［M］．北京：法律出版社，2020.

［64］汪玢玲．中国婚姻史［M］．武汉：武汉大学出版社，2013.

［65］张国刚主编．家庭史研究的新视野［M］．北京：生活·读书·新知三联书店，2004.

［66］林端．儒家伦理与法律文化：社会学观察的探索［M］．台北：巨流图书股份有限公司，1994.

［67］翟学伟．人情、面子与权力的再生产［M］．北京：北京大学出版社，2008.

［68］杨联陞．中国文化中"报"、"保"、"包"之意义［M］．贵阳：贵州人民出版社，2009.

［69］黄光国编订，胡先缙．人情与面子：中国人的权力游戏［M］．北京：中国人民大学出版社，2010.

［70］文崇一．历史社会学：从历史中寻找模式［M］．台北：三民书局股份有限公司，1995.

［71］王铭铭，王斯福主编．乡土社会的秩序、公正与权威［M］．北京：中国政法大学出版社，1997.

［72］邱智聪．新订民法债编通则（下）［M］．北京：中国人民大学出版社，2004.

［73］韩世远．民法的解释论与立法论［M］．北京：法律出版社，2015.

［74］谢怀栻，等．合同法原理［M］．北京：法律出版社，2000.

［75］苏俊雄．契约法原理及其适用［M］．台北：台湾中华书局，1978.

［76］梁慧星．中国民法经济法诸问题［M］．北京：中国法制出版社，1999.

［77］原蓉蓉．英美法中的合同受挫制度研究［M］．北京：法律出版社，2014.

［78］韩世远．民法的解释论与立法论［M］．北京：法律出版社，2015.

［79］吴学义．情事变更原则与货币价值之变动（战时民事立法）［M］．上海：上海商务印书馆，1946.

［80］林秀雄．夫妻财产法之研究［M］．北京：中国政法大学出版社，2001.

［81］苏永钦．寻找新民法［M］．北京：北京大学出版社，2012.

［82］周枏．罗马法原论（上册）［M］．北京：商务印书馆，2014.

［83］张伟．转型期婚姻家庭法律问题研究［M］．北京：法律出版社，2010.

［84］刘征峰．论民法教义体系与家庭法的对立与融合：现代家庭法的谱系生成［M］．北京：法律出版社，2018.

［85］韩世远．履行障碍法的体系［M］．北京：法律出版社，2006.

［86］韩世远．合同法总论（第四版）［M］．北京：法律出版社，2018.

［87］王葆莳，方小敏，郡建东主编．德国联邦最高法院典型判例研究·家庭法编［M］．北京：法律出版社，2019.

［88］崔建远，等．民法总论（第二版）［M］．北京：清华大学出版社，2013.

［89］吴香香．请求权基础：方法、体系与实例［M］．北京：北京大学出版社，2021.

［90］朱庆育．民法总论［M］．北京：北京大学出版社，2016.

［91］胡长清．中国民法总论［M］．北京：中国政法大学出版社，1997.

［92］孙宪忠．德国当代物权法［M］．北京：法律出版社，1997.

［93］崔建远，韩世远，于敏．债法［M］．北京：清华大学出版社，2010.

［94］崔建远．债法总论［M］．北京：法律出版社，2013.

[95] 黄立. 民法债编总论 [M]. 北京：中国政法大学出版社，2002.

[96] 田士永. 物权行为理论研究 [M]. 北京：中国政法大学出版社，2002.

[97] 王全弟主编. 债法 [M]. 上海：复旦大学出版社，2010.

[98] 张俊浩主编. 民法学原理 [M]. 北京：中国政法大学出版社，2000.

[99] 王利明. 债法总则研究 [M]. 北京：中国人民大学出版社，2018.

[100] 顾祝轩. 民法系统论思维 [M]. 北京：法律出版社，2012.

[101] 林秀雄. 亲属法讲义 [M]. 台北：元照出版有限公司，2011.

[102] 李明舜. 婚姻家庭继承法学 [M]. 武汉：武汉大学出版社，2011.

[103] 陈功. 家庭革命 [M]. 北京：中国社会科学出版社，2000.

[104] 宋炳庸. 法律行为基础理论研究 [M]. 北京：法律出版社，2008.

[105] 戴东雄. 民法亲属编修正后之法律疑问 [M]. 台北：元照出版公司，2000.

[106] 赵万一. 民法的伦理分析（第二版）[M]. 北京：法律出版社，2012.

[107] 丁南. 民法理念与信赖保护 [M]. 北京：中国政法大学出版社，2013.

[108] 龙俊. 民法中的意思自治与信赖保护 [M]. 北京：中国政法大学出版社，2016.

（二）译著类

[1]［美］阎云翔. 私人生活的变革：一个中国村庄里的爱情、家庭与亲密关系（1949—1999）[M]. 龚小夏，译. 上海：上海人民出版社，2016.

[2]［芬］E. A. 韦斯特马克. 人类婚姻史（第一卷）[M]. 李彬，李毅夫，欧阳觉亚，译. 北京：商务印书馆，2002.

［3］［德］恩格斯．家庭、私有制和国家的起源［M］．北京：人民出版社，2019.

［4］［美］约翰·维特．从圣礼到契约：西方传统中的婚姻、宗教与法律［M］．钟瑞华，译．北京：中国法制出版社，2014.

［5］［英］梅因．古代法［M］．沈景一，译．北京：商务印书馆，2011.

［6］［日］滋贺秀三．中国家族法原理［M］．张建国，李力，译．北京：商务印书馆，2020.

［7］［美］费正清．中国：传统与变迁［M］．张沛，译．北京：世界知识出版社，2002.

［8］［美］伊沛霞．内闱［M］．胡志宏，译．南京：江苏人民出版社，2010.

［9］［日］栗生武夫，李天纲主编．婚姻法之近代化［M］．胡长清，译．上海：上海社会科学院出版社，2017.

［10］［法］卢梭．社会契约论［M］．李平沤，译，北京：商务印书馆，2017.

［11］［美］理查德·A. 波斯纳．正义/司法的经济学［M］．苏力，译．北京：中国政法大学出版社，2002.

［12］［英］安东尼·W. 丹尼斯，罗伯特·罗森编．结婚与离婚的法经济学分析［M］．王世贤，译．北京：法律出版社，2005.

［13］［美］理查德·A. 波斯纳．法律的经济分析（上）［M］．蒋兆康，译．北京：中国大百科全书出版社，1997.

［14］［美］罗斯科·庞德．通过法律的社会控制［M］．沈宗灵，译．北京：商务印书馆，2011.

［15］［美］威尔·杜兰特．世界文明史：东方的遗产［M］．幼狮文化公司，译．北京：东方出版社，1998.

［16］［苏联］柯斯文．原始文化史纲［M］．张锡彤，译．北京：生活·读书·新知三联书店，1955.

［17］［美］莫尔根．古代社会［M］．杨东莼，张栗原，冯汉骥，译．北京：生活·读书·新知三联书店，1957.

［18］［苏］谢苗若夫．婚姻和家庭的起源［M］．蔡俊生，译．北京：中国社会科学出版，1983.

［19］［美］罗伯特·路威．文明与野蛮［M］．吕叔湘，译．北京：生活·读书·新知三联书店，2015.

［20］［葡］威廉·德奥利维拉，弗朗西斯科·佩雷拉·科埃略．亲属法教程［M］．林笑云，译．北京：法律出版社，2019.

［21］［意］托马斯·阿奎那．论法律［M］．杨天江，译．北京：商务印书馆，2018.

［22］［葡］曼努埃尔·德·安德拉德．法律关系总论（第二卷）［M］．吴奇琦，译．北京：法律出版社，2018.

［23］［德］迪特尔·施瓦布．德国家庭法［M］．王葆莳，译．北京：法律出版社，2010.

［24］［法］莫里斯·奥里乌，罗豪才主编．法源：权力、秩序和自由［M］．鲁仁，译．北京：商务印书馆，2015.

［25］［美］埃里克·A. 波斯纳．法律与社会规范［M］．沈明，译．北京：中国政法大学出版社，2004.

［26］［美］罗宾·保罗·麦乐怡．法与经济学［M］．孙潮，译．杭州：浙江人民出版社，1999.

［27］［美］罗伯特·考特，托马斯·乌伦．法和经济学［M］．史晋川，董雪兵，等译．上海：格致出版社，2012.

［28］［美］加里·斯坦利·贝克尔．家庭论［M］．王献生，王宇，译．北京：商务印书馆，2005.

［29］［美］杨美惠．礼物，关系学与国家：中国人际关系与主体性建构［M］．赵旭东，孙珉，译．南京：江苏人民出版社，2009.

［30］［法］马塞尔·莫斯高丙中主编．礼物——古式社会中交换的形式与理由［M］．汲喆，译．北京：商务印书馆，2016.

［31］［古希腊］亚里士多德．尼各马可伦理学［M］．廖申白，译．北京：商务印书馆，2003.

［32］［美］詹姆斯·戈德雷．现代合同理论的哲学起源［M］．张家勇，

译．北京：法律出版社，2006．

[33]［古罗马］西塞罗．论义务［M］．王焕生，译．北京：中国政法大学出版社，1999．

[34]［德］弗朗茨·维亚克尔．近代私法史：以德意志的发展为观察重点［M］．陈爱娥，黄建辉，译．台北：五南图书出版股份有限公司，2004．

[35]［德］卡尔·拉伦茨．德国民法通论（下册）［M］．王晓晔，邵建东，程建英，等译．北京：法律出版社，2013．

[36]［英］P. S. 阿狄亚．合同法导论（第五版）［M］．赵旭东，何帅领，邓晓霞，译．北京：法律出版社，2002．

[37]［德］K. 茨威格特，克茨．比较法总论［M］．潘汉典，等译．北京：法律出版社，2018．

[38]［德］黑格尔．黑格尔著作集（第 7 卷）法哲学原理［M］．邓庆安，译．北京：人民出版社，2016．

[39]［德］马克斯·卡泽尔，罗尔夫·克努特尔．罗马私法［M］．田士永，译．北京：法律出版社，2018．

[40]［意］腊兰校．罗马法民法大全翻译系列·学说汇纂（第二十三卷）：婚姻与嫁资［M］．罗冠男，译．北京：中国政法大学出版社，2013．

[41]［意］彼得罗·彭梵得．罗马法教科书［M］．黄风，译．北京：中国政法大学出版社，2018．

[42]［美］哈里·D. 格劳斯，大卫·D. 梅耶：美国家庭法精要（第五版）［M］．陈苇，等译．北京：中国政法大学出版社，2010．

[43]［日］川岛武宜．现代化与法［M］．申政武，渠涛，李旺，等译．北京：中国政法大学出版社，2004．

[44]［奥］卡尔·伦纳．私法的制度及其社会功能［M］．王家国，译．北京：法律出版社，2013．

[45]［日］长谷部恭男．法律是什么？法哲学的思辨旅程［M］．郭怡青，译．台北：商周出版社股份有限公司，2012．

[46]［英］尼尔·麦考密克．法律推理与法律理论［M］．姜峰，译．北京：商务印书馆，2005．

[47] [德] 乌尔弗里德·诺伊曼. 法律论证学 [M]. 张青波, 译. 北京: 法律出版社, 2014.

[48] [德] 凯塔琳娜·博埃勒-韦尔基, 等主编. 欧洲婚姻财产法的未来 [M]. 樊丽君, 等译. 北京: 法律出版社, 2017.

[49] [美] 玛萨·艾伯森·法曼. 虚幻的平等: 离婚法改革的修辞与现实 [M]. 王新宇, 等译. 北京: 中国政法大学出版社, 2014.

[50] [德] 迪特尔·梅迪库斯. 请求权基础 [M]. 陈卫佐, 田士永, 王洪亮, 等译. 北京: 法律出版社, 2012.

[51] [德] 克劳斯·菲韦格, 安娜·勒特尔. 德国物权法案例研习 (第三版) [M]. 王立栋, 任倩霄, 译. 北京: 中国法制出版社, 2019.

[52] [德] 霍尔斯特·海因里希·雅科布斯. 当代德国法学名著·背景系列: 十九世纪德国民法科学与立法 [M]. 王娜, 译. 北京: 法律出版社, 2003.

[53] [德] 阿图尔·考夫曼. 法律哲学 (第二版) [M]. 刘幸义, 等译. 北京: 法律出版社, 2011.

[54] [英] 托马斯·霍布斯. 利维坦 [M]. 黎思复, 黎廷弼, 译. 北京: 商务印书馆, 2020.

[55] [德] 黑格尔. 哲学讲录史演 (第四卷) [M]. 贺麟, 王太庆, 译. 北京: 商务印书馆, 1978.

[56] [德] 尼克拉斯·卢曼. 法社会学 [M]. 宾凯, 赵春燕, 译. 上海: 上海人民出版社, 2013.

[57] [英] 边沁. 道德与立法原理导论 [M]. 时殷弘, 译. 北京: 商务印书馆, 2011.

[58] [英] 罗杰·科特瑞尔. 法律社会学导论 [M]. 潘大松, 刘丽君, 林燕萍, 等译. 北京: 华夏出版社, 1989.

[59] [美] 艾伦·沃森. 民法法系的演变及形成 [M]. 李静冰, 姚新华, 译. 北京: 中国政法大学出版社, 1992.

[60] [德] 马蒂亚斯·赖曼, 莱茵哈德·齐默尔曼. 牛津比较法手册 [M]. 高鸿钧, 韩世远, 耿林, 等译. 北京: 北京大学出版社, 2019.

[61] [英] 安东尼·吉登斯. 亲密关系的变革——现代社会中的性、爱和爱欲 [M]. 陈永国, 汪民安, 译. 北京: 社会科学文献出版社, 2002.

[62] [法] 米歇尔·福柯. 性史 [M]. 黄勇民, 俞宝发, 译. 上海: 上海文化出版社, 1988.

[63] [奥地利] 赖因哈德·西德尔. 家庭的社会演变 [M]. 王志乐, 等译. 北京: 商务印书馆, 1996.

（三）期刊论文类

[1] 刘从水. 婚礼仪式的多元向度研究 [J]. 北方民族大学学报（哲学社会科学版）, 2015 (5).

[2] 郁光华. 从经济学视角看中国的婚姻法改革 [J]. 北大法律评论, 2007 (2).

[3] 王向阳. 当前我国农村"天价彩礼"的产生机制及其治理 [J]. 西南大学学报（社会科学版）, 2021 (5).

[4] 徐海晴. 婚约中的妇女——试析托勒密时期埃及妇女的家庭地位 [J]. 史林, 2011 (3).

[5] 国洪更. 古巴比伦婚姻习俗若干问题的再考察 [J]. 史学月刊, 2004 (11).

[6] 卢玉明. 林乐知《全地五大洲女俗通考》对妇女解放思想的引介 [J]. 甘肃社会科学, 2009 (6).

[7] [日] 中尾英俊, 裴桦. 日本的婚姻和收养制度 [J]. 当代法学, 1993 (2).

[8] 王歌雅. 中国古代聘娶婚姻形式略论 [J]. 求是学刊, 1993 (1).

[9] 金眉. 论彩礼返还的请求权基础重建 [J]. 政法论坛, 2019 (5).

[10] 郭书琴. 身份法之法律文化分析初探——以婚约编为例 [J]. 台北大学法律论丛, 2008, 67 (9).

[11] 张学军. 彩礼返还制度研究——兼论禁止买卖婚姻和禁止借婚姻索取财物 [J]. 中外法学, 2006 (5).

[12] 吴国喆, 温昱. 罗马"嫁资返还制度"的中国借鉴——以"彩礼

返还制度"的完善为核心 [J]. 甘肃理论学刊, 2014 (6).

[13] 傅广宇. "中国民法典"与不当得利：回顾与前瞻 [J]. 华东政法大学学报, 2019 (1).

[14] 王利明. 所有权民法保护的若干问题 [J]. 法律学习与研究, 1990 (4).

[15] 李霞. 民间习俗中的彩礼及其流变 [J]. 民俗研究, 200 (3).

[16] 吴香香. 请求权基础思维及其对手 [J]. 南京大学学报（哲学·人文科学·社会科学）, 2020 (2).

[17] 金晶. 请求权基础思维：案例研习的法教义学"引擎"[J]. 政治与法律, 2021 (3).

[18] 吴香香. 民法典编纂中请求权基础的体系化 [J]. 云南社会科学, 2019 (5).

[19] 潘德勇. 从价值到事实：法学实证法的变迁 [J]. 社会科学, 2015 (3).

[20] 林道海. 论法的自由价值 [J]. 政治与法律, 2006 (5).

[21] 杨代雄. 法律行为基础瑕疵制度——德国法的经验及其对我国民法典的借鉴意义 [J]. 当代法学, 2006 (6)

[22] 杨晋玲. 试论赠与基础丧失规则在我国婚姻法中的设立——以婚姻法司法解释（三）第七条第一款为例 [J]. 中华女子学院学报, 2014 (2).

[23] 李衡眉. 掠夺婚和买卖婚说质疑 [J]. 东岳论丛, 1986 (6).

[24] 高石钢. 民国时期农村婚姻论财规则初探 [J]. 社会科学战线, 1999 (5).

[25] 刁统菊. 嫁妆与聘礼：一个学术史的简单回顾 [J]. 山东大学学报（哲学社会科学版）, 2007 (2).

[26] 黄小筝. 彩礼返还纠纷司法裁判的"法"与"理"[J]. 湘潭大学学报（哲学社会科学版）, 2015 (3).

[27] 陈秋盼, 王海平, 康丽颖. 家庭帮衬：农村青年婚姻中高额彩礼的形成机制分析 [J]. 当代青年研究, 2018 (5).

[28] 徐华博. 传承与变迁中的近代江南地区传统婚礼 [J]. 江苏社会

科学，2016（1）.

　　［29］杨学新，刘洪升. 论清末民初燕赵婚姻礼俗的变迁［J］. 河北大学学报（哲学社会科学版），2007（2）.

　　［30］陈文江，王雄刚. 从"礼俗"到"市场"：高价彩礼的生成机制——基于陇东南×村的考察［J］. 甘肃社会科学，2021（5）.

　　［31］孟祥沛. 论中国式按揭［J］. 政治与法律，2013（5）.

　　［32］韩彧博. 对婚约制度法律化的若干建议——基于自然侵权视角［J］. 学术交流，2017（4）.

　　［33］陈会林. 婚约制存废的伦理法理考量［J］. 法学，2015（1）.

　　［34］陈会林. 回避婚约：新中国婚姻立法的历史选择及其因由［J］. 政法论坛，2021（2）.

　　［35］李永军. 婚姻属性的民法典体系解释［J］. 环球法律评论，2021（5）.

　　［36］李付雷. 论彩礼的功能转化与规则重构［J］. 中国社会科学院研究生院学报，2021（1）.

　　［37］李洪祥. 彩礼返还之规定的社会性别分析［J］. 法学杂志，2005（2）.

　　［38］孙海波. 道德立法的法哲学省思［J］. 学术月刊，2021（5）.

　　［39］张德强. 泛道德主义、非道德化与法律文化［J］. 法律科学·西北政法学院学报，1995（6）.

　　［40］张莉，张丹. 婚约形式简化下彩礼返还问题的处理［J］. 人民司法，2009（12）.

　　［41］周辉斌. 论附负担赠与合同的含义及效力——以我国首起助学合同纠纷案为例［J］. 时代法学，2006（6）.

　　［42］王雷. 论身份情谊行为［J］. 北方法学，2014（4）.

　　［43］叶名怡. 夫妻间房产给予约定的性质与效力［J］. 法学，2021（3）.

　　［44］王葆莳. 德国婚姻赠与返还制度研究［J］. 中国应用法学，2020（3）.

　　［45］田韶华. 夫妻间赠与的若干法律问题［J］. 法学，2014（2）.

　　［46］李娜. "夫妻财产增加额均衡"制度研究：以德国为例［J］. 环球法律评论，2011（3）.

　　［47］钟独安，陈雪飞. 婚姻支付再反思［J］. 中国农业大学学报（社

会科学版），2008（2）.

[48] 李月，张许颖. 婚姻推迟、婚内生育率对中国生育水平的影响——基于对总和生育率分解的研究［J］. 人口学刊，2021（4）.

[49] 王彬. 信号传递、彩礼习惯与法律边界——一个法律经济学的分析［J］. 政治与法律，2013（9）.

[50] 翟明安. 跨文化视野中的聘礼——关于中国少数民族婚姻聘礼的比较研究［J］. 民族研究，2003（6）.

[51] 赵玉. 婚姻家庭法中的利他主义［J］. 社会科学战线，2018（10）.

[52] 王德福. 变色的嫁衣：作为代际剥削手段的彩礼——转型期农村彩礼习俗的性质嬗变研究［J］. 湖北民族学院学报（哲学社会科学版），2014（2）.

[53] 朱静辉. 当代中国家庭代际伦理危机与价值重建［J］. 中州学刊，2013（12）.

[54] 杨丽云. 人类学互惠理论谱系研究［J］. 广西民族研究，2003（4）.

[55] 施磊磊. 彩礼支付结构转变与彩礼的攀升逻辑［J］. 当代青年研究，2020（3）.

[56] 孙海波. 司法裁判社会科学化的方法论反省［J］. 法制与社会发展，2021（2）.

[57] 吕廷君. 论罗马法律制度的观念基础［J］. 山东大学学报（哲学社会科学版），2001（6）.

[58]［德］卡斯腾·海尔斯特尔，许德风. 情事变更原则研究［J］. 中外法学，2004（4）.

[59] 黄喆. 德国交易基础理论的变迁与发展［J］. 私法研究，2010（2）.

[60] 梁慧星. 合同法上的情事变更问题［J］. 法学研究，1988（6）.

[61] 崔建远. 情事变更原则探微［J］. 当代法学，2021（3）.

[62] 强世功. 司法能动下的中国家庭——从最高法院关于《婚姻法》的司法解释谈起［J］. 文化纵横，2011（1）.

[63] 孙宪忠. 中国民法继受潘德克顿法学：引进、衰落和复兴［J］. 中国社会科学，2008（2）.

[64] 崔兰琴．古罗马法中的嫁资返还制［J］．中西法律传统，2006（5）．

[65] 刘光．优先权制度的历史考证与分析［J］．法学论坛，2002（4）．

[66] 叶英萍，禤丽琴．罗马法嫁资制度及其现代启示［J］．外国法制史研究，2014（17）．

[67] 罗冠男．意大利夫妻财产制度的历史发展与现状［J］．比较法研究，2015（6）．

[68] 申晨．《民法典》视野下婚内协议的效力认定［J］．法学评论，2021（6）．

[69] 阚凯．婚姻协议参照适用《民法典（合同编）》的困境与出路［J］．北方论丛，2021（5）．

[70] 王雷．论身份关系协议对民法典合同编的参照适用［J］．法学家，2020（1）．

[71] 冉克平．"身份关系协议"准用《民法典》合同编的体系化释论［J］．法制与社会发展，2021（4）．

[72] 陈辉．家庭因素在我国婚姻立法中的缺失、问题与解决［J］．宁夏社会科学，2018（6）．

[73] 徐涤宇．婚姻家庭法的入典再造：理念与细节［J］．中国法律评论，2019（1）．

[74] 王成．《民法典》与法官自由裁量的规范［J］．清华法学，2020（3）．

[75] 张建军．合同"异常条款"之探究［J］．法学评论，2008（4）．

[76] 尚连杰．风险分配视角下情事变更法效果的重塑——对《民法典》第533条的解读［J］．法制与社会发展，2021（1）．

[77] 韩世远．继续性合同的解除：违约方解除抑或重大事由解除［J］．中外法学，2020（1）．

[78] 吴香香．《合同法》第142条（交付移转风险）评注［J］．法学家，2019（3）．

[79] 于定明．也谈情事变更制度的构成要件［J］．法学杂志，2005（2）．

[80] 孙文．情势变更下再交涉之解构［J］．法治社会，2020（2）．

[81] 方乐．法律实践如何面对"家庭"？［J］．法制和社会发展，

2011（4）.

[82] 陈自强．民法典草案违约归责原则评析［J］．环球法律评论，2019（1）.

[83] 王洪亮．《民法典》中得利返还请求权基础的体系与适用［J］．法学家，2021（3）.

[84] 李永军．"准合同"概念之外延考——对我国《民法典》第985条的理论与实证分析［J］．政治与法律，2022（5）.

[85] 胡坚明．请求权基础规则与法典化立法［J］．华东政法大学学报，2016（6）.

[86] 范雪飞．请求权的一种新的类型化方法：攻击性请求权与防御性请求权［J］．学海，2020（1）.

[87] 苗炎．司法解释制度之法理反思与结构优化［J］．法制与社会发展，2019（2）.

[88] 刘作翔．司法中弥补法律漏洞的途径及其方法［J］．法学，2017（4）.

[89] 聂友伦．司法解释性质文件的法源地位、规范效果与法治调控［J］．法制与社会发展，2020（4）.

[90] 雷槟硕，张斌峰．"禁止法官拒绝裁判"义务的规范构造［J］．南京社会科学，2020（10）.

[91] 纪海龙．法律漏洞类型化及其补充——以物权相邻关系为例［J］．法律科学（西北政法大学学报），2014（4）.

[92] 于飞．民法总则法源条款的缺失与补充［J］．法学研究，2018（1）.

[93] 邓丽．论民法总则与婚姻法的协调立法——宏观涵摄与微观留白［J］．北方法学，2015（4）.

[94] 周辉斌．论法外空间的司法认定［J］．现代法学，2020（4）.

[95] 康娜．婚约彩礼习惯与制定法的冲突与协调——以山东省为例［J］．民俗研究，2013（1）.

[96] 付红梅．中国婚姻伦理之"源""原"探究［J］．兰州学刊，2010（3）.

[97] 李锡鹤．论民事客体［J］．法学，1998（2）.

［98］杨立新．民事权利客体：民法典规定的时隐时现与理论完善［J］．清华法学，2022（3）.

［99］梅夏英．民法权利客体制度的体系价值及当代反思［J］．法学家，2016（6）.

［100］张弛．论诉讼时效客体［J］．法学，2001（3）.

［101］程啸，陈林．论诉讼时效客体［J］．法律科学（西北政法大学学报），2000（1）.

［102］朱晓喆．诉讼时效制度的价值基础与规范表达《民法总则》第九章评释［J］．中外法学，2017（3）.

［103］朱虎．返还原物请求权适用诉讼时效问题研究［J］．法商研究，2012（6）.

［104］杨巍．《民法典》第194条（诉讼时效中止）评注［J］．南京大学学报（哲学·人文科学·社会科学），2020（6）.

［105］王利明．《民法典》人格权编的立法亮点、特色与适用［J］．法律适用，2020（17）.

［106］胡学军．民法典"动态系统论"对传统民事裁判方法的冲击［J］．法学，2021（10）.

［107］王磊．动态体系论：迈向规范形态的"中间道路"［J］．法制与社会发展，2021（4）.

［108］解亘，班天可．被误解和被高估的动态体系论［J］．法学研究，2017（2）.

［109］蔡睿．显失公平制度的动态体系论［J］．法治社会，2021（6）.

［110］郑晓剑．侵权损害赔偿效果的弹性化构造［J］．武汉大学学报（哲学社会科学版），2019（4）.

［111］姚辉．当理想照进现实：从立法论迈向解释论［J］．清华法学，2020（3）.

［112］董爱玲．中庸观下的传统法律文化特征及当代省思［J］．甘肃社会科学，2009（3）.

［113］周晓晨．过失相抵制度的重构——动态系统论的研究路径［J］.

清华法学，2016（4）.

［114］唐丰鹤. 法律的习俗正当性［J］. 北方法学，2016（5）.

［115］张兰兰. 履行费用过高规则的动态适用——对《合同法》第110条第2项第2种情形的具体化［J］. 华东政法大学学报，2020（1）.

［116］张伟. 婚姻关系契约与性别利益——《婚姻法解释（三）》的法经济学审视［J］. 学术界，2016（6）.

［117］邱玉梅. 婚约问题探析［J］. 法商研究（中南政法学院学报），2000（5）.

［118］龙俊.《民法典》中婚姻效力瑕疵的封闭性［J］. 社会科学辑刊，2022（4）.

［119］李军，李敬. 代际剥削？彩礼习俗与农村父母健康［J］. 人口与发展，2023（1）.

（四）学位论文类

［1］茶刘英. 当代滇西彝族女性婚姻变迁研究［D］. 西安：陕西师范大学，2018.

［2］师云蕊. 理俗人———一汉人村落"彩礼"和"嫁妆"的深描［D］. 北京：中央民族大学，2010.

［3］高鹏芳. 民法上的情谊行为研究［D］. 上海：华东政法大学，2021.

［4］戴津伟. 法律中的论题及论题学思维研究［D］. 济南：山东大学，2012.

［5］廖丹. 作为基本权利的居住权研究［D］. 武汉：武汉大学，2011.

［6］徐海晴. 婚约中的妇女——托勒密埃及妇女家庭地位研究［D］. 上海：复旦大学，2013.

［7］韩秀珍. 动态系统论视角下的善意取得认定［D］. 南京：南京大学，2013.

［8］黄明耀. 民法适用基本问题研究［D］. 重庆：西南政法大学，2003.

［9］朱林方．论中国法上的"家"——以古今家国之变为线索［D］．重庆：西南政法大学，2016.

二、外文文献

［1］二宫周平．事实婚［M］．东京：一粒社，2002.

［2］Su jin long, Su yan jie. The Psychological Effects of Mating motive ［J］．Advances in Psychological Science, Vol 25, Issue 4, 2017.

［3］Gale D., Shapley L. S.. College Admissions and the Stability of Marriage［J］．The American Mathematical Monthly, Vol 69, No. 1. 1962.

［4］高桥孝治．婚约に関する法制度の日中台比較［J］．多元文化交流，2018（10）.

［5］中川淳．事实婚について［J］．户籍时报，2004（3）.

［6］和田于一．婚姻法论［M］．东京：大同书院，1929.

［7］我妻荣．亲族法［M］．东京：日本评论新社，1970.

［8］内田贵．民法Ⅳ：亲族・相续［M］．东京：东京大学出版会，2002.

［9］近江幸治．亲族法・相续法［M］．东京：成文堂，2010.

［10］Meyer Fortes. Marriage in Tribal Societies ［M］．London：Cambridge University Press, 1962.

［11］Maurice Freedman. Chinese Lineage and Society：Fukien and Kwangtung［M］．London：The Athlone Press, 1966.

［12］Bell D. Modes of Exchange：Gift and Commodity［J］．The Journal of Socio‐Economics, Vol. 20, Issue 2. 1991.

［13］Brain L. Kruckenberg. I Don't：Determining Ownership of the Engagement Ring when the Engagement Terminates［J］．Washburn Law Journal, Vol. 37, No. 2, 1998.

［14］Byron F. White. Gifts：Recovery of Engagement Gifts：California Civil Code Section 1590［J］．California Law Review, 1950.

［15］内田贵，大村敦志．民法的争点［M］．东京：有斐阁，2007.

［16］Antony W. Dnes, Robert Rowthorn. The Law and Economics of

Marriage and Divorce, London [M]. Cambridge University Press, 2002.

［17］ Elisabeth M. Landes. Economics of Alimony [J]. Journal of Legal Studies, Vol. 7, Issue 1. 1978.

［18］ Siu Helen F. Reconstituting Dowry and Brideprice in South China [M] //in David Deborah and Stevan Harrell, eds. , Chinese Families in the Post – Mao Era. Berkeley. University of California Press, 1993.

［19］ Hu Hsien Chin. The Chinese Concepts of ' face ' . American Anthropology [J]. Vol. 46. No. 1, 1944.

［20］ Mayfair Meihui Yang. Gift, Favors, and Banquets: The Art of Social Relationships in China [M]. Ithaca: Cornell University Press, 1994.

［21］ 五十岚清. 契约的事情变更 [M]. 东京：有斐阁，1969.

［22］ Paolo Gallo. Changed Conditions and Problems of Price Adjustment. An Historical and Comparative Analysis [J]. European Review of Private Law, Vol. 6. No. 3, 1998.

［23］ George W. Paton. A Textbook of Jurisprudence [M]. Oxford: Oxford University Press, 1946.

［24］ 桥本恭宏. 长期契约的研究 [M]. 东京：信山社，2000.

［25］ K. Zweigert, H. Kötz. An Introduction to Comparative Law [M]. Translated by T. Weir. Oxford: Oxford University Press, 1998.

［26］ Ewan Mcken – Drick. Force Majeure and Frustration of Contract [J]. Arbitration international, Vol. 9. No. 1, 1993.

［27］ H. P. Defense of Impossibility: Frustration of the Commercial Venture [J]. California Law Review, Vol. 27, No. 4, 1939.

［28］ G. H. Treitel. The Law of Contract [J]. The Modern Law Review, Vol. 26, No. 4, 1963.

［29］ John Elofson. The Dilemma of Changed Circumstances in Contract Law: An Economic Analysis of the Foreseeability and Superior Risk Bearer Tests [J]. Columbia Journal of Law and Social Problems, Vol. 30, No. 1, 1996.

［30］ 田中耕太郎. 法律学概论 [M]. 东京：学生社，1978.

［31］ Joannal L. Grossman, Lawrence M. Friedman. Inside The Castle: Law and Family in 20th Century America ［M］. Princeton: Princeton University Press, 2011.

［32］ Cynthia Grant Bowman. Social Science and Legal Policy: The Case of Heterosexual Cohabitation ［J］. Journal of Law & Family Studies, Vol. 9. No. 1, 2007.

［33］ Heather. Mahar. Why Are There So Few Pre – nuptial Agreements? ［D］. Cambridge, MA: John M. Olin Center for Law, Economics, and Business. Harvard Law School, Discussion Paper No. 436, 2003.

［34］ 山本敬三. 民法讲义 Ⅳ—契约 ［M］. 东京: 有斐阁, 2010.

［35］ Elizabeth Cooke. The Law Commission's Consultation on Marital Property Agreements ［M］ //in Jens M. Scherpe (eds.), Marital Agreements and Private Autonomy in Comparative Perspective. London, Bloomsbury Publishing Plc, 2012.

［36］ Douglas W. Allen. The Impact of Legal Reforms On Marriage and Divorce ［M］ //in Dnes, Antony W. Rowthorn, Robert (eds.) The Law and Economics of Marriage and Divorce. London, Cambridge University Press, 2002.

［37］ Sonia Harris – Short, Joanna Miles. Family law: Text, Cases, and Materials ［M］. Oxford: Oxford University Press, 2011.

［38］ Bernhard A Koch. Principles of European Tort Law ［J］. King's Law Journal, Vol. 20, No. 2, 2009.

［39］ 若林三奈. オーストリア损害赔偿法改革的现状—2011 年折衷草案的概要 ［J］. 社会科学研究年报, 2013 (44).

［40］ 山本周平. 不法行为法における法的评论の构造と方法（三）［J］. 法学论丛, 2011 (169).

［41］ Patricia Noller, Judith A. Feeney. Close Relationships: Function, Forms, and Processes ［M］. New York: Psychology Press, 2006.

［42］ Susan L. Glosser. Chinese Visions of Family and State, 1915—1953 ［M］. Berkeley: University of California Press, 2003.

后　记

　　回想起 2017 年那个夏天，我在清华大学法学院官网上找到了龙俊老师的邮箱地址，便不知天高地厚地给这位当时正以全国人民代表大会常务委员会法制工作委员会《民法典》编纂工作专班成员身份深度参与我国第一部《民法典》起草和编纂、早已著作等身的杰出青年学者，发出了数封如今看来言辞颠倒、幼稚无比的邮件，表达了自己希望攻读民法博士研究生的强烈愿望。坦率地说，当时的我并不了解老师的成就，也从未听过他的课，甚至不知道老师的样貌，只是缘于偶然读到一篇老师的关于夫妻财产制的文章。所以很庆幸，正是这份懵懂无知让我没有太多顾忌，从而幸运地获得了宝贵的考试资格，并最终于 2020 年 8 月进入清华大学法学院攻读民法学博士。如果没有老师的宽厚和包容，清华大学法学院于我而言将永远是一个遥不可及的梦想。老师才华横溢却谦逊低调，不仅在学业上给予我悉心指导、耐心点拨，在做人成事上亦令我受教颇深。在老师身上，我看到了清华学者的风骨，看到了渊博才学中的点滴，足以拨云见日、令我茅塞顿开。

　　在此，感谢老师！

　　浮云朝露，星霜荏苒。三年时间转瞬即逝，在老师的悉心指导和家人的全力支持下，我于 2023 年 5 月顺利通过博士学位论文答辩，论文整体也得到评审组老师们的高度评价。但命运仿佛与我开了一个巨大的玩笑，在我满怀期待、欣喜不已为毕业做准备时，我的妈妈却因病入院，并很快不治离世。她永远留在了 2023 年的夏天，她的音容笑貌永远定格在了 58 岁的那一年。回望这些年，妈妈一直是我最坚强的后盾，无条件地爱我、包容我。她全力支持我攻读博士学位，在我最迷茫的时候给予我最坚定的信念支撑。她的离去，是我用余生都无法疗愈的伤痛。但我决定，把这伤痛化为继续坚强生活的动力。还记得妈妈在病中仍挂念着我的工作、学业和家庭。她嘱咐了我很多事情，其中就包括让我按评审意见好好地修改完善博士毕业论文，有机会就"写成书"，让她"放在床头"。想起这些点点滴滴，不禁泪眼婆娑。此书，是对我三年博士学习生涯的交代，更是对妈妈的致敬。

亲爱的妈妈，感谢您！

女儿永远爱您！

罗师

二〇二四年七月九日　夜